工程建设理论与实践丛书

JIANZHU SHIGONG QIYE
CAIWU GUANLI YU ANQUAN PINGJIA

建筑施工企业
财务管理与安全评价

张永强　吴高飞　于浩壮　主编

中国·武汉

图书在版编目(CIP)数据

建筑施工企业财务管理与安全评价/张永强,吴高飞,于浩壮主编. —武汉:华中科技大学出版社,2023.4
ISBN 978-7-5680-9084-1

Ⅰ.①建… Ⅱ.①张… ②吴… ③于… Ⅲ.①建筑施工企业-企业管理-财务管理 Ⅳ.①F407.967.2

中国国家版本馆 CIP 数据核字(2023)第 036311 号

建筑施工企业财务管理与安全评价　　　张永强　吴高飞　于浩壮　主编
Jianzhu Shigong Qiye Caiwu Guanli yu Anquan Pingjia

策划编辑:周永华	
责任编辑:周怡露	
封面设计:王　娜	
责任监印:朱　玢	
出版发行:华中科技大学出版社(中国·武汉)	电话:(027)81321913
武汉市东湖新技术开发区华工科技园	邮编:430223
录　　排:华中科技大学惠友文印中心	
印　　刷:武汉科源印刷设计有限公司	
开　　本:710mm×1000mm　1/16	
印　　张:16.25	
字　　数:292 千字	
版　　次:2023 年 4 月第 1 版第 1 次印刷	
定　　价:88.00 元	

本书若有印装质量问题,请向出版社营销中心调换
全国免费服务热线:400-6679-118　竭诚为您服务
版权所有　侵权必究

编委会

主　编　张永强（中铁十二局集团有限公司）
　　　　　吴高飞（中铁十二局集团第一工程有限公司）
　　　　　于浩壮（中铁建大桥工程局集团第六工程有限公司）

副主编　陈　军（中交一航局第二工程有限公司）

编　委　熊正朝（北京城建集团有限责任公司）
　　　　　苏　艳（上海慕屹建筑工程有限公司）
　　　　　陶丽君（中铁第一勘察设计院集团有限公司）
　　　　　杨明新（深圳市市政工程质量安全监督总站）
　　　　　张　琳（中国公路工程咨询集团有限公司）

前　　言

随着我国经济的快速发展,建筑企业也获得了较为良好的发展前景,但也会面临较为激烈的市场竞争。对建筑施工企业而言,如果想要进一步提升自身的核心竞争力,在市场中占据优势地位,还需要不断加强自身的财务管理能力,科学把控企业的资金流动,加强财务的安全管理,为企业的可持续化发展奠定稳定基础。

建筑施工企业的财务管理工作已逐渐渗透到企业管理的各个方面,作为一项专业化的综合性管理活动,在整个企业管理工作中具有重要的职能作用,是企业管理的中心。对于建筑施工企业来说,其财务核算对象繁多,核算项目及施工地点不同,工期纵横交错,因此必须强化施工企业财务管理,规避财务风险,整合核算对象,以适应客观市场环境,提高企业的经济效益,使企业能健康、可持续发展。

本书主要包括建筑施工企业财务管理总论,筹资管理,流动资产与固定资产管理,成本管理、营业收入与利润管理,财务预决算管理与财务分析,财务安全管理六章内容,主要介绍建筑施工企业财务管理的基本原理、方法、安全管理和实际应用。

本书在编写过程中参阅了国内外同行的相关著作,在此表示衷心感谢!

由于编者水平有限,加之财务管理的内容在随着经济发展而不断丰富更新,书中不足之处请广大读者批评指正。

目 录

第1章 建筑施工企业财务管理总论 …………………………… (1)
  1.1 财务管理的基本内涵和目标 ………………………… (1)
  1.2 财务管理的职能和基本环节 ………………………… (11)
  1.3 财务管理的假设和基本原则 ………………………… (17)
  1.4 建筑施工企业财务管理环境 ………………………… (21)

第2章 筹资管理 ……………………………………………… (30)
  2.1 筹资管理概述 ………………………………………… (30)
  2.2 工程权益性资金筹措 ………………………………… (33)
  2.3 工程债务性资金筹措 ………………………………… (39)
  2.4 资金成本与资本结构 ………………………………… (50)

第3章 流动资产与固定资产管理 …………………………… (63)
  3.1 流动资产管理 ………………………………………… (63)
  3.2 固定资产管理 ………………………………………… (91)

第4章 成本管理、营业收入与利润管理 …………………… (120)
  4.1 成本管理概述 ………………………………………… (120)
  4.2 成本预测、计划与控制 ……………………………… (125)
  4.3 成本管理的问题及成因 ……………………………… (134)
  4.4 成本管理的措施 ……………………………………… (138)
  4.5 成本预算管理方法 …………………………………… (144)
  4.6 营业收入与利润管理 ………………………………… (151)

第5章 财务预决算管理与财务分析 ………………………… (159)
  5.1 财务预决算概述 ……………………………………… (159)
  5.2 财务分析方法 ………………………………………… (170)
  5.3 财务指标分析 ………………………………………… (176)
  5.4 财务综合分析 ………………………………………… (189)

第6章 财务安全管理 ………………………………………… (201)
  6.1 构建财务风险预警模型 ……………………………… (201)

6.2 财务风险识别、评价与控制 …………………………………… (216)
6.3 建立财务共享服务中心 ………………………………………… (226)

参考文献 ……………………………………………………………… (248)
后记 …………………………………………………………………… (251)

第 1 章 建筑施工企业财务管理总论

1.1 财务管理的基本内涵和目标

1.1.1 财务管理的基本内涵

建筑施工企业就是从事基本建设建筑安装施工生产活动的基层单位。作为建筑业的重要一环,建筑施工企业与建筑业有着密切的关系。

建筑施工企业有其自身的特点和生产经营业务流程,这也就决定了建筑施工企业财务管理具有其自身的特点。要做好建筑施工企业财务管理,必须认识建筑施工企业生产经营的基本特点以及其工程产品的基本特点。

1.1.1.1 建筑施工企业生产经营的特点

建筑施工企业作为物质生产部门,主要从事房屋、建筑物的建设和设备的安装活动,并在这一过程中形成建筑施工企业的产品,通常其产品称为不动产,具体表现为具有一定功能和美学要求的房屋建筑物与构筑物。因此,建筑施工企业的生产经营活动不同于一般的建设单位或房地产开发与经营企业,也不同于一般的工商企业,其建筑产品相比其他行业的产品也具有其特殊性。

1. 建筑工程项目的概念。

建筑工程项目是指为特定目的而进行投资的建筑或建筑安装工程建设项目。具体来说,建筑工程是指通过对各类房屋建筑物及其附属设施的建造及与其配套的线路、管道、设备的安装活动所形成的工程实体。其中,"房屋建筑物"指有顶盖、梁柱、墙壁、基础以及能够形成内部空间,满足人们生产、居住、学习、公共活动等需要的产点,如厂房、剧院、旅馆、商店、学校、医院和住宅等。"附属设施"指与房屋建筑配套的水塔、自行车棚、水池等。"线路、管道、设备的安装"指与房屋建筑及其附属设施相配套的电气、给水排水、通信、电梯等线路以及管道、设备的安装活动。

2. 建筑产品的性质和特点

(1)建筑产品的固定性。

建筑产品的固定性,是指建筑产品的位置是固定的,具有不可移动和搬运的性质和特点。任何一项建筑产品都是建造在预先选定的地点之上的,建成后就与地基牢固地连接在一起,不能移动,建筑物的全部荷载都由地基来承担。

(2)建筑产品的大型性。

建筑产品的体积庞大,在建造过程中要消耗大量的人力、物力和财力,所需建筑材料数量巨大、品种复杂、规格繁多。建筑产品的体积庞大,占用空间多,建筑生产常在露天进行,所以建筑产品与一般工业产品不同,受自然气候条件影响大。

(3)建筑产品的单件性。

由于建筑产品的固定性和大型性的特点,建筑产品的生产难以像工业产品生产那样按照同一模式简单、大量、重复地成批生产,而是一个一个地建造,每个建筑产品都有其特殊的个性,所以建筑产品都是以单个产品来计量的。

(4)建筑产品的可分解性。

建筑产品是一个完整的系统,是由若干个具有特定功能的相互联系、相互作用的子系统构成的有机整体。这个整体可以按其组成和结构特点进行分解,使之成为若干个相对独立的子系统。

(5)建筑产品寿命的耐久性。

建筑产品寿命的耐久性又称建筑产品寿命的效用长期性,由于土地具有不可毁灭性,在使用上具有永续性,一个建筑物或构筑物,其使用寿命,短则十多年,长则可达数十年、上百年,甚至更长。

(6)建筑产品的美观性。

建筑产品是人居环境的重要组成部分,是城市和村镇的有机构成部分。建筑产品的功能是根据社会生产发展和人民生活水平提高的需要而决定的。人们既要求建筑能满足基本需求,也注重追求建筑产品的美观性,注重对人工环境和自然环境的和谐统一。

3. 建筑产品生产的特点

(1)建筑产品生产的流动性。

建筑产品本身具有不可移动性的特点,决定了建筑产品的施工生产具有流动性,既包括建筑产品在施工生产过程中,所有的生产要素随建筑产品施工生产的进展而流动,在所形成的建筑产品的平面上和立体上流动,或在建筑工地范围内,从一个正在施工生产的建筑产品流向另一个正在施工生产的建筑产品,或者随业主的变化而必须随项目相应地流动,还包括一个建筑施工企业可能同时承包不同城市、不同地区的几个不同业主的工程项目,因此不可能像工业产品生产那样集中在工厂或车间进行,而是分散在各个不同的地点进行施工建设。为使建筑产品的施工生产能够有序、连续协调、高效地进行,建筑施工企业必须进行科学的组织和管理。

(2) 建筑产品生产的一次性。

建筑产品生产的一次性特点决定了建筑产品本身随着不同用户的不同使用要求,其组成、功能、结构、尺寸、形体、风格以及所采用的材料都可能有所不同,甚至出现很大差别;又由于建筑产品的建设时间、地点、承建者不同,采用的施工生产方法和手段不同、施工生产环境不同、建设条件千差万别等,建筑产品的施工生产过程中也不可能采用统一的管理模式。此外,建筑等级、建筑标准、施工技术水平的不同,也会导致工程建设的差异,都可能涉及以前没从事过的工作,故其总表现出唯一性。每一个建筑产品都有其确定的终点,所有建筑产品的建设都必须达到其终点。从这一意义上讲,它们都是一次性的。因此,建筑产品的施工生产必须针对每一个建筑产品的具体特点进行施工生产管理。

(3) 建筑产品生产的阶段性。

从建筑产品的施工生产全过程来看,一个建筑产品,特别是大中型建筑工程项目,首先应进行可行性论证,经论证技术上可行和经济上划算后才能决策进行兴建,然后再进行项目选址和初步设计;待初步设计批准后进行施工图设计;在施工图设计基础上组织施工生产,建筑安装完成后必须经过竣工验收才能交付使用。这一过程是按顺序分阶段进行的,前一个阶段的工作完成后,才能进行下一个阶段的工作。

再者,由于建筑产品的可分解性,一个建筑产品分解成的各个子系统就形成了各个施工阶段,这些阶段按施工工艺要求具有严格的先后顺序。例如,房屋建筑工程必须按照先地下后地上、先基础后结构、先主体后维护、先土建后安装的顺序;一个分部工程完成施工生产经验收合格后才能进入下一个分部工程的施工生产,各阶段之间紧密衔接、协调有序。

(4) 建筑产品生产的波动性。

建筑产品的施工生产一般都是在露天进行,暴露在自然环境中,受气象、水文、地质等自然条件的约束,同时还受社会、技术、经济等因素的影响,而一些影响因素和对施工生产的影响程度又具有不确定性,因而建筑产品的施工生产进度、质量、成本按计划实施就具有一定的波动性,往往容易产生偏差。因此,对建筑产品在施工生产过程中要进行动态控制,力争把自然条件对施工生产的影响或造成的损失降到最低限度,以达到企业预定的施工生产目标。

(5)建筑产品生产的长期性。

由于建筑产品的形体庞大、技术复杂,影响施工生产的因素很多,受自然因素的制约也比较突出,特别是大中型工程项目,往往要花费几千万、上亿、上百亿乃至数千亿的投资,工程量巨大,因而客观上决定了其施工生产周期相对较长,一般需要跨年度施工,短则几年、十几年甚至更长时间才能建设完成。工期越长,在建造过程中,不确定因素出现的机会就越大,因此,会给施工生产管理工作带来困难。

另外,由于建筑产品和施工生产的特殊性,与建筑施工企业发生经济往来关系的对象很多,包括建设单位(业主)、勘察设计单位、材料供应单位、施工机械设备租赁公司、工程监理和工程质量监督部门、建设主管部门等。

1.1.1.2　建筑工程项目财务管理的内容

1. 财务管理的概念

财务管理是组织企业财务活动、处理财务关系的一项经济管理工作。因此,要了解什么是财务管理,就必须先分析企业的财务活动和财务关系。

2. 企业财务管理的对象

财务管理的对象即财务管理的客体,反映了建筑施工企业经济活动中价值形态即资金运动的变化过程。建筑施工企业财务管理的对象,就是建筑施工企业生产经营活动过程中的价值运动,即资金运动。建筑施工企业财务管理的对象直接与建筑施工企业的财务活动和财务关系相关联。财务活动体现出财务管理的形式特征,财务关系揭示财务管理的内容实质。

(1)建筑施工企业的财务活动。

建筑施工企业财务,是建筑施工企业在生产经营中的财务活动及其与相关各方发生的财务关系。财务一般是指与钱物相关的事务,企业的财务活动实际就是企业的资金运动。

①建筑施工企业的资金运动。

建筑施工企业的资金运动是一个不断循环的过程:货币资金形态→储备资

金形态→生产资金形态→商品资金形态→货币资金形态。这个过程说明,资金从流通过程进入生产过程,进而又回到流通过程。在流通过程中,通过商品出售取得货币收入,其中一部分用来补偿生产费用,回到货币资金形态,进入下一个资金循环过,另一部分是生产工人为社会创造的剩余价值,在国家和企业中进行分配。

资金的运动过程可以分为三个阶段,即资金筹集、资金运用和资金分配。

资金筹集就是企业为进行生产经营活动通过确定资金需要量和选择资金来源渠道并取得所需的资金。取得资金的途径有两种:一种是接受投资者投入的资金,形成资本金;另一种是向债权人借入资金,是企业的负债。根据投资主体的不同,资本金包括国家资本金、法人资本金、个人资本金和外商资本金。企业筹资的方式有国家投资、各方集资或发行股票等。企业负债包括长期负债(如长期借款、应付长期债券、长期应付款等)和短期负债(如短期贷款、应付短期债券、预提费用、应付及预收款项等)。

资金运用就是把筹集到的资金投放在生产经营活动过程。这个过程既是资金形态变化的过程,又是资金耗费和资金增值的过程。

资金分配是企业将取得的营业收入用来补偿成本和费用、缴纳税金和企业利润的过程。企业的税后利润又按下列顺序进行分配:缴纳被没收的财物损失,支付滞纳金和罚款,弥补企业以前年度的亏损,提取法定公积金,提取公益金,向投资者分配利润。

从总体上看,建筑施工企业的资金运动存在以下规律。

a. 建筑施工企业的资金运动具有形态上的并存性和运动时间上的继起性。在建筑施工企业生产经营活动中,各种资金在空间上总是处于周转的不同环节,而且以各种不同的存在形态表现出来,这就是资金运动的并存性。各种形态的资金依次在生产经营的各个阶段相继转换,这就是资金运动的继起性。在资金运动中,资金形态的并存性是不同资金继起性的结果,如果资金运动的继起性受到阻碍,资金的并存性就会受到影响和破坏。也就是说,如果资金过多地集中于某一形态或阶段,资金循环过程就会阻塞,资金周转就会不畅甚至断裂。因此,资金运动的这一规律要求建筑施工企业合理投放并配置资金,减少资金积压与沉淀,保证企业资金循环与周转的顺畅,加速资金周转。

b. 资金运动和物资运动既相互依存又相互分离。一方面,物资运动是资金运动的基础,资金运动反映物资运动,两者既相分离又相互一致的关系,体现了企业在生产过程中的实物运动和价值运动本质上的必然联系;另一方面,资金运动又可能与物资运动相分离,呈现一定的独立性。例如,预付款项、赊购物资等形成的实物与货币资金在流量上的不一致;固定资产折旧使其价值逐渐转移而其实物形态始终保持不变,直至报废等。因此要求建筑施工企业财务管理既要着眼于物资运动,保证建筑施工企业施工生产经营活动顺利进行,又要充分利用资金运动同物资运动的背离性,合理调度资金,以较少的价值投入获取较多的使用价值,提高企业资金使用效益。

c.资金收支适时平衡。企业取得财务收入,意味着一次资金循环的终结,而企业发生财务收支,则意味着企业资金循环的又一次开始,故资金的收支是资金周转的纽带。要保证资金周转顺利进行,就要求资金收支不仅在数量上而且在时间上协调平衡。暂时的收不抵支,固然会导致资金周转的暂时中断或停滞,但如果全月收支总额可以平衡,而支出大部分发生在前、收入却大部分发生在后,同样也必然会妨碍资金的顺利周转。资金收支在每一时点上保持协调平衡,是资金循环过程得以顺利进行的必要条件。

资金收支的平衡,归根结底取决于企业生产经营活动的平衡。因此,要求企业必须做好采购、生产和销售管理,确保生产经营活动的各个环节相互衔接,坚持生产与流通的统一,保持生产经营活动的顺利进行,才能确保企业的资金周转正常进行。资金收支的平衡是以供、产、销活动的平衡为基础,反过来,资金收支的平衡又促进供、产、销活动的协调平衡。

d.各种资金收支相互对应。企业经济活动的多样性决定了企业具有多种性质不同的资金收支。为了合理安排企业的生产经营活动、正确评价企业的经营业绩,进行财务管理要自觉分清各种不同性质的资金收支。

企业生产经营活动中客观存在各种资金收支,而且还可能发生各种资金损失。从其与生产经营活动的关系来看,各种资金支出可以分为生产经营资金支出和非生产经营的资金支出。其中生产经营资金支出按其效用时间长短又分为资本性支出和收益性支出。资本性支出的效益涵盖若干个会计年度,通常会形成企业的长期性资产,如固定资产和无形资产等;收益性支出的效益仅限于一个会计年度,通常形成企业的营业费用或流动资产,最终会计入当期损益。非生产经营资金支出主要是企业职工集体福利设施支出,由企业的公益金开支。各种资金损失虽然通常为数不多,但内容更为复杂,总的来说可以分为生产经营损失、投资损失和非经营损失。生产经营损失有流动资产损失(如存货的盘亏、毁损)等,应通过一定方式计入营业损益;投资损失应冲销投资收益;非经营损失包括过失性赔偿金、违约金、滞纳金、罚没损失,应计入营业外支出。

各种性质的资金支出,用途不同,支出的效果也不同;各种性质的资金收入,来源不同,使用的去向也不同。企业财务管理中应充分认识各种资金收支的性质,并切实做到资金收支的匹配,这样才能合理安排资金来源,有效地控制资金支出,正确考核经营成果。

e. 企业资金同社会总资金相依存。社会总资金是社会个别资金的综合,主要包括企业经营资金、财政资金、金融资金。企业个别资金是独立运行的,个别资金运动之间通过流通过程和分配过程发生联系。全社会所有的企业个别资金通过流通过程和分配过程,联结成统一的社会总资金运动。企业资金运动是社会总资金运动的基础。个别企业的资金运动之间也有着广泛的联系,要求企业全面估量各方面的资金来源渠道,经济、有效地筹措资金,在资金使用方面要合理地决定资金的投向,提高资金的使用效果。

(2)建筑施工企业的财务关系。

企业组织资金运动,进行资金筹集、资金运用和资金分配等财务活动,必将与有关各方发生广泛的经济联系,这种联系的核心是经济利益,是因企业的财务活动而引起的,因此,将企业在财务活动中与有关各方发生的一定经济利益关系称为财务关系。企业的财务关系主要表现如下。

①企业与投资者之间的财务关系表现为投资者(国家、其他单位、个人、外商等)按约定向企业投入资金,企业向投资者支付投资报酬所形成的经济利益关系。投资者因向企业投入资金而成为企业的所有者,拥有对企业的最终所有权,享受企业收益的分配权和剩余财产的支配权;企业从投资者那里吸收资金形成企业的自有资金,拥有法人财产权,企业以其全部法人财产权,依法自主经营、自负盈亏、照章纳税,对投资者承担资产保值增值责任,向投资者支付投资报酬。所以,这实质上是一种所有权和经营权的关系。

②企业与债权人、债务人之间的财务关系一方面表现为债权人(银行、非银行金融机构、其他单位、个人、外商等)按合约向企业投入资金,企业按合约向债权人支付利息、归还本金所形成的经济利益关系;另一方面表现为企业通过购买其他企业的债券或者把闲置资金直接借给其他企业,按合同的约定收取利息和本金所形成的经济利益关系。

③企业与政府之间的财务关系主要体现在政府为行使维护社会、经济秩序以及文化、教育、公共事业等职能向企业征收各种税金而形成的利益关系。企业按照税法规定定期向政府纳税等,实质是政府无偿参与企业的利润分配活动。这种财务关系实质上是属于强制和无偿的分配关系。

④企业与其他企业(单位)之间的财务关系表现在三个方面:一是企业因购买材料、销售产品或劳务而与购、销客户之间发生的货币收支关系;二是企业之间相互赊购、赊销形成的短期债权债务关系;三是企业之间相互投资或因持股、控股而形成的所有权关系。企业(单位)之间的相互经济交往越来越密切,其间的经济利益关系也越来越复杂,由此形成的财务关系必将成为企业财务管理的重要方面。

⑤企业内部各单位之间的财务关系表现为企业内部各单位之间因相互提供产品、劳务而形成的经济利益关系。在实行内部经济核算制和经营责任制的条件下,企业内部的各单位之间相互提供产品、劳务必须进行合理的计价结算,严格分清各单位的经济利益与经济责任,充分发挥激励机制和约束机制的作用,由此形成的财务关系实质上是一种货币收支结算关系。

⑥企业与其职工之间的财务关系表现为职工向企业提供劳动、企业向职工支付劳动报酬而形成的经济利益关系。企业按照按劳分配的原则,以职工提供劳动的数量和质量为依据,向职工支付工资、奖金、津贴等劳动报酬,由此形成的财务关系实质上是一种分配关系。

(3)建筑施工企业财务管理的内容

按照现代财务管理的观点,建筑施工企业财务管理的基本内容包括筹资管理、投资管理和利润及其分配管理三大组成部分。

①筹资管理。财务管理居于企业管理的核心,而筹资管理又居于财务管理中极其重要的位置。筹资活动是任何一个建筑施工企业创建和从事生产经营活动的先决条件。首先必须依照国家有关法律法规规定筹集到一定数额的资本金(注册资本)才能启动运营;进入生产经营后,由于企业生产经营的季节性或临时性原因、企业内外环境的变化,以及企业扩大化经营的需要,也会产生新的筹资需求。因此,筹资活动是企业生产经营的前提,也是企业扩大化经营的保障。融资要解决的问题是如何取得企业生产经营和发展所需资金,包括筹资数量的确定、筹资渠道与筹资方式的选择、资金结构的合理安排、长短期资金的合理配置等。具体如下:a.预测企业资金需要量,估计筹资额度;b.规划企业的筹资渠道和资本结构,合理筹集和节约使用资金;c.规划企业的筹资方式,使筹集的资金符合实际需要;d.确定企业的资金成本和资金风险,使企业获得最佳收益;e.保持一定的举债余地和偿债能力,为企业的稳定和发展创造条件。

②投资管理。a.预测企业投资规模,使之符合企业需求和偿债能力;b.确定企业投资结构,分散资金投向,提高资产流动性;分析企业投资环境,正确选择投

资机会和投资对象;c.研究企业的投资风险,把风险控制在一定限度内;d.评价投资方案的收益与风险,进行不同的投资组合;e.选择最佳的投资方案,为实现企业的整体目标而服务。

③利润及其分配管理。a.分析企业的盈利情况和资金变现能力,协调好企业近期利益和长远发展目标的关系;b.研究市场环境和股东意见,使利润分配贯彻利益兼顾的原则;c.确定股利分配政策和股利支付方式,使利润分配有利于增强企业的发展能力;d.筹集股利资金,按期进行利润分配。

1.1.2　财务管理的目标

1.1.2.1　财务管理目标的含义

1.含义

财务管理目标,是企业进行财务活动所要达到的根本目的,是企业财务活动的出发点和归宿,决定整个企业财务管理过程的发展方向。财务管理目标具有层次性,可分为财务管理总体目标和具体目标。财务管理目标贯穿于整个企业的财务管理过程中。正确的财务管理目标是企业财务管理系统良性循环的前提条件,财务管理目标是财务管理研究的起点。

2.财务管理的总体目标

(1)利润最大化。

利润最大化(profit maximization)观点认为,利润代表了企业新创造的财富,利润越多表明企业的财富增加得越多,越接近企业的目标。以利润最大化作为财务管理的目标是有一定道理的,实务界大都赞同以利润最大化作为财务管理的目标。但是,这种观点既没有考虑所获利润与投入资本额的关系,也没有考虑利润取得的时间,对利润与所承担的风险大小的关系也欠缺分析,这一观点忽略了资金的时间价值和风险价值。

(2)股东财富最大化。

按照现代委托代理理论,股东和经营者的代理关系是一种契约关系。在这种关系下,企业的日常财务管理工作由受托的经营者负责,作为代理人的经营者应最大限度地为股东谋求利益,而股东的利益目标是提高投资回报。这一理论框架的核心就是实现股东财富最大化,认为股东的回报高于一切。而这一观点的不足在于:第一,产生的代理问题比较明显,作为企业的经营者只能获取酬金不能享有剩余价值,这必然会引起双方的利益冲突;第二,股票市价并不能真正反映股东财富的多少,影响股票市价的因素多而复杂,股票市价极不稳定,因此股东财富最大化目标并不能真正反映经济学意义上的股东财富。

(3)企业价值最大化。

企业在追求股东价值的同时,也要承担必要的社会责任。兴起于20世纪80年代的利益相关者理论认为,比起债权人、管理者和公司其他雇员等给公司贡献出特殊资源的人来说,股东只是公司诸多相关利益者之一,而不是公司唯一的所有者。或者说,股东只是拥有公司股份,而不是拥有公司。所有利益相关者的利益都具有内在价值。利益相关者理论的最终目的是要把利益相关者的思想引入企业的决策,支持以企业价值最大化作为公司财务管理的目标。

企业价值是指企业全部资产的市场价值,是企业所能创造的预计未来现金流量的现值,反映了企业潜在的或预期的获利能力和成长能力。企业价值最大化是指在维护社会利益的前提下,实现企业经济效益最大化。企业价值最大化计算公式见式(1.1):

$$V = \sum_{t=1}^{t'} \text{FCF}_t \frac{1}{(1+i)^t} \qquad (1.1)$$

式中,FCF为企业每年获得的预期报酬;t为取得报酬的具体时间;i为贴现率;t'为取得报酬的持续时间。

企业价值最大化的财务管理目标,反映了企业潜在的或预期的获利能力和成长能力。其优点主要表现在以下方面:①该目标考虑了资金的时间价值和投资的风险;②该目标反映了对企业资产保值增值的要求;③该目标有利于克服管理上的片面性和短期行为;④该目标有利于社会资源合理配置。其主要缺点是企业价值的确定比较困难,特别是对于非上市公司。

1.1.2.2 工程财务管理的具体目标

(1)筹资管理目标:在满足企业施工生产经营所需资金的前提下,不断降低资金成本和筹资风险。

(2)投资管理目标:以较低的投资风险与投资投放和使用,获得较多的利润或收益。

(3)利润分配管理目标:根据实际现金存量及今后现金净流量,正确处理企业与各利益主体的经济利益,确定留存比例和选择分配方式。利润的分配,影响企业现金流出量、流动资金周转和偿债能力(财务分析)、企业的即期市场评价、企业价值等。简单来讲,工程财务管理的目标就是尽量将筹资成本压到最低,合理安排资本结构,选择最佳的投资方案,进行有效的收入和利润分配管理。

1.2 财务管理的职能和基本环节

1.2.1 财务管理的职能

财务管理的职能,是指财务管理作为一种经济管理活动本身所固有的功能。财务管理的职能取决于财务的本质,是财务本质的具体体现。

1.2.1.1 财务预测职能

财务预测是根据财务活动的历史资料,发现财务活动的客观规律,考虑现实的要求和条件,并据此推断财务活动的未来状况和发展趋势。财务活动是企业各项具体活动的综合反映,财务预测是一项综合性的预测工作,涉及面较广,它既不能脱离企业的各项业务预测,但又不是各项业务预测结果的简单相加。财务预测要根据业务活动对资金活动的作用和反作用关系,将业务预测的结果进行合乎逻辑的综合。

财务预测的主要任务:测算各项生产经营方案的经济效益,为决策提供可靠的依据;预计财务收支的发展变化情况,以确定经营目标;测定各项消耗定额和标准,为编制计划、分解计划指标服务。

1.2.1.2 财务决策职能

根据财务预测的结果,在一定的决策方法指导下,在若干备选方案中选择一个最优的财务活动方案,这就是财务决策。在市场经济条件下,财务管理的核心是财务决策,财务预测是为财务决策服务的,决策成功与否直接关系到企业的兴衰成败。财务决策除了有赖于财务管理的预测职能,还应该妥善处理以下问题。

(1)财务决策的组织问题。现代企业财务决策往往涉及多个方面,且具有较大的不确定性,所以财务决策除了根据各种可以确切掌握的客观资料做出客观判断外,还需要决策者做出主观判断。主观判断则会受决策者个人的价值取向及知识、经验等个人素质差异的影响,因此只有较低层次、比较简单的财务决策问题才可以由个人决策,较高层次的财务决策问题应尽可能由决策层集体决策。

(2)财务决策的程序问题。财务决策具有很强的综合性,所以不能仅仅由专职的财务管理人员一次完成,而应更多地深入基层,了解企业生产经营的各种具体情况,并尽可能吸收业务部门的有关人员参与财务决策。

(3)财务决策方法。财务决策不是简单的定性或定量的权衡分析,财务决策的具体方法的选择应以财务决策内容为前提,同时还要考虑掌握企业内外部信息等具体情况。

1.2.1.3 财务计划职能

为了保证实现既定的财务目标,企业的财务活动应该按照一定的财务计划组织实施。企业通过编制财务计划并下达给各个部门,使各部门行动有方向、工作有压力、考核有依据。企业的财务计划一般包括资金使用计划、资金筹集计划、成本费用计划、利润分配计划、财务收支计划总表等。它们以货币形式概括了企业生产经营中的资金运用、劳动耗费和财务成果,并且明确了企业和国家预算及银行信贷之间的关系。在编制财务计划时,首先必须依据国家宏观发展计划的要求,其次必须注意财务计划指标和各项生产技术指标之间的协调一致,最后编制财务计划要以先进合理的定额为依据。

1.2.1.4 财务控制职能

在财务计划组织实施的过程中,由于主客观两方面因素,财务活动的实际进展与计划要求可能出现差异。对这种差异如果不加以控制,财务计划的最终完成就不能保证。财务控制是在生产经营过程中,以企业计划任务为依据,对资金筹集、使用、耗费、成果进行日常的计算和审核,将计划和实际数据进行对比,及时判断财务活动的进展情况,消除或缩小差异,以实现计划指标,提高经济效益。

广义地说,财务控制包括事前控制(预测)、事中控制、事后控制(分析)三方面;而狭义的财务控制仅指事中控制。

1.2.1.5 财务分析职能

财务分析是根据核算资料,运用特定方法对企业财务活动过程及其结果进行分析和评价的一项工作。通过财务分析,可以掌握各项财务计划的完成情况,评价财务状况的优劣,研究和掌握企业财务活动的规律。通过财务分析可以及时揭示财务管理中存在的问题,改善财务预测、决策,有助于采用有效的控制措施,保证财务计划财务制度的执行。

财务分析的基本手段是比较分析和比率分析。通过比较分析,能发现有利或不利的差异;通过比率分析,则能进一步发现差异产生的原因。当然,要想知道各种具体因素对财务活动实际结果的影响程度,则需运用因素分析等具体分析方法。

1.2.2 财务管理的基本环节

1.2.2.1 财务预测

财务预测是根据财务活动的历史资料,考虑现实的要求和条件,对未来的财务活动和财务成果做出科学的预计和测算。财务预测环节的作用在于,测算各项经营方案的经济效益,为决策提供可靠的依据;预计财务收支的发展变化情况,以确定经营目标;测定各项定额和标准,为编制计划、分解计划指标服务。财务预测环节是在前一个财务管理循环的基础上进行的,运用已取得的规律性的认识指导未来。它既是两个管理循环的连接点,又是财务计划环节的必要前提。财务预测环节包括以下工作内容。

1. 明确预测对象和目的

预测的对象和目的不同,对资料的搜集、方法的选择、预测结果的表现方式等都有不同的要求。为了达到预期的效果,必须根据管理决策的需要,明确预测的具体对象和目的,如降低成本、增加利润等来规定预测的范围。

2. 搜集和整理资料

根据预测的对象和目的,要广泛搜集有关的资料,包括内部和外部的资料、财务会计资料、计划与统计资料、本年和过往年度资料等。对资料要检查其可靠性、完整性和典型性,排除偶然性因素的干扰;还应对各项指标进行归类、汇总、调整等加工处理,使资料符合预测的需要。

3. 确定预测方法,利用预测模型进行测算

对经过加工整理的资料进行系统的分析研究,找出各种指标的影响因素及其相互关系;选择适当的数学模型表达这种关系;对资金、成本、利润的发展趋势和水平做出定量的描述,取得初步的预测结果。

4. 确定最优值,提出最佳方案

对已提出的多种方案,进行科学的经济技术论证,做出有理有据的分析结论,确定预测的最优值,提出最佳方案,以便领导做出决策。

1.2.2.2 财务决策

财务决策是指财务人员在财务管理目标总体要求下,采用专门方法,从若干个备选方案中,经过分析比较,选择某一种最优方案(或手段)的过程。财务决策在财务管理中居于决定性地位,是财务管理的核心。财务决策的正确与否,将关系到企业的兴衰与成败。广泛搜集资料,注重决策手段的现代化和决策思想的创造性、民主性,是提高财务决策水平的重要途径。财务管理通过财务决策提高报酬率,降低风险,从而实现财务管理目标。

财务决策是财务管理的核心,主要包括筹资决策、投资决策、营运资金决策和利润分配决策。

1.2.2.3 财务计划(财务预算)

财务计划是财务预测所确定的经营目标的系统化和具体化,又是控制财务收支活动、分析经营成果的依据。财务计划工作的本身就是运用科学的技术手段和数学方法,对目标进行综合平衡,制订主要计划指标,拟订增产节约措施,协调各项计划指标。它是落实奋斗目标和保证实施的必要环节。

编制的财务计划主要包括:筹资计划、固定资产增减和折旧计划、流动资产及其周转计划、成本费用计划、利润及利润分配计划、对外投资计划等。每项计划均由许多财务指标构成,财务计划指标是计划期各项财务活动的奋斗目标,为了实现这些目标,财务计划还必须列出保证计划完成的主要经营管理措施。

编制财务计划要做好以下工作。

1. 分析主客观原因,全面安排计划指标

审视当年的经营情况,分析整个经营条件和目前的竞争形势等与所确定的经营目标有关的各种因素,按照总体经济效益的原则,制订主要的计划指标。

2. 协调人力、物力、财力,落实增产节约措施

要合理安排人力、物力、财力,使之与经营目标的要求相适应,在财力平衡方面,要组织资金运用同资金来源的平衡、财务支出同财务收入的平衡等。还要努力挖掘内部潜力,从提高经济效益出发,对各部门经营活动提出要求,制订出各部门的增产节约措施,制订和修订各项定额,以保证计划指标的落实。

3. 编制计划表格,协调各项计划指标

以经营目标为核心,以平均先进定额为基础,计算计划期内资金占用、成本、费用、利润等各项计划指标,编制出财务计划表,并检查、核对各项有关计划指标是否密切衔接、协调平衡。

1.2.2.4 财务控制

为了保证财务计划的实现,必须对日常进行的各项财务活动进行有效的控制。财务控制是指在进行经营活动的过程中,以计划任务和各项定额为依据,对资金的收入、支出、占用、耗费进行日常的计算和审核,以实现计划指标,提高经济效益。组织和控制日常的财务活动,是实现财务目标的中心环节,主要应做好以下几项工作。

1. 制订标准

按照责权利相结合的原则,将计划任务以标准或指标的形式分解落实到部门、班组以至个人,即通常所说的指标分解。财务指标如资金指标、成本费用指标和利润指标等,是在某一时期经营活动的综合反映,这些指标完成得如何,同各部门、各环节的经营服务活动有着密切的联系。为了充分调动各级、各部门完成财务指标的积极性,就要将财务指标进行分解,落实给有关部门、班组以至个人,并规定相应的职责权限,纳入他们各自的经济责任制,定期考核。财务指标的分解和落实可以从两方面来进行:一是由各职能部门分别管理其业务范围内的指标;二是由各部门分级管理其经营范围内的指标,落实到班组、个人。通过计划指标的分解,可以把计划任务变成各部门和个人控制得住、实现得了的数量要求,在内形成一个"个人保班组、班组保部门、部门保全企"的经济指标体系,使计划指标的实现有坚实的群众基础。

2. 执行标准

对资金的收付,成本、费用的支出,物资的占用等,要运用各种手段进行事先的监督和控制。凡是符合标准的,就予以支持,并给以机动权限;凡是不符合标准的,则加以限制,并研究如何处理。

3. 确定差异

按照"干什么,管什么,就算什么"的原则,详细记录指标执行情况,将实际同标准进行对比,确定差异的程度和性质。要经常预计财务指标的完成情况,考查可能出现的变动趋势,及时发出信号,揭露经营过程中发生的矛盾。

4. 消除差异

深入分析差异形成的原因,确定造成差异的责任归属,采取切实有效的措施,调整实际过程(或调整标准),消除差异,以便顺利实现计划指标。

5. 考核奖惩

考核各项财务指标的执行结果,把财务指标的考核纳入各级岗位责任制,运用激励机制,实行奖优罚劣。

1.2.2.5 财务分析

财务分析是以核算资料为主要依据,对财务活动的过程和结果进行调查研究,评价计划完成情况,分析影响计划执行的因素,挖掘内部的潜力,提出改进措施。借助于财务分析,可以掌握各项财务计划和财务指标的完成情况,检查党的方针、政策和国家财经制度、法令的执行情况,并有利于改善财务预测、财务计划的工作,还可以总结经验,研究和掌握财务活动的规律性,不断改进财务工作。进行财务分析一般包括以下程序。

1. 进行对比,做出评价

对比分析是揭露矛盾、发现问题的基本方法。先进与落后、节约与浪费、成绩与缺点,只有通过对比分析才能辨别出来。财务分析要在充分占有资料的基础上,通过数量指标的对比来评价业绩,发现问题,找出差距,明确责任。

2. 因素分析,抓住关键

进行对比分析可以找出差距,揭露矛盾,但为了说明产生问题的原因,还需要进行因素分析。影响财务活动的因素有许多,进行因素分析就是要查明影响财务指标完成的各项因素,并从各种因素的相互作用中找出影响财务指标完成的主要因素,以便分清责任、抓住关键。

3. 落实措施,改进工作

要在掌握大量资料的基础上,去伪存真,去粗取精,由此及彼,由表及里,找出各种财务活动同其他经济活动之间的本质联系,然后提出改进措施。提出的措施,应当明确具体、切实可行。实现措施,应当确定负责人员,规定实现的期限。措施一经确定,就要组织各方面的力量认真贯彻执行。要通过改进措施的落实完善经营管理工作,推动财务管理发展到更高水平的循环。财务管理基本环节之间相互联系、相互依存,形成周而复始的财务管理循环过程,构成了完整的企业财务管理活动体系。

1.3 财务管理的假设和基本原则

1.3.1 财务管理假设

财务管理假设是指对财务管理领域中存在的尚未确知或无法论证的事物按照客观事物的发展规律所做出的推理或判断。财务管理假设是建立财务管理理论体系的前提条件,是进行财务管理必须具备的思维方式。财务管理的基本假设有理财主体假设、持续经营假设、有效资本市场假设和理性理财假设。

1.3.1.1 理财主体假设

理财主体是指财务管理为之服务的特定单位,通常是指具有独立或相对独立的经济利益主体。独立性是理财主体的主要特征,独立性主要体现在两个方面:①理财主体有自己能够控制的资金,拥有资金的经营权,并对资金的运营效果承担责任;②理财主体可以自主地从事筹资、投资和收益分配等财务活动。

理财主体假设明确了财务管理工作的空间范围,可据以将不同理财主体的财务管理活动区分开来。在现代股份制公司中,经营权与所有权相分离,股份公司作为独立的理财主体,严格区分公司财务活动与其股东、债权人等利益相关者的财务活动,这正是理财主体假设的意义所在。

理财主体假设为企业明确财务管理目标、科学划分权责关系奠定了理论基础。

1.3.1.2 持续经营假设

持续经营假设是指理财主体的经济活动可以持续进行,在可以预见的将来会无限期地经营下去。只有在持续经营假设下,企业才能获得股东投入的长期资本和债权人给予的长期债务资金;企业才有必要实施长期投资去谋取长期的投资收益。

持续经营假设明确了财务管理工作的时间范围。在持续经营假设下,为了及时把握企业的财务状况,定期考核企业的经营业绩,必须将企业连续不断的经营活动人为地划分为若干时期,由此派生出理财期间假设。企业财务管理期间一般与会计期间保持一致,也可以根据特定项目的实际情况延长或缩短财务管理期间。

持续经营假设是财务管理的基本前提。企业筹资中合理安排长期资金与短期资金的资金结构;企业投资中合理配置长期资产与短期资产的资产结构;企业收益分配中兼顾投资者的短期收益和长期收益,等等,都是建立在持续经营假设基础上的。

1.3.1.3 有效资本市场假设

有效资本市场假设是指企业筹资和对外投资所依附的资本市场是健全有效的。在一个有效的资本市场上,频繁交易的金融资产的市场价格已反映了该金融资产所有的可获得信息,而且当新信息出现时,金融资产的市场价格完全能迅速地做出调整。有效资本市场假设要求企业理财时慎重使用金融工具。如果资本市场是有效的,企业购买或出售金融工具的交易行为都不会改变企业价值。作为从资本市场上取得资金的筹资方,不可能通过单纯的筹资活动增加企业价值;作为向资本市场提供资金的投资方,也只能获得与投资风险相应的投资报酬,而无法通过证券投资获取投机收益。只有那些在专利权、专有技术、良好信誉、市场份额等方面有一项或几项比较有优势的企业,才能够在一些生产经营性直接投资中获得超额收益,增加企业价值和股东财富。

有效资本市场假设要求理财时重视市场对企业的估价。资本市场是企业的一面镜子,又是企业行为的校正器。例如,股价可以综合反映企业的业绩,当企业股价上升时,说明市场对企业价值的评价上升,企业发展前景较好;当企业股价下跌时,说明市场对企业价值的评价降低,应及时分析企业的行为是否出了问题并设法改进。用变更会计方法、资产交换、关联交易等人为操纵企业利润的做法,在有效资本市场中都是无济于事的。

有效资本市场假设是建立财务管理理论体系的基础,也是企业进行筹资决策和投资决策的理论基础。

1.3.1.4 理性理财假设

理性理财假设是指从事财务管理工作的人员都是理性的,他们的理财行为都是理性的,即每个人都是趋利避害的,能够按照成本效益原则、采取科学合理的方法对其面临的一切机会进行优化选择。一般而言,任何人都会认为自己的思维和行为都是理性的,他们都是从备选的财务管理方案中选择了最有利的方案,做出了正确的决策。只有在理性理财的环境中,财务管理人员才能对企业内外部的财务管理环境进行准确的判断,做出正确的财务管理决策。

理性理财主要体现在以下两个方面。①理财是有目的的行为。企业的财务管理都是有一定目标的,既有企业整体的理财目标,也有分期的阶段性理财目标和各环节具体的理财目标。②资金再投资假设。资金只有投入再生产才能产生增值,为了追求资本不断增值效益,理性理财者不会将大量资金留存闲置,他们会为资金寻找新的投资项目,进行循环再投资。

理性理财假设是确定财务管理目标、建立财务管理原则优化财务管理方法的前提。例如,资金时间价值原则、资源合理配置原则财务管理决策方法等都是建立在理性理财假设基础上的。

1.3.2　财务管理的基本原则

财务管理原则是企业组织财务活动、处理财务关系应遵循的基本准则,它是从企业财务管理实践中抽象出来,反映财务管理规律性的行为规范,是对财务管理工作的基本要求。

1.3.2.1　资源合理配置原则

资源合理配置就是要求通过财务活动的组织和调节,以保证各项资金资源和物质资源具有最优化的比例结构。只有资源合理配置,才能保证企业生产经营活动的顺畅运行,并由此获得最佳经济效益;否则就会影响企业供、产、销的协调发展,降低资金周转效率,甚至危及企业生存。为此,企业在配置资源时要充分考虑资源数量的有限性和时效性,既要防止资源供应不足而影响企业的整体规模效益,又要避免各个环节上的资源过剩和浪费。企业还应该经常性地评价资源配置情况,定期考核和分析资金的周转能力和盈利水平,为企业不断优化资源配置提供依据。企业在资本结构决策、资产结构决策、投资组合决策、流动资产管理决策等方面都需要遵循资源合理配置原则。

1.3.2.2　收益与风险均衡原则

收益与风险均衡就是全面分析每一项财务活动的收益性与安全性,在均衡其收益与风险的基础上做出合理抉择,趋利避害,争取获得较高的收益。市场经济的基本规律是低收益伴随低风险,高收益往往伴随高风险。企业在财务活动中如果只愿意承担较小的风险,则必须牺牲一部分收益;如果要赚取更高的收益,往往要以承担更大的风险为代价。例如,企业扩大负债筹资比例可降低资金成本,相应增加股东收益,但同时也提高了企业的偿债风险,危及企业的偿债能力和股东权益。因此,基于不同风险程度的盈利水平,或基于不同盈利水平的风险程度,都是不可比的。财务管理人员必须把握和处理好收益与风险的均衡关系,做到既不盲目冒险也不过于保守,特别要注意将高风险、高收益项目与低风险、低收益项目进行适当组合,做到既降低风险又能获得较高收益。同时还要尽可能回避风险,化风险为机遇,在危机中找对策,以提高企业的经济效益。

1.3.2.3 资金收支平衡原则

资金收支平衡就是企业在一定时期的资金收支总量平衡和一定时日资金收支数量的协调平衡。企业投资形成资金支出,经过购、产、销环节后取得资金收入。资金收支平衡归根结底是企业购、产、销环节的衔接平衡。企业只有保持资金收支平衡,资金周转才能顺畅,才能取得理想的经济效益并实现协调稳定的发展。资金收支不平衡,势必妨碍资金的顺利周转,降低资金的利用效率,甚至导致企业经营失败。企业应采取积极有效的措施调整资金收支中的矛盾,既要量入为出,根据现有财力安排各项支出;又要量出为入,积极开辟财源,以满足生产经营所需,力求从动态中求平衡,从平衡中求发展。

1.3.2.4 成本效益原则

成本效益原则就是对经济活动中的投入与产出进行比较分析,权衡经济行为的得失,谋求最佳经济效益。财务管理要追求企业价值最大化,就必须处处讲求效益和节约成本,任何不顾成本,盲目追求产值或利润最大化的做法都是错误的。成本效益原则也并不是要求企业单纯降低成本,而是要求企业消除无效成本和低效成本,企业的一切成本费用的发生,都要联系相应的收益来分析其有效性。企业财务管理的各个方面都涉及成本效益问题,如筹资管理中的资金成本与资产报酬项目投资管理中的投资成本与投资收益、日常经营管理中的经营成本与经营利润等,都需要遵循成本效益原则。

1.3.2.5 权利责任对等原则

权利责任对等原则就是要求企业各利益相关者承担与其权利相对等的责任,任何无责任的权利和无权利的责任都是不合理的。协调好各种利益关系,直接关系到各利益者的积极性和期望收益的满足程度,是组织好财务活动的必然要求,也是企业长期协调稳定发展的基础。要恰当地处理好财务关系,必须遵循权利责任对等原则,明确各利益相关者的权利和责任,才能建立有效的激励约束机制。就企业外部而言,需明确所有者和经营者、债权人和债务人的权利和责任;就企业内部而言,要合理划分各单位的权利和责任,建立起以责任为中心、以权利为保证、以利益为手段的企业内部财务管理责任制。

1.4 建筑施工企业财务管理环境

企业的财务管理环境又称理财环境,是指对企业理财活动产生直接或者间接影响作用的外部条件或影响因素。理财环境都是企业财务管理赖以生存的土壤,是企业开展财务管理的舞台。对每个企业来说理财环境都是一样的,但是在相同的理财环境下,各个企业财务活动的运行和效果却是不一样的。理财环境涉及的范围广、因素多、变化快,理财时必须认真研究分析各种财务管理环境的变动趋势,判明其对财务管理可能造成的影响,并据此采取相应的财务对策,这样财务管理工作才会更加科学、更有成效。

1.4.1 财务管理环境的分类

财务管理环境是一个多层次、多方位的复杂系统,纵横交错,相互制约,对企业财务管理产生重要影响。为了能对财务管理环境做更深入细致的研究,有必要对财务管理环境进行简单分类。

1. 按范围分类

财务管理环境按范围分为宏观财务管理环境和微观财务管理环境。

宏观财务管理环境是对财务管理有重要影响的宏观方面的各种因素,如国家政治经济形势、经济发展水平、金融市场状况等。宏观环境的变化,一般对各类企业的财务管理均会产生影响。

微观财务管理环境是对财务管理有重要影响的微观方面的各种因素,如企业组织形式、生产状况、企业的产品销售市场状况、企业的资源供应情况等。微观环境的变化一般只对特定企业的财务管理产生影响。

2. 按其与企业的关系分类

财务管理环境按其与企业的关系,分为企业内部财务管理环境和企业外部财务管理环境。

企业内部财务管理环境是指企业内部的影响财务管理的各种因素,如企的生产情况、技术情况、经营规模、资产结构生产经营周期等。相对而言,内部环境比较简单,往往有现成资料,具有比较容易把握和加以利用等特点。

企业外部财务管理环境是指企业外部的影响财务管理的各种因素,如国家政治、经济形势、法律制度、企业所面临的市场状况以及国际财务管理环境等。外部环境构成比较复杂,需要认真调查,搜集资料,以便分析研究,从而提高其适应性。

企业内部财务管理环境一般均属微观财务管理环境。企业外部财务管理环境有的属于宏观财务管理环境,如政治法律制度等,有的属于微观财务管理环境,如企业的产品销售市场企业资源的供应情况等。

3. 按其变化情况分类

财务管理环境按其变化情况,分为静态财务管理环境和动态财务管理环境。

静态财务管理环境是指那些处于相对稳定状态的影响财务管理的各种因素,通常指那些相对容易预见,变化性不大的财务管理环境部分,它对财务管理的影响程度也是相对平衡、起伏不大。因此,认清这些财务管理环境后,一般无须经常予以调整、研究,只作为已知条件来对待即可。财务管理环境中的地理环境、法律制度等,属于静态财务管理环境。

动态财务管理环境是指那些处于不断变化状态的、影响财务管理的各种因素。从长远观点来看,财务管理环境都是发展变化的。在市场经济体制下,商品市场上的销售数量及销售价格,资金市场的资金供求状况及利息率的高低,都是不断变化的,属于动态财务管理环境。在财务管理中,应着重研究、分析动态财务管理环境,并及时采取相应对策,提高对财务管理环境的适应能力和应变能力。

1.4.2 宏观财务管理环境

1.4.2.1 宏观经济政策

宏观经济政策包括财政政策、货币政策、经济发展与产业政策等,它是财务管理环境的重要组成部分。这些政策的实施和变动,直接影响企业的财务管理活动。

1. 财政政策

财政政策通常是指政府根据宏观经济规律的要求,为达到一定的目标而制订的指导财政工作的基本方针、准则和措施。财政政策是经济政策的重要组成部分,一般由三个要素构成:财政政策目标、财政政策主体、财政政策工具。

财政政策目标就是财政政策所要实现的期望值。虽然不同时期的社会经济发展战略和目标是不同的,政策目标自然也有所差别,但是我们也可以归纳出几个一般性的财政政策目标。财政政策的一般政策目标主要有:经济适度增长、物价水平基本稳定、提供更多的就业和再就业机会、收入合理分配、社会生活质量逐步提高等。财政政策主体就是财政政策的制订者和执行者。财政政策主体行为的规范性和正确性,对财政政策的制订和执行具有决定性的作用,并直接影响财政政策的效应。财政政策工具是财政政策主体所选择的用以达到政策目标的各种财政手段。财政政策工具主要包括税收、公共支出(包括财政补贴)、政府投资、公债等。

2. 货币政策

货币政策,是指一国政府为实现一定的宏观经济目标所制订的关于调整货币供应的基本方针及其相应措施。它是由信贷政策、利率政策、汇率政策等构成的一个有机的政策体系。在市场经济条件下,财政政策和货币政策共同构成调节国民经济运行的两大杠杆。货币政策作为国家宏观经济政策的重要组成部分,同财政政策一样,其最终目标与宏观经济政策目标是一致的。

货币政策目标是借助于货币政策手段,即货币政策工具来发挥作用的。目前,我国中央银行的货币政策手段主要如下。

(1)中央银行对各商业银行发放贷款。

(2)存款准备金制度。各商业银行要将吸收的存款按一定比例交存中央银行。

(3)利率。中央银行根据资金松紧情况确定调高或者调低利率。

(4)公开市场操作。中央银行在金融市场上买进或者卖出政府债券,从而调节货币供应量。

(5)再贴现率。再贴现率实际上是指商业银行向中央银行借款时支付的利息。

货币政策的核心是通过变动货币供应量,使货币供应量和货币需要量之间形成一定的对比关系,进而调节社会的总需求和总供给。因此,从总量调节出发,货币政策分为膨胀性、紧缩性和中性三种类型。膨胀性货币政策是指货币供应量超过经济过程中对货币的实际需要量,其功能是刺激社会总需求的增长;紧缩性货币政策是指货币供应量小于货币的实际需要量,其主要功能是抑制社会总需求的增长;中性货币政策是指货币供应量大体上等于货币需要量,对社会总需求与总供给的对比状况不产生影响。至于具体采用何种类型的货币政策,中央银行需要根据社会总需求与总供给的对比状况审慎地做出抉择。

3. 经济发展与产业政策

国民经济发展规划、国家产业政策、经济体制改革等,都对企业的生产经营和财务活动有着极为重要的影响,企业需要根据不同时期的宏观经济政策环境做出相应的财务决策。

如在经济繁荣时期,企业主要是进行扩张性筹资和扩张性投资;在经济紧缩时期,大多数企业要考虑如何维持现有经营规模和效益,在稳定中求得发展。

在不同的发展时期,国民经济发展规划、国家产业政策会有所不同,企业所属行业会受到鼓励或制约发展的影响,这就要求企业自觉适应国民经济发展规划和国家产业政策的变化,及时调整经营战略,优化产品结构,变被动为主动,使自己在经济发展与产业政策变动中立于不败之地。

1.4.2.2 金融市场环境

金融市场是资金融通的场所,即把需要资金的单位或个人与拥有剩余资金的单位或个人联系起来,实现借贷双方之间资金转移的场所。金融市场有广义和狭义之分。狭义的金融市场一般是指有价证券市场,即股票和债券等的发行和买卖市场;广义的金融市场是指一切资本流动的场所,包括实物资本和货币资本的流动,其交易对象包括货币借贷、票据承兑与贴现、有价证券买卖、黄金和外汇买卖、办理国内外保险、生产资料的产权交换等。

1. 金融市场的构成要素

一个完备的金融市场制度体系,应至少包括两个基本要素:一是金融市场的参与主体;二是金融市场的客体,即金融工具。

(1)金融市场的参与主体。金融市场的参与主体是指发行金融资产和投资金融资产的实体,他们在金融市场上通过交易金融工具的活动形成一系列的交易关系。根据参与对象的不同,金融市场的参与者可以分为投资者、套期保值者、套利者、筹资者和市场监管者五类。投资者和筹资者是相对而言的,没有充当固定角色的投资者,也没有充当固定角色的筹资者;套期保值者是利用金融市场减少利率、汇率和信用等风险的实体,为了减少面临的风险,套期保值者在金融市场上进行反向的对冲操作,从而使未来价值不确定的投资价值的现值相对固定化;套利者是利用市场定价的低效率来赚取无风险利润的主体;市场监管者是对金融市场的交易活动进行宏观调控和行业监管的主体,如我国的中国人民银行、证监会、银保监会等。

根据自身特征的不同,金融市场参与主体可以分为非金融中介的参与主体和金融中介的参与主体。非金融中介的参与主体有政府、企业、居民等;金融中介的参与主体有存款性金融机构、非存款性金融机构以及金融监管机构。

(2)金融市场的客体。金融市场上资金的融通行为是建立在信用关系的基础上的,而信用本身就是一种特殊的以偿还和付息为条件的单方面的价值转移形式,这种价值转移关系的建立和终结都必须借助某种金融工具才能得以实现。金融市场的客体就是金融工具。无论是基础金融工具还是衍生金融工具,它们至少都有期限性、流动性、风险性和收益性这四个基本特征。期限性,是指一般金融工具有规定的偿还期限。偿还期限是指债务人从举借债务到全部归还本金与利息所经历的时间。金融工具的偿还期有零期限和无限期两种极端情况。流动性,是指金融工具在必要时迅速转变为现金而不致遭受损失的能力。金融工具的流动性与偿还期成反比。金融工具的盈利率高低以及发行人的资信程度也是决定流动性大小的重要因素。风险性,是指购买金融工具的本金和预定收益遭受损失可能性的大小。风险可能来自信用风险和市场风险两个方面。收益性,是指金融工具具有能够带来价值增值的特性。要比较收益率的大小,则要将银行存款利率、通货膨胀率以及其他金融工具的收益率等因素综合起来进行分析,此外还必须对风险进行考察。

2. 金融市场与企业理财

随着现代企业制度的建立以及企业经营机制的形成和完善,企业作为独立的经济实体,应面对市场环境进行决策。长期以来形成的渠道单一、形式单一的资金供给制,已经不能适应市场经济的需要,必须以多渠道、多种形式的资金融通机制代之。金融市场作为资金融通的场所,是企业筹集资金必不可少的条件,企业应该熟悉金融市场的各种机制和管理规则,有效地利用金融市场,发挥金融市场的积极作用。此外,在投资与利润分配中,金融环境也对财务管理起着决定作用。

在筹资活动中,当利率上升、汇率下降、证券价格和证券指数下跌或者政府控制货币发行、提高银行存款准备金率和再贴现率、参加公开市场卖出业务等情形已经成为一种现实的影响时,整个金融市场筹资风险和成本加大,企业筹资会变得困难。但是,如果上述情形仅仅是一种对未来的预期,财务管理部门应提前采取措施,规避未来筹资成本的上升和风险的增加,如采用固定利率的长期筹资方式、进行套期保值等。当金融市场参数和政府货币政策的变动与上述情况相反时,筹资活动所面临的情形和所采取的措施正好相反。

在投资活动中,当政府控制货币的发行、提高存款准备金率和再贴现率、参加公开市场卖出业务时,市场利率会上升,这时存款或者贷款将会获取较高的利息。此外,由于市场利率上升,当其他条件不变时,证券价格和证券指数将趋于下降,投资者也会将投资方向转向存款或贷款投资。相反,当政府扩大货币发行量、降低存款准备金率和再贴现率、参加公开市场买入业务时,市场利率会下降,这时证券价格和证券指数在其他条件不变时会趋于上升,投资者将减少存款或贷款投资而转向证券投资。

在分配活动中,如何确定利润的留存和分派比例,也与金融市场环境密切相关。当市场利率上升或者政府采取紧缩的货币政策、证券市场价格和指数低迷、外汇汇率下降时,企业筹资困难。如果此时企业有资金需求,就应该增加利润留存的比例;反之,则应该减少利润留存的比例。当市场利率上升时,如果其他条件不变,为了使企业股票价格稳定,企业也可以扩大利润分派的比例;反之亦然。从投资角度来看,当有较好的投资项目时,企业应该扩大利润留存的比例;反之,则应该增加利润分派的比例。

1.4.2.3 法律环境

财务管理的法律环境是指企业和外部发生经济关系时应遵守的各种法律、法规和规章。

企业在其经营活动过程中,要和国家、其他企业或者社会组织、企业职工以及其他个人发生各种经济关系,国家在管理这些经济活动和经济关系的时候,将其行为准则以法律的形式固定下来。一方面,法律提出了企业从事各项经济活动必须遵守的规范和前提条件,从而对企业活动进行约束;另一方面,法律也为企业依法从事各项经济活动提供了保护。

1. 法律规范

市场经济条件下,企业总是在一定的法律前提下从事各项经济活动。

(1)企业组织法律规范。

企业组织必须依法成立,组建不同的企业要依据不同的法律规范。这些法律规范包括《中华人民共和国公司法》《中华人民共和国全民所有制工业企业法》《中华人民共和国外商投资法》《中华人民共和国个人独资企业法》《中华人民共和国合伙企业法》等。这些法律规范既是企业的组织法,又是企业的行为法。公司及其他企业的设立、变更、终止条件和程序以及生产经营的主要方面都要按照有关法律的规定来进行。企业的理财活动不能违反相关的法律,企业理财的自主权不能超越相关法律的限制。

(2)税收法律规范。

任何企业都有一定的纳税义务。我国税种一般可以分为所得课税、商品和劳务课税、财产课税、行为课税、资源课税五大类。

税负是企业的一种费用,它会增加企业的现金流出,减少企业的净利润,对企业理财有重要影响。企业都希望能够通过税收筹划来减少税务负担。税收筹划并不是偷税、漏税,而是在精通税法的前提下,精心筹划企业的筹资、投资、利润分配等财务决策。除上述法律规范之外,与财务管理有关的其他经济法律规范还有很多,包括证券法、合同法、票据法,以及支付结算法律制度等。

2. 企业理财与法律环境

从整体上说,法律环境对企业财务管理环境的影响和制约有以下几个方面。

(1)在筹资活动中,国家通过法律规定了筹资的最低规模和结构,规定了筹资的前提条件和程序。

(2)在投资活动中,国家通过法律规定了投资的基本前提、投资的基本程序和应履行的手续。

(3)在利润分配活动中,国家通过法律规定了企业分配的类型或结构、分配的方式和程序、分配过程中应该履行的手续,以及分配的数量。例如《中华人民共和国公司法》(后文简称《公司法》)规定,公司弥补亏损和提取公积金后所余税后利润,有限责任公司按照股东实缴的出资比例进行分配,但全体股东约定不按照出资比例分配的除外;股份有限责任公司按照股东持有的股份比例分配,但股份有限公司章程规定不按照持股比例分配的除外。

此外,在生产经营活动中,各项法律也会引起财务安排的变动,在财务管理中都要加以考虑。

1.4.2.4 建筑市场

建筑施工企业的一切生产经营活动的出发点、落脚点,都离不开建筑市场。建筑施工企业的经营对象、资源、信息、压力、动力,无一不是产生于市场;建筑施工企业的交易行为、施工生产活动、关系纽带和利益诉求等,都是市场行为。建筑市场为建筑施工企业提供了资源优化配置的基础;建筑市场为建筑施工企业的发展提供了供需参照规律;建筑市场所要求的市场规则为建筑施工企业提供了良好的约束机制。总之,建筑市场为建筑施工企业的生存与发展提供了充分条件。建筑施工企业要以建筑市场环境为导向,依靠政策、法规正常开展生产经营活动,不断调节自身机能、战略与策略,确定目标市场和经营目标,规范和提高自身能力,增强企业的活力与竞争力,促进建筑施工企业健康发展。

1.4.3 微观财务管理环境

财务管理的微观环境也包括许多内容,如市场状况、生产情况、材料采购情况等。下面概括介绍微观理财环境对财务管理有重要影响的几个方面。

在商品经济下,每个企业面临的不同的市场环境都会影响和制约企业的理财行为。构成市场环境的要素主要有两项:一是参加市场交易的生产者及消费者的数量;二是参加市场交易的商品的差异程度。一般而言,参加交易的生产者和消费者的数量越多,竞争越大;反之,竞争越小。而参加交易的商品的差异程度越小,竞争程度越大;商品的差异程度越大,竞争程度就越小。对工程项目而言,建设单位和施工单位通过建设市场进行承包发包交易,双方的财务管理都要注重建筑市场供求状况和工程差异程度等方面的影响因素。企业所处的市场环境,通常有下列两种。

1. 采购环境

采购环境又称物资来源环境,对企业理财有重要影响。按不同的标准可对采购环境做不同的分类。

(1)采购环境按物资来源是否稳定,可分为稳定的采购环境和波动的采购环境。前者对企业所需资源有比较稳定的来源,后者则不稳定,有时采购不到。企业如果处于稳定的采购环境中,可少储存存货,减少存货占用的资金;反之,则必须增加存货的保险储备,以防存货不足影响生产,这就要求财务人员把较多的资金投资于存货的保险储备。

(2)采购环境按价格变动情况,可分为价格上涨的采购环境和价格下降的采购环境。在物价上涨的情况下,企业应尽量提前进货,以防物价进一步上涨而遭受损失,这就要求在存货上投入较多的资金;反之,在物价下降的环境里,应尽量随使用随采购,以便从价格下降中得到好处,也可在存货上尽量少占用资金。

2. 生产环境

不同的生产企业和服务企业具有不同的生产环境,这些生产环境对财务管理有着重要影响。比如,如果是高技术型的企业,那就有比较多的固定资产而只有少数的生产工人。这类企业的固定资产占用的资金比较多,而工薪费用占用的资金较少,这就要求企业财务人员必须筹集到足够的长期资金以满足固定资产投资;如果是劳动密集型的企业,则可较多地利用短期资金。生产轮船、飞机的企业,生产周期较长,企业要比较多地利用长期资金;反之,生产食品的企业,生产周期很短,可以比较多地利用短期资金。

第 2 章 筹资管理

2.1 筹资管理概述

企业筹资是指企业为了满足其经营活动、投资活动、资本结构调整等需要,运用一定的筹资方式,筹措和获取所需资金的一种行为。筹资活动是企业资金运转的起点。

2.1.1 筹资的分类

按所筹资金的性质,分为自有资金、借入资金。自有资金是企业依法取得、长期持有并能自主使用的资金,它来源于企业投资者的投资和企业内部积累,包括企业资本金、资本公积金、盈余公积金和其他未分配利润。自有资金一般不得抽回,是企业的永久性资本,能体现企业自身的实力,是企业承担经营风险的物质基础。借入资金是企业依法取得,按照约定的期限、方式使用和还本付息的资金。借入资金的所有权归属企业债权人,是企业的一项负债。自有资金和借入资金的比例称为资金结构,资金结构对企业的筹资成本和风险有很大的影响。

资金按照来源范围分为内部筹资和外部筹资。内部筹资是企业通过留存收益而形成的筹资来源,其特点是手续简单、无筹资手续费、方便快捷,但是筹资数量有限。内部筹资属于企业的自有资金,是企业的一项长期资金来源。外部筹资指企业向外部筹措资金而形成的筹资来源。外部筹资有多种渠道,但大多数需要花费筹资费用。外部筹集的资金可以是自有资金或借入资金。

按所筹资金的使用期限不同,分为长期筹资和短期筹资。长期筹资指1年以上,主要用于固定资产、无形资产、长期投资等项目的资金。短期筹资指1年以内,主要满足经营过程中的短期周转,主要用于现金、应收账款和存货等项目的资金。

2.1.2　筹资管理的原则

筹资管理要遵循以下原则。

(1) 合理确定资金需要量,科学安排筹资时间。通过预算手段完成资金的需求量和需求时间的测定,使资金的筹措量与需要量达到平衡,防止因筹资不足而影响生产经营或因筹资过剩而增加财务费用。

(2) 合理组合筹资渠道和方式,降低资金成本。综合考察各种筹资渠道和筹资方式的难易程度、资金成本和筹资风险,研究各种资金来源的构成,求得资金来源的最优组合,以降低筹资的综合成本。

(3) 优化资本结构,降低筹资风险。在筹资过程中合理选择和优化筹资结构,做到长、短期资本,债务资本和自有资本的有机结合,有效地规避和降低筹资中各种不确定性因素给企业带来损失的可能性。

(4) 拟定好筹资方案,认真签订和执行筹资合同。在进行筹资成本、资本结构和投资效益可行性研究的基础上,拟定好筹资方案。筹资时间应与用资时间相衔接,而且要考虑资金市场的供应能力。在筹资方案的实施过程中,筹资者与出资者应按法定手续认真签订合同、协议,明确各方的责任和义务。此后,必须按照企业筹资方案和合同、协议的规定执行,恰当支付出资人报酬,按期偿还借款,维护企业信誉。

(5) 遵循国家法律、法规,合法筹措资金。

2.1.3　企业的筹资渠道和筹资方式

2.1.3.1　企业筹资渠道

筹资渠道是指企业筹集资本来源的方向和通道,体现着资本的源泉和流量,筹资渠道主要由社会资本的提供者和数量分布决定。社会资本的提供者众多,数量分布广泛,企业筹资也会有广泛的来源。目前企业筹资渠道有以下几种。

(1) 政府财政资本。政府财政资本包括各级政府的财政预算资金,国家批准的各种专项建设基金等,主要用于关系国家安全和市场不能有效配置资源的经济和社会领域。通常政府投资资金只有国有企业才能利用,政策性很强。现有的国有企业,包括国有独资公司,其筹资来源的大部分,是在过去由政府通过中央和地方财政部门以拨款形式投资形成的。政府财政资本具有广阔的源泉和稳固的基础,并在国有企业资本金预算中安排,今后仍然是国有企业权益资本筹资的重要渠道。

(2)银行借贷资本。银行利用信贷资金所发放的投资性贷款,是各类企业筹资的重要来源。银行贷款因其性质不同可以分为政策性银行贷款和商业银行贷款。商业银行贷款是我国建设项目获得贷款的重要渠道,国内商业银行贷款手续简单,成本较低,适用于有偿债能力的建设项目;政策性银行贷款一般期限较长,利率较低,是为配合国家产业政策等的实施,对有关的政策性项目提供的贷款,我国的政策性银行有国家开发银行、中国进出口银行和中国农业发展银行。

(3)非银行金融机构资本。非银行金融机构是指除商业银行和专业银行以外的所有金融机构,在我国主要包括租赁公司、保险公司、企业集团的财务公司以及信托投资公司、证券公司等。它们有的集聚社会资本,融资融物;有的承销证券,提供信托服务。这种筹资渠道的财力虽然比银行小,但具有广阔的发展前景。

(4)企业留存收益。企业留存收益是指企业用税后利润进行分配所形成的盈余公积金和未分配利润。企业的税后利润并不全部分配给投资者,而应按规定的比例提取法定盈余公积金及任意盈余公积金。盈余公积金可用于购建固定资产,进行固定资产更新改造,增加流动资产储备,采取新的生产技术措施和试制新产品,进行科学研究和产品开发等。利用留存收益也是自有资金的一种来源。这种筹资方式比其他权益资金的取得更为主动简便。但是这种筹资方式受制于施工企业保留盈余的多寡及公司的股利政策。

(5)民间资本。民间资本可以为企业直接提供筹资来源,我国企业和事业单位的职工和广大城乡居民持有大量的货币资本,可以对一些企业直接进行投资,为企业筹资提供了一定的来源。

(6)港澳台及外国资本。我国港澳台地区及外国投资者持有的资本,也可以加以吸收,形成外商投资企业的筹资渠道。

2.1.3.2 筹资方式

筹资方式是指企业筹集资本所采取的具体形式和工具,体现着资本的属性(即资本的股权或债权性质)和期限。筹资方式取决于企业资本的组织形式和金融工具的开发利用程度。一般而言,企业筹资方式有以下几种:吸收直接投资、发行股票、发行债券、向银行借款、商业信用筹资和租赁筹资等。

2.1.3.3 企业筹资渠道和筹资方式的配合

企业的筹资渠道和筹资方式有着密切的联系,一定的筹资方式可能仅适用于某一特定的筹资渠道,但同一筹资渠道的资本往往可以采取不同的筹资方式取得,而同一筹资方式又往往可以适用于不同的筹资渠道。因此,企业在筹资时,应当实现筹资渠道和筹资方式两者之间的合理配合。筹资渠道和筹资方式的融合如表 2.1 所示。

表 2.1 筹资渠道和筹资方式的融合

渠道	方式						
	吸收直接投资	发行股票	发行债券	商业本票	银行贷款	商业信用	融资租赁
政府财政资本	√	√					
银行借贷资本					√		
非银行金融机构资本	√	√	√	√	√		√
其他企业资本	√	√	√	√		√	√
民间资本	√						
企业留存收益	√						
港澳台及外国资本	√	√	√	√	√	√	√

2.2 工程权益性资金筹措

2.2.1 权益性资金融资

2.2.1.1 权益性资本的含义

权益性资本也称自有资本或所有者权益,是企业依法并长期持有、自主调配运用的资金来源,包括企业资本金、资本公积金、盈余公积金和未分配利润。

企业资本金是指企业在工商行政管理部门登记的注册资金,是投资者用以进行生产经营、承担民事责任而投入的资金。资本金在不同的企业,表现形式不同。比如股份有限公司的资本金称为股本,而股份有限公司以外的其他企业被称为实收资本。

资本金的特性：从性质上看，资本金是投资者创建企业所投入的资本，是原始启动资金；从功能上看，是投资者享有权益、承担责任的资金；从时效来看，投资者不得随意收回资本，企业可以无限期地占用。

资本公积金是实际收到投资者投入的资本额超过企业在工商局注册登记的注册资本金的部分，是企业的一种准资本。它可供企业无偿、无限期地运用。

盈余公积金是从净利润中提取的各种积累资金，是有指定用途的留存收益。

未分配利润是企业实现的净利润经过弥补亏损、提取盈余公积金和向投资者分配利润后留存在企业的、历年结存的利润。

2.2.1.2 权益性资金的特点

权益性资金有两个特点。一是所有权属于企业所有者。权益性资金的所有者凭借所有权参与企业生产经营管理和利润分配，对企业经营情况承担有限责任。二是企业及其经营者能长期占有和自主使用。为保证企业生产经营活动的持续进行，所有者投入企业的资本金，除依法转让外，不得抽逃出资；对于企业积累的盈余公积金和未分配利润，也由企业的经营者使用。权益性资金主要采取吸收直接投资、发行股票筹资、利用留存收益等方式筹集。

2.2.2 吸收直接投资

吸收直接投资指企业按照"共同投资、共同经营、共担风险、共享收益"的原则，直接吸收国家、法人、个人和外商投入资金的一种筹资方式，是非股份制企业筹集权益资本的基本方式。吸收直接投资的实际出资额，注册资本部分形成实收资本，超出注册资本的部分属于资本溢价，形成资本公积金。

2.2.2.1 吸收直接投资的种类

(1) 吸收国家投资。

国家投资是指有权代表国家投资的政府部门或机构，以国有资产投入公司，是国有企业和国有控股企业筹集自有资金的主要方式。这种情况下形成的资本称为国有资本。其特点为：产权归属国家，资金的运用和处置受国家约束较大，在国有公司中采用得比较多。

(2) 吸收法人投资。

法人投资是指法人单位以其依法可支配的资产投入公司，这种情况下形成的资本称为法人资本。其特点为发生在法人单位之间,以参与公司利润分配或控制为目的,出资方式灵活多样。

(3)吸收外商直接投资。

外商直接投资也叫国际直接投资(international direct investment),它以控制经营管理权为核心,以获取利润为目的,是与国际间接投资相对应的一种国际投资基本形式。

我国吸收外商投资,采用最多的直接投资方式是中外合资经营企业、中外合作经营企业、外商独资经营企业和合作开发。

中外合资经营企业亦称股权式合营企业。它是外国公司、企业和其他经济组织或个人同中国的公司、企业或其他经济组织在中国境内共同投资举办的企业。其特点是合营各方共同投资,共同经营,按各自的出资比例共担风险,共负盈亏。各方出资折算成一定的出资比例,外国合营者的出资比例一般不低于25%。中外合资经营企业是中国利用外商直接投资的各种方式中最早兴办和数量最多的一种,目前在吸收外资中还占有相当比重。

中外合作经营企业亦称契约式合营企业。它是由外国公司、企业和其他经济组织或个人同中国的公司、企业或其他经济组织在中国境内共同投资或提供合作条件举办的企业。各方的权利和义务,在各方签订的合同中确定。举办中外合作经营企业一般由外国合作者提供全部或大部分资金,中方提供土地、厂房、可利用的设备、设施,有的也提供一定量的资金。

外商独资经营企业指外国的公司、企业、其他经济组织或者个人,依照中国法律在中国境内设立的全部资本由外国投资者投资的企业。根据外资企业法的规定,设立外资企业必须有利于我国国民经济的发展,并应至少符合下列一项条件,即采用国际先进技术和设备,产品全部或者大部分出口。外资企业的组织形式一般为有限责任公司。

合作开发是海上和陆上石油合作勘探开发的简称。它是目前国际上在自然资源领域广泛使用的一种经济合作方式,其最大的特点是高风险、高投入、高收益。合作开发一般分为三个阶段,即勘探、开发和生产阶段。合作开发比较以上三种方式,所占比重很小。

(4)吸收社会公众投资。

吸收社会公众投资是指社会个人或公司职工以个人合法财产投入公司,这种情况下形成的资本称为个人资本。其特点为参加投资的人员较多,每人投资的数额相对较少,以参与公司利润分配为基本目的。

2.2.2.2 吸收直接投资的出资方式

以货币资产出资：是吸收直接投资中最重要的方式。《公司法》规定，公司全体股东或者发起人的货币出资金额不得低于公司注册资本的30%。

以实物资产出资：如以房屋、建筑物、设备等固定资产和有价证券、存货等流动资产作为出资。

以无形资产出资：如以土地使用权、工业产权等作价出资。此外，由于无形资产具有较高的不确定性，它的出资方式受到一定的限制。《公司法》规定，股东或者发起人不得以劳务、信用、自然人姓名、商誉、特许经营权或者设定担保的财产等作价出资。

2.2.2.3 吸收直接投资的筹资特点

吸收直接投资的筹资特点：能够尽快形成生产能力；容易进行信息沟通；吸收投资的手续相对比较简单；资本成本较高；企业控制权集中，不利于企业治理；不利于产权交易。

2.2.3 发行股票筹资

股票是股份有限公司为筹措股权资本而发行的有价证券，是公司签发的证明股东持有公司股份的凭证。股票只能由股份有限公司发行。

2.2.3.1 股票的特征与分类

1. 股票的特点

（1）永久性：公司发行股票所筹集的资金属于公司的长期自有资金，没有期限，无须偿还，即一般情况下不得退股，也不得回购。

（2）流通性：股票可以在资本市场上自由转让、买卖和流通，也可以继承、赠送或作为抵押品，尤其是上市公司股票，流通性很强。

（3）风险性：股东是企业风险的主要承担者。风险的表现形式有股票价格的波动性、红利的不确定性、破产清算时股东处于剩余财产分配的最后顺序。

（4）参与性：股东有权参与公司的管理，但承担有限责任，同时具有遵守公司章程的义务。

2. 股东的权利

股东最基本的权利是按投入公司的股份额，依法享有公司收益获取权、公司重大决策参与权和选择公司管理者的权利,并以其所持股份为限对公司承担责任。

(1)公司管理权:主要体现在重大决策参与权、经营者选择权、财务监控权、公司经营的建议和质询权、股东大会召集权等方面。

(2)收益分享权:利润分配权。

(3)股份转让权:虽不得退股,但可依法转让。

(4)优先认购权:优先认购新发行股份的权利。

(5)剩余财产要求权:当公司解散、清算时,股东有对清偿债务、清偿优先股股东以后的剩余财产索取的权利。

3. 股票的分类

股票按股东权利和义务分为普通股股票和优先股股票。普通股股票(普通股)是公司发行的代表着股东享有平等的权利、义务,不加特别限制的、股利不固定的股票。普通股是最基本的股票,股份有限公司通常只发行普通股。优先股股票(优先股)是公司发行的相对于普通股具有一定优先权的股票。优先权主要表现在优先分配股利、优先分配剩余财产。但优先股股东在股东大会上通常无表决权,在参与公司经营管理上受到一定的限制,仅对涉及优先股权利的问题有表决权。

按票面有无记名分,为记名股票和无记名股。记名股票即股票票面记载有股东姓名或将名称记入公司股东名册的股票。无记名股即不登记股东名称,公司只记载股票数量、编号及发行日期。

《公司法》规定:公司向发起人、国家授权投资机构、法人发行的股票,为记名股票;向社会公众发行的股票,可以为记名股票,也可以为无记名股票。

按发行对象和上市地区分,可分为A股、B股、H股、N股和S股。

2.2.3.2 股份有限公司的设立、股票的发行

1. 股份有限公司的设立

(1)发起人:2~200人,其中须有半数以上的发起人在中国境内有住所。

(2)设立方式。①发起设立:公司全体发起人的首次出资额不得低于注册资本的20%,其余部分由发起人自公司成立之日起2年内缴足(投资公司可以在5年内缴足);②募集设立:发起人认购的股份不得少于公司股份总额的35%。

(3)发起人承担的责任:公司不能设立时,发起人对设立行为所产生的债务

和费用负连带责任;公司不能设立时,发起人对认股人已缴纳的股款负返还股款并加算同期银行存款利息的连带责任;在公司设立过程中,由于发起人的过失致使公司利益受到损害的,应当对公司承担赔偿责任。

2. 股份有限公司首次发行股票的一般程序

发起人认足股份、缴足股资;提出公开募集股份的申请;公告招股说明书,签订承销协议;招认股份,缴纳股款;召开创立大会,选举董事会、监事会;办理公司设立登记、交割股票。

2.2.3.3 发行股票筹资的特点

优点:所有权与经营权相分离,分散公司控制权,有利于公司自主管理、自主经营;没有固定的利息负担,资本成本较低;能增强公司的社会声誉;促进股权流通与转让。

缺点:筹资费用较高,手续复杂;不能尽快形成生产能力;公司控制权分散,容易被经理人控制。

2.2.4 利用留存收益筹资

留存收益,又称保留盈余或保留利润,是指留存于企业的税后利润,包括盈余公积金与未分配利润两部分。它是普通股所代表的资本的增加额,可以用于未来股利的发放,亦可将其资本化,作为扩大再生产的资金来源。正是从这个意义上,可将留存收益作为一种筹资方式。

留存收益筹资的优点如下。①不发生实际的现金支出。不同于负债筹资,不必支付定期的利息,也不同于股票筹资,不必支付股利。同时还免去了与负债、权益筹资相关的手续费、发行费等开支。但是这种方式存在机会成本,即股东将资金投放于其他项目上的必要报酬率。②保持企业举债能力。留存收益实质上属于股东权益的一部分,可以作为企业对外举债的基础。先利用这部分资金筹资,减少了企业对外部资金的需求,当企业遇到盈利率很高的项目,再向外部筹资时,不会因企业的债务已达到较高的水平而难以筹到资金。③企业的控制权不受影响。增加发行股票,原股东的控制权分散,而采用留存收益筹资则不会存在此类问题。

留存收益筹资的缺点如下。①期间限制。企业必须经过一定时期的积累才可能拥有一定数量的留存收益,从而使企业难以在短期内获得扩大再生产所需资金。②与股利政策的权衡。如果留存收益过高,现金股利过少,则可能影响企业的形象,并给今后的筹资增加困难。利用留存收益筹资需要考虑公司的股利政策,不能随意变动。

2.3 工程债务性资金筹措

负债,又称债务资金或借入资金,是企业债权人按契约约定借给企业,且要求企业按时付息并归还本金的资金,其特点如下。所有权属于债权人。企业按规定的时间偿还本金和支付利息,债权人不享有企业的生产经营管理权利,不能参与企业利润分配,对企业生产经营活动也不承担责任。由于债务资金按契约要求必须按时还本付息,企业只能在规定的时间内使用。企业负债融资方式主要有银行等金融机构借款、公司债券、租赁融资、商业信用等。

2.3.1 银行等金融机构借款

2.3.1.1 长期借款

长期借款是指从银行或其他金融机构借入的期限在一年以上的借款,它是企业长期负债的主要来源之一。长期借款主要用于企业的固定资产购置和满足永久性流动资金占用的需要。企业筹集长期借款资金的主要来源包括银行、保险公司和信托投资公司等各种金融机构。

1. 长期借款的种类

长期借款按提供贷款的机构分为政策性银行贷款、商业银行贷款和非银行金融机构贷款。政策性银行贷款一般指执行国家政策性贷款业务的银行向企业发放的贷款。如:国家开发银行主要为满足企业承建国家重点建设项目的资金需要提供贷款;进出口信贷银行则为大型设备的进出口提供买方或卖方信贷。商业银行贷款指由各商业银行向工商企业提供的贷款。这类贷款主要为满足企业建设竞争性项目的资金需要,企业对贷款自主决策、自担风险、自负盈亏。此外,企业还可以从信托投资公司取得实物或货币形式的信托投资贷款,从财务公司取得各种中长期贷款等。

长期借款按有无抵押品作担保分为抵押贷款和信用贷款。抵押贷款是指以特定的抵押品为担保的贷款。作为贷款担保的抵押品可以是不动产、机器设备

等实物资产,也可以是股票、债券等有价证券。信用贷款是指不以抵押品作为担保的贷款,即仅凭借款企业或保证人的信用而发放的贷款。信用贷款通常仅由借款企业出具签字的文书,一般贷给资信优良的企业。

2. 企业长期借款的偿还

贷款到期时,借款企业应依贷款合同规定按期清偿贷款本息或续签合同。一般而言,企业还贷的方式主要有分期付息到期还本、分期还本付息、分期等额偿还本息等多种方式。

(1)分期付息到期还本。所谓分期付息,就是按既定的期间,如一年或半年,对借款本金支付利息;所谓到期还本,就是在借款到期时,一次偿还借款本金。

(2)分期还本付息。该种偿债方式的基本特征是分期等额偿还本金,对未还本金则按期支付利息。因随着本金的偿还,利息支付额会逐渐降低,所以每期偿债的金额并不相等。

(3)分期等额偿还本息。该种还款计划的基本特征是在借款期内按某一相等的金额偿付借款的本金和利息。由于借款前期的利息多,后期的利息少,因此,按相等金额偿付借款本息的结果必然是前期偿还的本金少,后期偿还的本金多。

3. 长期借款筹资的优缺点

(1)长期借款筹资的优点。第一,筹资速度快。企业利用长期借款筹资,一般所需时间较短,程序较为简单,可以快速获得现金。第二,资金成本较低。利用长期借款筹资,其利息可在所得税前列支,故可减少企业实际负担的成本,因此比股票筹资的成本要低得多。由于借款属于间接筹资,筹资费用也极少。第三,弹性较大。在借款时,企业与银行直接商定贷款的时间、数额和利率等;在用款期间,企业如因财务状况发生某些变化,亦可与银行再行协商,变更借款数量及还款期限等。因此,长期借款筹资对企业具有较大的灵活性。第四,长期借款筹资可以发挥财务杠杆的作用。

(2)长期借款筹资的缺点。第一,筹资风险较高。借款通常有固定的利息负担和偿付期限,一旦企业经营不善,无力偿还到期债务,就有可能被债权人申请破产,故借款企业的筹资风险较高。第二,限制条件较多。借款合同中有多种限制性条款,这可能会影响企业以后的筹资、投资和生产经营活动。第三,筹资数量有限。一般不如股票、债券那样可以一次筹集到大笔资金。

2.3.1.2 短期借款

短期借款是向银行借入期限不超过一年期的款项。

1. 短期借款的分类

(1)信用借款,又称无担保借款,是指没有保证人做保证或没有财产做抵押,仅凭借款人的信用而取得的借款。信用借款一般都由贷款人给予借款人一定的信用额度或双方签订循环贷款协议。因此,信用借款又分为两种:信用额度借款和循环协议借款。前者是商业银行与企业之间决定的在未来一段时间内银行能向企业提供无担保贷款的最高限额。后者是一种特殊的信用额度,企业和银行之间要协商确定贷款的最高限额。在最高限额内,企业可以借款、还款、再借款、再还款,不停地周转使用。

(2)担保借款,是指有保证人做保证或利用财产做抵押或质押而取得的借款。担保借款又分为以下三类:保证借款、抵押贷款和质押贷款。保证借款是指按《中华人民共和国民法典》规定的保证方式以第三人承诺在借款人不能偿还借款时,按约定承担一般保证责任或连带责任而取得的借款;抵押贷款是指按规定的抵押方式以借款人或第三人的财产做抵押而取得的借款;质押贷款是指按规定的质押方式以借款人或第三人的动产或权利作为质押物而取得的借款。

(3)票据贴现。票据贴现借款是指企业流动资金周转困难时,把未到期的商业票据转让给银行,以取得银行资金的一种借贷行为。申请的期限在3个月以内。借款企业将未到期的商业票据向银行申请贴现,银行按票面金额先行扣除贴现利息后将余款支付给企业,票据一经贴现便归贴现银行所有,票据到期银行可凭票直接向承兑人收取票款。银行在贴现商业票据时,所付金额要低于票面金额,其差额为贴现息。

票据贴现是商业信用发展的产物,实为一种银行信用。贴现对借款企业来说,是出让票据,提前收回垫支于商业信用的资金;对于银行来说,是买进票据所载权利,票据到期,银行可以取得票据所载的金额。采用票据贴现形式,企业一方面给购买单位以临时资金融通;另一方面在本身需要资金时又可及时得到现金,有利于企业用活资金。

2. 短期借款筹资的优缺点

(1)短期借款筹资的优点。银行资金充足,实力雄厚,能随时为企业提供较多的短期贷款。对于季节性和临时性的资金需求,采用银行短期借款尤为方便。

而那些规模大、信誉好的大企业,更能以较低的利率借入资金。短期借款具有较好的弹性,可在资金需要增加时借入,在资金需要减少时还款。

(2)短期借款筹资的缺点。资金成本较高。短期借款成本比较高,不仅不能与商业信用相比,与短期融资券相比也高出许多。而抵押借款因需要支付管理和服务费用,成本更高。限制较多。银行要对企业的经营和财务状况进行调查以后,才能决定是否借款,有些银行还要求企业把流动比率、负债比率维持在一定的范围之内,这些都会构成对企业的限制。

2.3.1.3　银行借款利息的支付方式

一般来讲,借款企业可以用以下三种方法支付银行贷款利息。

(1)收款法是在借款到期时向银行支付利息的方法。银行向工商企业发放的贷款大都采用这种方法收息。这种方法借款的实际利率和名义利率相等。

(2)贴现法是银行向企业发放贷款时,先从本金(贷款金额)中扣除利息部分,而到期时借款企业则要偿还贷款全部本金的一种计息方法。采用这种方法,企业可利用的贷款额只有本金减去利息部分后的差额,因此贷款的实际利率高于名义利率。贴现贷款实际利率计算见式(2.1)、式(2.2)。

$$贴现贷款实际利率 = 利息/(贷款金额 - 利息) \qquad (2.1)$$

或:

$$贴现贷款实际利率 = 名义利率/(1 - 名义利率) \qquad (2.2)$$

(3)加息法是银行发放分期等额偿还贷款时采用的利息收取方法。在分期等额偿还贷款的情况下,银行要将根据名义利率计算的利息加到贷款本金上计算出贷款的本息和,要求企业在贷款期内分期偿还本息之和的金额。由于贷款分期均衡偿还,借款企业实际上只平均使用了贷款本金的半数,却支付全额利息。这样,企业所负担的实际利率便高于名义利率大约1倍,具体见式(2.3)。

$$加息法贷款实际利率 = \frac{借款金额 \times 利息率}{借款金额/2} \times 100\% \qquad (2.3)$$

【例2.1】　某企业从银行取得短期借款10000元,期限一年,年利率8%(名义利率),请确定在以上3种付款方式下的实际利息成本。

解:

收款法:

$$实际利率 = \frac{10000 \times 8\%}{10000} = 8\% \qquad (2.4)$$

贴现法:

$$\text{实际利率} = \frac{10000 \times 8\%}{10000 \times (1-8\%)} = 8.7\% \qquad (2.5)$$

贴息法：

$$\text{实际利率} = \frac{10000 \times 8\%}{10000/2} = 16\% \qquad (2.6)$$

2.3.2 发行债券

公司债券，是指公司依照法定程序发行、约定在一定期限还本付息的有价证券。发行公司债券是企业筹集债务资金的重要途径。发行债券募集办法中应当载明下列主要事项：公司名称、债券募集资金的用途、债券总额与债券的票面金额、债券利率的确定方式、还本付息的期限与方式、债券担保情况、债券的发行价、发行的额、已发行的尚未到期的公司债券总额、公司债券的承销机构。

2.3.2.1 公司债券的种类

债券按有无担保品可分为担保债券和信用债券。担保债券是指有指定的财产做担保品的债券。担保债券又可分为不动产抵押债券、动产抵押债券和证券信托债券。信用债券是指单凭债券发行公司的信用，而没有特定的抵押财产作为担保品的企业债券。该种债券无特定财产做担保，发行企业必须具备财务信誉高与未来获利能力强等条件。信用程度高的企业所发行的信用债券，其投资价值远远大于一般公司发行的担保债券。

债券按偿还方式可分为一次还本债券、分期还本债券和通知还本债券。一次还本债券指到期时全部本金一次归还的企业债券。分期还本债券指定期分次归还本金的企业债券。该种债券可以减轻公司筹措现金还借的压力。通知还本债券指可以在债券到期前，通知债权人提前还本的企业债券。当市场利率低于债券利率时，企业愿意提前收回债券，一般规定要溢价收回，补偿给投资者一定的好处。企业也可以在债券到期前公开以市价收回。

债券按发行方式可分为记名债券、无记名债券、可转换债券和息票债券。记名债券是指债券上记有持券人姓名的债券。这种债券只偿付给券面上的记名人，要凭印鉴支息取本；转让时由债券持有人背书并向发行公司登记。无记名债券是指债券上不载明持有人的姓名，还本付息时以债券为凭，一般实行剪票付息。可转换债券指可转换为普通股股票的债券。发行该种债券的目的是吸引债权人的投资。发行可转换债券的公司，有义务按规定的办法向债券持有人核发股份,债券持有人有权选择是否将债券转为股票。息票债券指企业债券上附有息票,持券人凭息票取得债券利息的债券。

按债按券利率是否固定可分为固定利率债券和浮动利率债券。固定利率债券,是指利率在发行债券时已确定并载于债券票面。浮动利率债券,是指利率水平在发行债券之初不固定,而是根据有关利率如银行存贷款利率等加以确定。典型的浮动利率债券的运作是先规定发行后前六个月的票面利率,以后根据市场利率为基础每六个月调整一次。在浮动利率债券中可能包括附加条款,如一些条款规定,几年后可以转换成固定利率债券,另外一些条款规定了利率浮动范围的最高点和最低点。

2.3.2.2 债券发行的条件

根据《中华人民共和国证券法》《公司法》和《公司债券发行试点办法》的规定,发行公司债券必须符合下列条件:

①股份有限公司的净资产额不低于人民币3000万元,有限责任公司的净资产额不低于人民币6000万元;
②本次发行后累计债券余额不超过最近一期末公司净资产的40%;
③最近三年平均可分配利润足以支付公司债券一年的利息;
④筹集的资金投向符合国家产业政策;
⑤债券的利率不得超过国务院限定的利率水平;
⑥公司内部控制制度健全;
⑦经资信评级机构评级,债券信用级别良好。

此外,公开发行公司债券筹集的资金,必须用于核准的用途,不得用于弥补亏损和非生产性支出。

发行公司发生下列情况之一的,不得再次发行公司债券:前一次公开发行的公司债券尚未募足;对已公开发行的公司债券或者其他债务有违约或者延迟支付本息的事实,仍处于继续状态;违反规定,改变公开发行公司债券所募资金的用途。

2.3.2.3 债券发行价格的确定

公司债券的发行价格是发行公司(或其承销机构代理)发行债券时所使用的价格,即投资者向发行公司认购债券时实际支付的价格。公司在发行债券之前,必须考虑相关因素,运用一定的方法,确定债券的发行价格。

债券的发行价格通常有三种情况，即等价、溢价、折价。等价是指以债券票面金额为价格发行债券；溢价是指以高于债券面额的价格发行债券；折价是指以低于债券面额的价格发行债券。溢价或折价发行债券，主要是债券的票面利率与市场利率不一致造成的。债券的票面利率在债券发行前即已参照市场利率确定下来，并标明于债券票面，无法改变，但市场利率经常发生变动。在债券发售时，如果票面利率与市场利率不一致，就需要调整发行价格（溢价或折价），以协调债券购销双方的利益。当票面利率高于市场利率时，投资者投资于该债券将获得更大的收益，因此，发行公司将抬高发行价格，即采用溢价发行；当票面利率低于市场利率时，发行企业估计债券等价发行将可能出现销售困难，因此往往采用折价发行。

2.3.2.4 发行债券筹资的优缺点

（1）发行债券筹资的优点。一是资金成本较低。发行债券筹资的风险小，支付的利息少，而且债券利息在税前收益列支，企业可以得到抵减应纳税所得的利益，其成本比较低。二是能获得财务杠杆利益。企业负债经营，债务利率是固定不变的，当资产利润率提高时，债券利息不会增加，而所有者的利润会有更大提高。三是保障所有者对企业的控制权。发行债券筹集的资金是企业的借入资金，债权人无权参与企业的经营管理，因此，债券筹资不会影响所有者对企业的控制权。

（2）发行债券筹资的缺点。一是财务风险较高。运用债券筹集资金，企业要按规定的时间偿还本金和支付固定的利息，而负债的增加会使企业的财务风险增加。二是限制条件较多。企业发行债券的限制条件要比其他债务筹资方式的限制条件多。

2.3.3 租赁

租赁是出租人与承租人签订契约或合同，约定在一定期限内，出租人将其资产的占有权与使用权租借给承租人，并向承租人收取租金的一种经济行为。租赁行为从表面上看只涉及物而不涉及钱，但在实质上具有借贷性质，因此，在租赁双方之间形成了债权债务关系。在租赁业务中，出租人既可以是各种专业租赁公司，也可以是拥有闲置资产的企业，承租人主要是需要某项资产的企业，租赁物多数为设备等固定资产。

2.3.3.1 租赁的种类

1. 经营租赁

经营租赁又称营运租赁、服务租赁或业务租赁,是指由出租人向承租人提供租用资产,并承担其维修保养、人员培训等专门技术服务的租赁方式。经营租赁通常为短期租赁,一般用于满足承租人对资产的临时性需要,它具有短期筹资功能,是一种传统方式的租赁。

1. 融资租赁

融资租赁亦称为资本租赁、财务租赁,是由出租人按照承租人的要求,出资购入预定的资产,然后租给承租人长期使用的租赁方式。融资租赁是现代租赁的主要类型,是融物与融资的结合。从承租人的角度来看,融资租赁的主要目的是融通资本,它使出租人与承租人之间形成了长期的借贷关系,是承租人筹集长期借入资本的一种特殊方式。融资租赁的特点包括:满足承租人对资产的长期需要;租赁期限较长,一般会超过租赁资产寿命的一半;租金与租赁资产的价值相近;承租人可以在租赁期满后廉价购买租赁资产;租赁合同不得中途撤销。

2.3.3.2 融资租赁的基本形式

(1)直接租赁。直接租赁是承租人直接向生产厂商或租赁机构租赁生产经营所需资产的租赁形式,它是融资租赁的典型形式,通常所说的融资租赁大多属于直接租赁的形式。如果是承租人向租赁机构租赁,则承租人需先向租赁公司提出租入资产的申请,然后由租赁公司根据承租人的要求出资购买承租人所需的资产,再出租给承租人。

(2)售后租回。售后租回是指企业将自己的资产出售给出租人,然后再将该项资产租回使用,并按合同约定分期支付租金。采用售后租回方式,所出售或租赁的资产实物并不需要发生转移,只需由租赁双方签订售后租回协议。按照协议规定,承租人要按照市价将资产出售给出租人,然后再从出租人处将资产租回,并定期向出租人支付租金。这样资产的所有权掌握在出租人手中,企业对资产则只拥有使用权。但企业通过放弃对某些资产的所有权,可以解决企业现金严重短缺的问题,并且可以立即增加企业资产的流动性,优化企业的财务状况。

(3)杠杆租赁。当出租人接到承租人需要租赁价值高昂的资产(如飞机)时,出租人并不希望将大量资金长期占用在出租的资产上,但又不能将这种租赁业务拒之门外,解决办法就是:出租人以自有资金垫支购买资产所需现金的一部分(一般为20%~40%),其余部分则以该资产为担保向贷款人借款支付。出租人将资产购入后出租给承租人。在这种情况下,租赁公司既是出租人,又是借款人,它既要收取租金,又要偿还债务。当然,租赁公司所收取的租金显然要大于借款成本支出,出租人借款购物出租可获得财务杠杆利益,所以,这种租赁称为杠杆租赁(图2.1)。在杠杆租赁下,由于将出租资产的所有权抵押给了贷款人,在出租人不能偿还贷款时,贷款人对承租人支付的租金有优先索偿权,也有对出租资产的处置权。

图 2.1 杠杆租赁示意图

2.3.3.3 融资租赁决策

如果企业缺乏资金,但期望获得某项资产的使用权,可以采用举债购置或通过融资租赁方式获得该项资产的使用权,那么就需要在这两种方案中进行选优。比较两种筹资方式的优劣,必须充分考虑到不同方案的现金流量和资金的机会成本,将不同方案的现金流量折算为现值,现金流出现值低者为优。

【例 2.2】 某公司已决定添置一台价值为 100 万元的设备。该设备的使用期为 10 年,预计 10 年后的残值为零。现有融资租赁和长期借款购置两种方案可供选择。①融资租赁合同规定:租赁期为 5 年,每年年初支付租金 20 万元,并需按未付租金部分价值的 8% 支付利息,在租赁期届满时,企业还需一次性支付 30 万元以取得对该设备的所有权。②长期借款合同规定:借款期限为 5 年,借款利息率为 10%,每年年末付息到期还本,已知该公司资本的机会成本为 5%,所得税率为 30%,租金可作为费用抵减应税收益。

根据例中资料,可分别编制融资租赁和长期借款购置的现金流量现值计算表如表 2.2、表 2.3 所示。

表 2.2　融资租赁现金流量现值计算表

租赁期	租金及转让费/万元	利息支付额/万元	税前现金流出量/万元	税后现金流出量/万元	折现率为5%的现值系数	现金流出量现值/万元
0	20	—	20	14	1	14
1	20	6.4	26.4	18.48	0.952	17.59
2	20	4.8	24.8	17.36	0.907	15.75
3	20	3.2	23.2	16.24	0.864	14.03
4	20	1.6	21.6	15.12	0.823	12.44
5	30	—	30	21	0.784	16.46
合计	130	16	146	102.2		90.27

表 2.3　长期借款现金流量现值计算表

租赁期	利息支付额/万元	税前现金流出量/万元	税后现金流出量/万元	折现率为5%的现值系数	现金流出量/万元
1～5	10	10	7	4.329	30.30
5	—	100	100	0.784	78.4
合计	50	150	135		108.7

比较表 2.2 和表 2.3，可以看出，融资租赁的现金流出量现值小于长期借款购置的现金流出量现值，因此，该公司应采取融资租赁的方式获得该项设备的使用权。

2.3.3.4　融资租赁筹资的优缺点

(1)融资租赁筹资的优点。一是能转嫁所有权风险。如果企业要拥有某项资产的所有权，必然要相应地承担该项资产可能变得陈旧过时的风险，特别是那些技术发展迅速的资产。二是避免借款筹资或发行债券筹资对生产经营的种种限制，使得公司的筹资与理财富有弹性。三是租金分期支付，且全部可以节税。四是迅速获得资产的使用权。

(2)融资租赁筹资的缺点。一是资本成本较高。由于出租人承受的风险大，要求的回报必然会相应地提高，因此，租赁的实际成本往往会高于借款或债券的成本。二是增加固定的债务。租金是一种固定的债务，如果过多地租赁资产，必然会降低公司的偿债能力，加大公司的财务风险。三是不利于资产的改良。承租人不能擅自进行技术更新和改造,从而有碍于设备使用效能的提高。

2.3.4 商业信用

2.3.4.1 商业信用的概念

商业信用是指商品交易中以延期付款或预收货款进行购销活动而形成的借贷关系,是企业间的直接信用行为。

商业信用是由商品交换中的商品与货币在空间上和时间上的分离而产生的。其基本形式不外乎两种:一是先取货后付款;二是先付款后取货。商业信用在我国的经济生活中正在日益广泛地发展,它已成为企业筹集短期资金的一种重要方式,由于商业信用是企业间相互提供的,因此在大多数情况下,商业信用筹资属于"免费"筹资。

2.3.4.2 商业信用的形式

商业信用是短期资金的重要来源。在传统的"钱货两清"制结算关系下,企业间不存在信用行为。但随着市场经济的发展,商业信用已成为企业间加强竞争的主要手段。从筹资角度看,商业信用的偿还压力和风险较大,但成本低,有时是无成本的。其主要形式有应付账款、应付票据和预收货款等。

应付账款是由赊购商品形成的、以记账方法表达的商业信用形式。利用应付账款筹资的方法称为记账法。在这种形式下,买方通过商业信用筹资的数量与是否享有折扣有关。

一般认为,企业存在三种可能性:①享有现金折扣,从而在现金折扣期内付款,其占用卖方货款的时间短,信用筹资数量相对较少;②不享有现金折扣,而在信用期内付款,其筹资量的大小取决于提供的信用期长短;③超过信用期的逾期付款(即拖欠),其筹资量最大,但它对企业的副作用也最大,成本是最高的,企业一般不宜以拖欠货款来进行筹资。

应付票据是买方根据购销合同,向卖方开出或承兑的商业票据。利用商业票据筹资的方法为票据法。从应付票据的付款期限看,一般为16个月,最长不超过9个月,应付票据分为带息和不带息两种。带息票据要加计利息,不属于免费资金。而不带息票据则不收利息,从而与应付账款一样属于免费资金。我国目前大多数票据属于不带息票据。应付票据筹资,其基本属性与应付账款相似。所不同的只是其限期相对比应付账款要长些。从西方企业结算业务看,一般企

业在无力按期支付应付账款时才由买方开出票据（大多为带息的）。因此，它是在应付账款逾期未付时，以票据方式重新建立信用的一种做法。我国商业票据的应用与此相比有一定的差异。

预收货款（工程款）是指卖方按合同或协议规定，在交付商品之前向买主预收部分或全部货款的信用方式。买方对于紧俏商品乐意采用这种结算方式办理结算。同时生产周期长、售价高的商品，生产者经常要向订货者分次预收货款，以缓和本企业的经营收支不平衡的矛盾。对于建筑企业而言，因建筑安装工程建设周期长、造价高，在企业难以垫支施工期间所需流动资金的情况下，向发包建设单位预收的工程款也属于此类。

2.3.4.3　商业信用筹资的优缺点

（1）商业信用筹资的优点。一是筹资方便。商业信用的使用权由买方企业自行选择掌握，买方什么时候需要、需要多少等，在限定的额度内由其自行决定。多数企业的应付账款是一种连续性的信用筹资，无须做特殊的筹资安排，也不需要事先计划，随时可以随着购销行为的产生而得到该项资金。二是限制条件少。商业信用比其他筹资方式条件宽松，无须担保或抵押，选择余地大。三是资金成本低。大多数商业信用都是由卖方免费提供的，因此与其他筹资方式相比，成本较低。

（2）商业信用筹资的缺点。一是期限短。它属于短期筹资方式，不能用于长期资产占用。二是风险大。各种应付款项经常发生、次数频繁，因此需要企业合理安排现金的调度。

2.4　资金成本与资本结构

2.4.1　资金成本

资金成本是指企业为筹集和使用资金而付出的代价。广义地讲，企业筹集和使用任何资金，不论是短期的还是长期的，都要付出代价。狭义的资金成本仅指筹集和使用长期资金（包括自有资金和借入长期资金）的成本。长期资金也被称为资本，所以，长期资金的成本也可称为资本成本。在这里所说的资金成本主要是指资本成本。从投资者的角度看，资本成本是投资者进行投资所要求的必要报酬或最低报酬。企业资本成本的高低主要取决于总体经济环境、证券市场条件、企业内部的经营和筹资状况、项目筹资规模等因素。

资金成本一般包括资金筹集成本和资金使用成本两部分。资金筹集成本是指在资金筹集过程中所支付的各项费用,如发行股票或债券支付的印刷费、发行手续费、律师费、资信评估费、公证费、担保费、广告费等。资金筹集成本一般属于一次性费用,筹资次数越多,资金筹集成本就越大。资金使用成本又称为资金占用费,是指占用资金而支付的费用,它主要包括支付给股东的各种股息和红利、向债权人支付的贷款利息以及支付给其他债权人的各种利息费用等。资金使用成本一般与所筹集的资金多少以及使用时间的长短有关,具有经常性、定期性的特征,是资金成本的主要内容。

资金成本具有以下性质:资金成本是资金使用者向资金所有者和中介机构支付的占用费和筹资费。资金成本与资金的时间价值既有联系,又有区别。资金的时间价值反映了资金随着其运动时间的不断延续而不断增值,是一种时间函数,而资金成本除可以看作是时间函数外,还表现为资金占用额的函数。资金成本具有一般产品成本的基本属性。资金成本是企业的耗费,企业要为占用资金而付出代价,支付费用,而且这些代价或费用最终也要作为收益的扣除额来得到补偿。但是资金成本只有一部分具有产品成本的性质,即这一部分耗费计入产品成本,而另一部分则作为利润的分配,不能列入产品成本。

2.4.2 资金成本的计算

2.4.2.1 资金成本计算的一般形式

资金成本可用绝对数表示,也可用相对数表示。为便于分析比较,资金成本一般用相对数表示,称为资金成本率,其一般计算公式见式(2.7)、式(2.8)。

$$K = \frac{D}{P - F} \tag{2.7}$$

或

$$K = \frac{D}{P(1-f)} \tag{2.8}$$

式中,K 为资金成本率(一般也可称为资金成本);D 为使用费;P 为筹集资金总额;F 为筹资费;f 为筹资费率(即筹资费占筹集资金总额的比率)。

2.4.2.2 各种资金来源的资金成本

1. 权益融资成本

(1)优先股成本:公司发行优先股股票筹资,需支付的筹资费有注册费、代销费等,其股息也要定期支付,但它是公司用税后利润来支付的,不会减少公司应上缴的所得税。优先股资金成本率可按式(2.9)或式(2.10)计算。

$$K_\mathrm{p} = \frac{D_\mathrm{p}}{P_0(1-f)} \quad (2.9)$$

$$K_\mathrm{p} = \frac{P_0 i}{P_0(1-f)} = \frac{i}{1-f} \quad (2.10)$$

式中,K_p 为优先股资金成本率;D_p 为优先股每年股息;P_0 为优先股股票面值;i 为股息率。

【例2.3】 某公司发行优先股股票,票面额按正常市价计算为200万元,筹资费率为4%,股息年利率为14%,则其优先股资金成本率见式(2.11)。

$$K_\mathrm{p} = \frac{P_0 i}{P_0(1-f)} = \frac{200 \times 14\%}{200 \times (1-4\%)} = \frac{14\%}{1-4\%} = 14.58\% \quad (2.11)$$

(2)普通股成本:确定普通股资金成本的方法有股利增长模型法和资本资产定价模型法。

①股利增长模型法,普通股的股利往往不是固定的,因此,其资金成本率的计算通常用股利增长模型法计算。一般假定收益以固定的年增长率递增,则普通股成本率的计算见式(2.12)。

$$K_\mathrm{s} = \frac{D_\mathrm{c}}{P_\mathrm{c}(1-f)} + g = \frac{i_\mathrm{c}}{1-f} + g \quad (2.12)$$

式中,K_s 为普通股成本率;D_c 为普通股预计年股利额;P_c 为普通股票面值;g 为普通股利年增长率;i_c 为普通股预计年股利率。

【例2.4】 某公司发行普通股票面值56元,估计年增长率为12%,第一年预计发放股利额2元,筹资费率为股票市价的10%,则新发行普通股的成本率见式(2.13)。

$$K_\mathrm{s} = \frac{D_\mathrm{c}}{P_\mathrm{c}(1-f)} + g = \frac{2}{56 \times (1-10\%)} + 12\% = 15.97\% \quad (2.13)$$

②资本资产定价模型法是一种根据投资者对股票的期望收益来确定资金成本的方法。在这种前提下,普通股成本率的计算公式见式(2.14)。

$$K_\mathrm{s} = R_\mathrm{F} + \beta(R_\mathrm{m} - R_\mathrm{F}) \quad (2.14)$$

式中，R_F 为无风险报酬率；β 为股票的风险系数；R_m 为平均风险股票必要报酬率。

【例 2.5】 某期间，市场无风险报酬率为 10%，平均风险股票必要报酬率为 14%，某公司普通股的风险系数 β 值为 1.2。留存收益的成本见式(2.15)。

$$K_s = R_F + \beta(R_m - R_F) = 10\% + 1.2 \times (14\% - 10\%) = 14.8\% \tag{2.15}$$

(3) 保留盈余成本。保留盈余又称为留存收益，其所有权属于股东，是企业资金的一种重要来源。企业保留盈余，等于股东对企业追加投资。股东对这部分投资与以前缴给企业的股本不一样，也要求有一定的报酬，所以，保留盈余也有资金成本。它的资金成本是股东失去向外投资的机会成本，故与普通股成本的计算基本相同，只是不考虑筹资费用。其计算公式见式(2.16)。

$$K_r = \frac{D_1}{P_0} + g = i + g \tag{2.16}$$

式中，K_r 为保留盈余成本率；D_1 为保留盈余预计年收益额。

2. 负债融资成本

(1) 债券成本。企业发行债券后，所支付的债券利息列入企业的费用开支，因而使企业少缴一部分所得税，两者抵消后，实际上企业支付的债券的利息仅为债券利息×(1－所得税税率)。因此，债券成本率可以按式(2.17)或式(2.18)计算。

$$K_B = \frac{I(1-T)}{B(1-f)} \tag{2.17}$$

或：

$$K_B = i_b \frac{(1-T)}{(1-f)} \tag{2.18}$$

式中，K_B 为债券成本率；I 为债券年利息；T 为所得税税率；B 为债券筹资额；i_b 为债券年利率。

【例 2.6】 某公司发行总面额为 500 万元的 10 年期债券，票面利率为 12%，发行费用率为 5%，公司所得税税率为 33%。该债券的成本率见式(2.19)。

$$K_B = \frac{I(1-T)}{B(1-f)} = \frac{500 \times 12\% \times (1-33\%)}{500 \times (1-5\%)} = 8.46\% \tag{2.19}$$

若债券溢价或折价发行，为更精确地计算资金成本，应以实际发行价格作为债券筹资额。

【例 2.7】 假定上述公司发行面额为 500 万元的 20 年期债券，票面利率为

12%,发行费用率为5%,发行价格为600万元,公司所得税率为33%。则该债券成本率见式(2.20)。

$$K_B = \frac{I(1-T)}{B(1-f)} = \frac{500 \times 12\% \times (1-33\%)}{600 \times (1-5\%)} = 7.05\% \quad (2.20)$$

(2)银行借款成本。向银行贷款,企业所支付的利息和费用一般可列入企业的费用开支,相应减少部分利润,会使企业少缴一部分所得税,因而使企业的实际支出相应减少。对每年年末支付利息、贷款期末一次全部还本的借款,其借款成本率见式(2.21)。

$$K_g = \frac{I(1-T)}{G-F} = i_g \frac{(1-T)}{(1-f)} \quad (2.21)$$

式中,K_g 为借款成本率;I 为贷款年利息;G 为贷款总额;F 为贷款费;i_g 为贷款年利率。

(3)租赁成本。企业租入某项资产,获得其使用权,要定期支付租金,并且把租金列入企业成本,可以减少应付所得税,因此,其租金成本率见式(2.22)。

$$K_L = \frac{E}{P_L} = (1-T) \quad (2.22)$$

式中,K_L 为租赁成本率;E 为年租金额;P_L 为租赁资金价值。

3. 加权平均资金成本

企业不可能只使用某种单一的筹资方式,往往需要通过多种方式筹集所需资金。为进行筹资决策,就要计算确定企业长期资金的总成本——加权平均资金成本。加权平均资金成本一般是以各种资金占全部资本的比重为权重,对个别资金成本进行加权平均确定的。其计算公式见式(2.23)。

$$K = \sum_{i=1}^{n} \omega_i K_i \quad (2.23)$$

式中,K 为综合资金成本;ω_i 为第 i 种个别资金成本;K_i 为第 i 种个别资金成本占总资本的比重,即权数。

【例2.8】 某企业账面反映的长期资金共500万元,其中长期借款100万元,应付长期债券50万元,普通股250万元,保留盈余100万元;其资金成本分别为6.7%、9.17%、11.26%、11%。该企业的加权平均资金成本见式(2.24)。

$$K = 6.7\% \times \frac{100}{500} + 9.17\% \times \frac{50}{500} + 11.26\% \times \frac{250}{500} + 11\% \times \frac{100}{500} = 10.09\%$$

$$(2.24)$$

上述计算中的个别资本占全部成本的比重是按账面价值确定的,其资料容易取得。但当资本的账面价值与市场价值差别较大时,如股票、债券的市场价格上下有较大变动,计算结果会与实际有较大的差距,从而贻误筹资决策。为了克服这一缺陷,个别资本占全部资本比重的确定还可以按市场价值或目标价值确定。

2.4.3 资本结构

2.4.3.1 资本结构的含义

资本结构的概念有广义和狭义之分。广义的资本结构,又称财务结构,是指企业全部资金的构成及其比例关系。通常所说的资本结构是指狭义的资本结构,即企业长期资本(包括长期负债与所有者权益)的构成及其比例关系,它表明一个企业长期性的筹资项目,可以长期地、稳定地使用的各种资本及其相互之间的比例关系状况,短期资金作为营运资金的一部分进行管理。

企业的资本结构可以用负债比率来反映,负债比率的高低对企业的资本成本、股票价格和企业总价值都会产生影响。举债经营可以获得财务杠杆利益,产生节税作用,降低资本成本,为企业和股东创造更大的经济利益。但是,随着负债比例的逐步提高,债权人在提供贷款时会逐步提高利息率或提出额外要求,企业必然增加利息等固定费用的负担,资本成本随之上升,财务风险也在不断加大,企业再举债有可能会因风险过大而被贷款方拒绝。由于财务杠杆的作用,在息税前利润下降时,每股收益会下降得更快,导致企业股票价格下降。因此,负债比率是确定最优资本结构的核心要素。

2.4.3.2 最优资本结构

最优资本结构是指企业在适度财务风险的条件下,使其预期的加权平均资本成本最低,同时使企业价值最大化的资本结构。不同企业的最佳负债比率不同,但最优资本结构可以用统一的标准来衡量。一个企业最优资本结构的确定标准:①加权平均资本成本最低;②普通股每股收益最高;③财务风险适度;④股票市价和企业总体价值最大。

2.4.3.3 最优资本结构的确定

企业资本结构决策的核心是确定最优资本结构,其实质是进行风险和报酬的权衡和选择,确定合适的负债比率。企业财务人员在确定其最佳资本结构时不仅要综合考虑上述各影响因素，还应采取定量模型分析，常用的方法主要有综合资本成本比较法、每股收益分析法和公司价值比较法。

1. 综合资本成本比较法

综合资本成本比较法是指通过测算不同资本结构的综合资本成本（加权平均资本成本），以综合资本成本最低为标准确定最优资本结构的方法，现以初始资本结构决策为例说明。

初始资本结构是指企业初创时期的资本结构。企业初创时的资本总额可采用多种筹资方式来筹措，而由筹资方式的种类及各种筹资在资本总额中的不同比重可形成若干综合资本成本各异的筹资方案。

【例 2.9】 某公司初创时有三个筹资方案备选，有关数据见表 2.4。

解：各方案的综合资本成本为：

方案 A：$K_w = 6\% \times 6\% + 9\% \times 24\% + 13\% \times 10\% + 16\% \times 60\% = 13.42\%$

方案 B：$K_w = 6.5\% \times 12\% + 8\% \times 18\% + 13\% \times 20\% + 15\% \times 50\% = 12.32\%$

方案 C：$K_w = 7\% \times 18\% + 9\% \times 22\% + 13\% \times 10\% + 15\% \times 50\% = 12.04\%$

计算结果表明方案 C 的综合资本成本最低，在其他有关因素大致相同时，方案 C 是最优的筹资方案。

表 2.4 资本成本及资本结构数据

筹资方式	方案 A			方案 B			方案 C		
	数额/万元	比重/(%)	资本成本/(%)	数额/万元	比重/(%)	资本成本/(%)	数额/万元	比重/(%)	资本成本/(%)
长期借款	60	6	6	120	12	6.5	180	18	7
公司债券	240	10	9	180	18	8	220	22	9
优先股	100	10	13	200	20	13	100	10	13
普通股	600	60	16	500	50	15	500	50	15
合计	1000	100	—	1000	100	—	1000	100	—

综合资本成本比较法的优点是综合资本成本比较法的测算原理容易理解，测算过程简单。但该法仅以综合资本成本最低为决策标准，没有具体测算财务风险因素，其决策目标实质上是利润最大化而不是公司价值最大化。综合资本成本比较法一般适用于资本规模较小、资本结构较为简单的非股份制企业。

2. 每股收益分析法

每股收益分析法又称每股收益无差别分析法或 EBIT-EPS 分析法,是财务管理常用的分析资本结构和进行融资决策的方法,它通过分析息税前利润、负债比率和每股收益的关系,为确定最优资本结构提供依据。在财务管理实践中,人们往往认为财务管理的目标是实现股东财富最大化,而对股份公司而言,财务管理的目标就是不断提高普通股股东的每股收益。因此,资本结构合理性的评价也离不开对每股收益的测定。一般而论,能提高每股收益的资本结构是合理的,反之就是不合理的。然而,每股收益的高低不仅受资本结构的影响,还受息税前利润的影响。要处理这三者的关系,必须运用每股收益分析法。

每股收益分析法的核心是确定每股收益无差别点(息税前利润平衡点或筹资无差别点),即不同筹资方案下每股收益(EPS,earnings per share)相等时的息税前利润(EBIT,earnings before interest and tax)。每股收益无差别点有助于判断选择高或低债务比例筹资方案的 EBIT 取值范围,并以此安排和调整资本结构。

每股收益的计算公式见式(2.25)。

$$\text{EPS} = \frac{(\text{EBIT} - I)(1 - T) - D_P}{N} \quad (2.25)$$

式中,I 为利息;T 为所得税税率;D_P 为优先股每年股息;N 为流通在外的普通股股数。

假设有两个方案,分别为方案 1 和方案 2,则其每股收益分别见式(2.26)、式(2.27)。

$$\text{EPS}_1 = \frac{(\text{EBIT}_1 - I_1)(1 - T) - D_{P1}}{N_1} \quad (2.26)$$

$$\text{EPS}_2 = \frac{(\text{EBIT}_2 - I_2)(1 - T) - D_{P2}}{N_2} \quad (2.27)$$

则每股收益无差别点应为满足下列条件的息税前利润见式(2.28)。

$$\frac{(\text{EBIT}^* - I_1)(1 - T) - D_{P1}}{N_1} = \frac{(\text{EBIT}^* - I_2)(1 - T) - D_{P2}}{N_2} \quad (2.28)$$

若企业预计息税前利润大于无差别点息税前利润,则应该选择债务比例较高的筹资方案;反之则应选择债务比例较低的筹资方案。

【例 2.10】 某公司原有资本总额 1000 万元,其中,10% 的长期债券 400 万元,普通股 600 万元(60 万股)。现拟追加筹资 500 万元,有以下三种方案可供选择:①发行长期债券 500 万元,年利率为 12%;②发行长期债券 300 万元,年利率12%,发行普通股200万元(20万股);③发行长期债券100万元,年利率10%,发行优先股100万元,年股息率5%,发行普通股300万元(30万股)。假定公司预计的息税前利润为180万元,所得税率为25%。

由方案1与方案2数据求出第一个无差别点,见式(2.29)。

$$\frac{(\text{EBIT}_1^* - 400 \times 10\% - 500 \times 12\%)(1-25\%)}{60}$$
$$= \frac{(\text{EBIT}_1^* - 400 \times 10\% - 300 \times 12\%)(1-25\%)}{60+20} \tag{2.29}$$

$\text{EBIT}_1^* = 172(万元)$

若只有1和2两个方案,则当预计息税前利润为180万元时(大于无差别点),负债比例较大的方案1较优。

由方案1与方案3数据求出第二个无差别点,见式(2.30)。

$$\frac{(\text{EBIT}_2^* - 400 \times 10\% - 500 \times 12\%)(1-25\%)}{60}$$
$$= \frac{(\text{EBIT}_2^* - 500 \times 10\%)(1-25\%) - 100 \times 5\%}{60+30} \tag{2.30}$$

$\text{EBIT}_2^* = 186.67(万元)$

若只有1和3两个方案,则当预计息税前利润为180万元时(小于无差别点),负债比例比较小的方案3较优。

由方案2与方案3数据求出第三个无差别点,见式(2.31)。

$$\frac{(\text{EBIT}_3^* - 400 \times 10\% - 300 \times 12\%)(1-25\%)}{60+20}$$
$$= \frac{(\text{EBIT}_3^* - 500 \times 10\%)(1-25\%) - 100 \times 5\%}{60+30} \tag{2.31}$$

$\text{EBIT}_3^* = 230.67(万元)$

若只有2和3两个方案,则当预计息税前利润为180万元时(小于无差别点),负债比例较小的方案3较优。

综上,如图2.2所示,当预计息税前利润为180万元时,在三种方案中,方案3最佳,方案1次之,方案2最差。

每股收益分析法较易理解,计算过程较为简单,但也没有考虑财务风险因素。可用于资本规模不大、资本结构不太复杂的股份公司。

3. 公司价值比较法

公司价值比较法是将公司风险、资本成本和公司价值相结合分析,通过测算

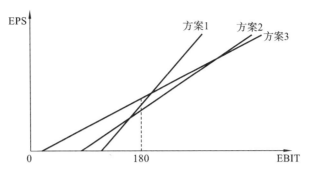

图 2-2 每股收益分析法示意图

和比较不同资本结构下的公司总价值,以公司总价值最大和加权平均资本成本最低为标准确定公司最优资本结构的决策分析方法。最优资本结构是使公司总价值最高但不一定是使 EPS 最大的资本结构。由资本结构理论可知,最优资本结构是使公司总价值最高同时也是加权平均资本成本最低的资本结构。

测算公司总价值的有关公式见式(2.32)。

公司总价值(V)=权益资本总市价(S)+债务资本总市价(B) (2.32)

权益资本总市价类似于永续年金形式,计算公式见式(2.33)。

$$S = \frac{(\text{EBIT} - I)(1 - T)}{K_s} \quad (2.33)$$

式中,K_s 为权益资本的成本,可根据资本资产定价模型(CAPM,capital asset pricing mode)确定,见式(2.34)。

$$K_s = R_f + \beta(R_m - R_f) \quad (2.34)$$

公司的加权平均资本成本 K_w 见式(2.35)。

$$K_w = K_b \cdot \frac{B}{V} \cdot (1 - T) + K_s \cdot \frac{S}{V} \quad (2.35)$$

式中,K_b 为债务资本的税前成本,即债务利率。

【例 2.11】 某公司本无负债,资本全部由普通股资本构成,其账面价值为 1500 万元,EBIT 为 800 万元,所得税率 25%。公司用拟发行债券购回部分普通股股票的方法调整其资本结构。假设无风险报酬率为 8%,市场证券组合的必要报酬率为 12%。根据上述公式计算有关数据如表 2.5 所示。

表 2.5　不同债务水平下的个别资本成本

债券市场价值 (B)/万元	债券利率 (K_b)/(%)	β 系数	无风险报酬率 (R_f)/%	市场证券组合必要报酬率(R_m)/(%)	权益资本成本 (K_s)/(%)
0	—	1.1	8	12	12.4
300	6	1.2	8	12	12.8
600	7	1.3	8	12	13.2
900	8	1.5	8	12	14
1200	9	1.7	8	12	14.8
1500	10	2.0	8	12	16

以发行债券 600 万元为例说明权益资本成本的计算过程,见式(2.36)。

$$K_s = R_f + \beta(R_m - R_f) = 8\% + 1.3 \times (12\% - 8\%) = 13.2\% \quad (2.36)$$

仍以发行债券 600 万元为例说明股票市场价值、公司总价值和综合资本成本的计算过程,见式(2.37)、式(2.38)、式(2.39)。

$$S = \frac{(\text{EBIT} - I)(1 - T)}{K_s} = \frac{(800 - 600 \times 7\%) \times (1 - 25\%)}{13.2\%} \approx 4307(万元) \quad (2.37)$$

$$V = S + B = 600 + 4307 = 4907(万元) \quad (2.38)$$

$$K_w = K_b \cdot \frac{B}{V} \cdot (1 - T) + K_s \cdot \frac{S}{V}$$

$$= 7\% \times \frac{600}{4907} \times (1 - 25\%) + 13.2\% \times \frac{4307}{4907}$$

$$\approx 12.23\% \quad (2.39)$$

可见,无负债时公司总价值等于股票市场价值;当用债务资本部分地替换权益资本时,公司总价值开始上升,同时综合资本成本开始下降;资本结构在债券市场价值为 600 万元时达到最优,即公司总价值最高,综合资本成本最低;随后负债的增加导致公司总价值的下降和综合资本成本的增加,如表 2.6 所示。

表 2.6　公司总价值和资本成本计算表

债券市场价值 (B)/万元	股票市场价值 (S)/万元	公司总价值 (V)/万元	债券利率 (K_b)/%	权益资本成本 (K_s)/%	综合资本成本 (K_w)/%
0	4839	4839	—	12.40	12.40
300	4582	4882	6	12.80	12.29

续表

债券市场价值 (B)/万元	股票市场价值 (S)/万元	公司总价值 (V)/万元	债券利率 (K_b)/%	权益资本成本 (K_s)/%	综合资本成本 (K_w)/%
600	4307	4907	7	13.20	12.23
900	3900	4800	8	14.00	12.50
1200	3507	4707	9	14.80	12.75
1500	3047	4547	10	16.00	13.20

【例2.12】 华光公司原来的资金结构:债券8000万元,年利率10%;普通股8000万元,每股面值1元,发行价10元,共800万股;合计16000万元。普通股目前价格也为10元,今年期望股利为1元/股,预计以后每年增加股利5%。该企业适用的所得税税率假设为33%,假设发行的各种证券均无筹资费。该企业现拟增资4000万元,以扩大生产经营规模,现有如下三个方案可供选择。

甲方案:增加发行4000万元的债券,因负债增加,投资人风险加大,债券利率增至12%才能发行,预计普通股股利不变,但由于风险加大,普通股市价降至8元/股。

乙方案:发行债券2000万元,年利率为10%,发行股票200万股,每股发行价10元,预计普通股股利不变。

丙方案:发行股票363.6万股,普通股市价增至11元/股。为了确定上述三个方案哪个最好,下面分别计算其加权平均资金成本。

解:(1)计算甲方案的加权平均资金成本:

原来债券所占的比重:$W_{b1}=8000/20000=40\%$

新增债券所占的比重:$W_{b2}=4000/20000=20\%$

股票所占的比重:$W_s=8000/20000=40\%$

原来债券的个别资金成本:$K_{b1}=10\%\times(1-33\%)=6.7\%$

新增债券的个别资金成本:$K_{b2}=12\%\times(1-33\%)=8.04\%$

股票的个别资金成本:$K_s=1/8+5\%=17.5\%$

甲方案的加权平均资金成本为:

$K_{w1}=40\%\times6.7\%+20\%\times8.04\%+40\%\times17.5\%=11.288\%$

(2)计算乙方案的加权平均资金成本:

债券所占的比重:$W_b=10000/20000=50\%$

股票所占的比重:$W_s=10000/20000=50\%$

债券的个别资金成本：$K_b = 10\% \times (1-33\%) = 6.7\%$

股票的个别资金成本：$K_s = 1/10 + 5\% = 15\%$

乙方案的加权平均资金成本为：

$K_{w2} = 50\% \times 6.7\% + 50\% \times 15\% = 10.85\%$

(3) 丙方案的加权平均资金成本：

债券所占的比重：$W_b = 8000/20000 = 40\%$

股票所占的比重：$W_s = 12000/20000 = 60\%$

债券的个别资金成本：$K_b = 10\% \times (1-33\%) = 6.7\%$

股票的个别资金成本：$K_s = 1/11 + 5\% = 14.1\%$

丙方案的加权平均资金成本为：

$K_{w3} = 40\% \times 6.7\% + 60\% \times 14.1\% = 11.14\%$

从以上计算可以看出，乙方案的加权平均资金成本最低，所以选择乙方案。

第 3 章 流动资产与固定资产管理

3.1 流动资产管理

3.1.1 流动资产概述

3.1.1.1 流动资产的含义

1. 流动资产的概念

流动资产(current assets)是指企业能够在一年内或者超过一年的一个营业周期内变现或者被耗用的资产。流动资产包括库存现金及各种存款、短期投资、应收账款及预付账款、应收票据和存货等。

流动资产属于企业生产经营活动过程中短期置存的资产,是企业资产的重要组成部分,其数额大小及构成在一定程度上制约着企业的财务状况,反映了企业的支付能力和短期偿债能力。

流动资产在周转过程中,从货币形态开始,依次改变其形态,最后又回到货币形态(货币资金、储备资金、固定资金、生产资金、成品资金、结算资金、货币资金)。各种形态的资金与生产流通紧密结合,周转速度快,变现能力强。

2. 流动资产的分类

在实物形态上,流动资产基本上体现为各部门以及居民的物资储备。流动资产包括三部分:①处于生产和消费准备状态的流动资产,是指生产单位储备的生产资料和消费部门及居民储备的消费品;②处于待售状态的流动资产,是指生产部门和流通部门库存尚未出售的生产资料和消费品储备以及国家储藏的后备性物资;③处于生产过程中的流动资产,是指生产单位的在制品、半成品储备。

按照流动性大小,可分为速动资产和非速动资产:①速动资产是指在很短时间内可以变现的流动资产,如货币资金、交易性金融资产和各种应收款项;②非速动资产包括存货、待摊费用、预付款项、一年内到期的非流动资产以及其他流动资产。

另外,根据在生产经营过程中的作用不同,流动资产还可分为生产领域的流动资产和流通领域的流动资产;根据在生产活动中的不同形态,流动资产又可分为货币资金、储备资金、生产资金和成品资金等。

流动资产对企业的生产经营具有极为重要的意义。若流动资产不足,可造成企业经营困难,甚至造成企业停业或倒闭;但若流动资产过多,又使企业的资本成本上升,从而使企业的资金使用效率降低,实际利润下降。

3. 流动资产的特点

(1)投资回收期短。投资于流动资产的资金一般在一年或一个营业周期内收回,对企业影响的时间比较短。因此,流动资产投资所需要的资金一般可以通过商业信用、短期银行借款等短期融资方式加以解决。

(2)流动性强。流动资产的循环周转过程中,包括产、供、销 3 个阶段,其占用形式从现金转化为材料,从材料转化为在产品,再从在产品转化为产成品,从产成品转化为应收账款,从应收账款再转化为现金,这种转化循环往复。流动资产的流动性与其变现能力相关,在遇到意外情况时,流动资产可被迅速变卖以获取现金。这对于财务上满足临时性资金需求具有重要意义。

(3)具有并存性。在流动资产的周转过程中,流动资金要经历企业的全部生产经营循环,它将同时以货币资金、储备资金、生产资金和成品资金等不同形态并存于企业之中。

(4)占用水平的波动性。企业长期资产占用相对比较稳定,而流动资产占用波动性较大,占用量时高时低,主要原因是企业内部生产经营条件处于不断变化之中。例如,根据市场需求而临时对企业生产经营计划的修正、新的投资机会的获取、采购的材料集中到货等,都会引发流动资产波动加大。对于季节性企业来说,由于生产经营活动集中在一年的某段时间内开展,生产季节和非生产季节的流动资产占用水平差别将更大。通常,企业对波动的流动资产投资基本上是采用流动负债来筹资的。

3.1.1.2 流动资产管理的要求

流动资产在生产经营过程中起着关键的作用,加强对流动资产的管理十分重要。流动资产管理的要求主要体现在以下方面。

(1)合理配置,保持最优流动资产结构。流动资产结构是指各类形态的流动资产占全部流动资产的比重。研究和分析流动资产的结构,掌握企业流动资产的整体分布情况和各个周转阶段上的资产比例关系,可以在占用资金总量一定的情况下,通过合理调配、组织,使流动资产科学地并存于各种形态,协调产、供、销关系,促进生产均衡地进行,并确定其管理重点。

(2)加速流动资产周转,提高其使用效率。流动资产在周转使用过程中依次改变其资产占用形态,顺利地实现循环和周转,是企业再生产能够顺利进行及企业取得盈利的前提。在一定时期内,流动资产周转速度越快,同样数量的流动资金能发挥更大作用,流动资金占用总量越少,从而资金成本越低,企业经济效益越好。因此,加速流动资产周转对企业提高经济效益有重要作用。

(3)正确处理盈利和风险的关系。占有一定数量的流动资产是企业进行生产经营活动的必要条件。流动资产的多少直接影响到企业偿还到期债务、支付利息的能力。流动资产过少,企业偿债能力弱,风险就大。因此,在企业资金占用总量一定的情况下,流动资产越多,企业盈利相对越少,风险越小,但是过多的流动资产会增加企业的机会成本。所以,企业应根据自身的要求、不同时期经济发展状况和市场状况,确定流动资产占用数额。处理好盈利和风险的关系,尽量使盈利达到较高水平,而将风险控制在最低水平。

(4)合理筹集流动资金。筹资管理的具体目标是以最低的成本筹集到所需的资金。所以,在筹集流动资金时应考虑筹资成本的影响因素,如筹资渠道、筹资方式、筹资难易程度、筹资的社会反应等,以求得筹资方式的最优组合,降低综合资金成本。

3.1.1.3 流动资产持有策略

适中型持有策略是指在保证流动资产正常需要量的情况下,适当保留一定的保险储备量以防不测的组合策略。在此策略下,流动资产由两部分构成:正常需要量和保险储备量。正常需要量是指满足企业正常生产经营需要的流动资产占用水平。保险储备量是指应对意外情况的发生而额外建立的合理储备。保险储备量的大小视企业的生产经营条件、采购环境和材料的可替代性等因素而定。

该策略认为,流动资产的投资水平应保证生产经营的正常进行。由于正常需要量是按企业有关计划制订的,一旦计划发生临时变更,或采购环节遇阻,为保证生产经营的连续性,需建立一定的流动资产储备。

在冒险型持有策略下,企业对流动资产的投资只保证流动资产的正常需要量,不保留或只保留较少的保险储备量,以便最大限度地减少流动资产占用水平,提高企业投资报酬率。

如果降低流动资产投资水平,能继续维持原有销售额,则会为企业节约筹资成本,增加企业收益。但是,企业要面对较大的风险:一方面,流动资产占用水平降低将增加企业短期偿债风险;另一方面,流动资产储备过低,有可能导致企业停工待料和产品脱销,造成企业不应有的损失。因此,冒险型持有策略对企业管理水平提出了较高的要求。

与冒险型持有策略相对应,保守的投资组合从稳健经营的角度出发,在安排流动资产时,除保证正常需要量和必要的保险储备量外,还应安排一部分额外的储备量,以最大限度地降低企业可能面临的风险。保守的投资组合将增加流动资产在总资产中的占用比例,在销售额一定的情况下,该策略必然会降低企业的投资报酬率。这是谨慎、保守型财务人员喜欢选择的策略。

3.1.2 现金管理

3.1.2.1 现金的含义

现金,泛指可以立即投入流通的交换媒介。它的首要特点是普遍的可接受性和很强的支付能力,即可以立即有效地用来购买商品、货物、劳务或清偿债务。现金是变现能力最强的非营利性资产。现金项目包括企业的库存现金、各种形式的银行存款和银行本票、银行汇票。它们都可以立即用来购买材料、劳务、设备、偿还债务、上缴税款和支付红利等。

有价证券是企业现金的一种转换形式。有价证券变现能力强,可以随时转换成现金,故有价证券又称现金等价物或约当现金。所以很多企业当现金有多余时,常常会将现金转换成有价证券;待企业现金不足需要补充现金时,再将有价证券抛售出去转换成现金。在这种情况下,有价证券就成了现金的替代品。持有短期有价证券可以获得一定收益且可以作为现金的替代品,这是企业持有有价证券的原因。因此,企业财务实务中,一般将有价证券作为现金的替代品,视为"现金"的一个组成内容。

现金管理的过程就是在现金的流动性与收益性之间进行权衡选择的过程。现金管理,使企业的现金收支不但在数量上,而且在时间上相互衔接,对于保证企业经营活动的现金需要、降低企业限制的现金数量、提高资金收益水平具有重要意义。

3.1.2.2 现金的持有动机

建筑施工企业要进行施工生产经营活动,必须拥有一定数量的现金。建筑施工企业持有一定数量的现金,其主要出于以下几个方面的动机。

(1)交易性动机。交易性需求是指满足日常业务的现金支付需要,如购买施工材料、支付建筑工人工资、缴纳税款等。企业经常得到收入,也经常发生支出,两者不可能同步同量。收入多于支出,形成现金置存;收入少于支出,需要借入现金。企业必须维持适当的现金余额,才能使业务活动正常地进行下去。交易性动机是建筑施工企业持有现金的根本动机。

(2)预防性动机。预防性需要是指建筑施工企业持有现金以满足意外事件出现而发生的支付需求。企业有时会出现意想不到的开支,现金流量的不确定性越大,预防性现金的数额也就应越大;反之,企业现金流量的可预测性强,预防性现金数额则可小些。此外,预防性现金数额还与企业的借款能力有关,如果企业能够很容易地随时借到短期资金,也可以减少预防性现金的数额;若非如此,则应扩大预防性现金数额。

(3)投机性动机。投机性需要是指建筑施工企业持有现金用于不寻常的购买机会。例如,遇有廉价原材料或其他资产供应的机会,便可用手头现金大量购入;又如,在适当时机购入价格有利的股票和其他有价证券,等等。当然,除了金融和投资公司,一般来讲,其他企业专为投机性需要而特殊置存现金的不多,遇到不寻常的购买机会,也常设法临时筹集资金。但拥有相当数额的现金,确实为突然的大批采购提供了方便。

企业缺乏必要的现金,将不能应付业务开支,使企业蒙受损失。企业由此而造成的损失,称为短缺现金成本。短缺现金成本不考虑企业其他资产的变现能力,仅就不能以充足的现金支付购买费用而言,内容大致包括丧失购买机会(甚至会因缺乏现金不能及时购买原材料,而使生产中断造成停工损失)、造成信用损失和得不到折扣好处。其中失去信用而造成的损失难以准确计量,但其影响往往很大,甚至导致供货方拒绝或拖延供货,债权人要求清算等。但是,如果企业持有过量的现金,又会因这些资金不能投入周转无法取得盈利而遭受机会损失。此外,在市场正常的情况下,一般来说,流动性强的资产,其收益性较低,这意味着企业应尽可能少地持有现金,即使不将其投入本企业的经营周转,也应尽可能多地投资于能产生高收益的其他资产,避免资金闲置或用于低收益资产而带来的损失。这样企业便面临现金不足和现金过量两方面的威胁。企业现金管理的目标,就是要在资产的流动性和盈利能力之间做出抉择,以获取最大的长期利润。

3.1.2.3 现金管理的内容与原则

在风险不变的条件下,合理降低现金存量的关键在于进行有效和准确的现金需求预测和尽量做到现金收支的匹配与均衡。因此,现金管理的主要内容表现在如下三个方面:编制现金计划,合理估计现金需求;控制和调整日常现金收支,尽量做到收支匹配;确定理想的现金余额。

现金管理遵循的原则:①凡在银行和其他金融机构(以下简称开户银行)开立账户的机关、团体、部队、企业、事业单位和其他单位(以下简称开户单位)必须依照现金管理暂行条例的规定收支和使用现金,接受开户银行的监督;②国家鼓励开户单位和个人在经济活动中采取转账方式进行结算,减少现金使用;③开户单位之间的经济往来,除现金管理暂行条例规定的范围可以使用现金外,应当通过开户银行进行转账结算;④各级人民银行应当严格履行金融主管机关职责,负责对开户银行的现金管理进行监督和稽核;(5)开户银行负责现金管理的具体实施,对开户单位收支、使用现金进行监督管理。

3.1.2.4 提高现金使用效率的方法

现金管理的目的在于提高现金使用效率。为达到这一目的,应当注意做好以下几方面工作。

(1)力争现金流量同步。如果企业能尽量使自身的现金流入与现金流出发生的时间趋于一致,就可以使其所持有的交易性现金余额降到最低水平。

(2)使用现金浮游量。从企业开出支票,收票人收到支票并存入银行,至银行将款项划出企业账户,中间需要一段时间。现金在这段时间的占用称为现金浮游量。在这段时间里,尽管企业已开出了支票,却仍可动用在活期存款账户上的这笔资金。不过,在使用现金浮游量时,一定要控制好使用的时间,否则会发生银行存款的透支。

(3)加速收款。这主要指缩短应收账款的时间。发生应收账款会增加企业资金的占用,但它又是必要的,因为它可以扩大销售规模,增加销售收入。问题在于如何既利用应收账款吸引客户,又缩短收款时间。这要在两者之间找到适当的平衡点,并需实施妥善的收账策略。

(4)推迟应付账款的支付。企业在不影响自己信誉的前提下,尽可能地推迟应付款的支付期,充分运用供货方所提供的信用优惠。如遇企业急需现金,甚至可以放弃供货方的折扣优惠,在信用期的最后一天支付款项。当然,这要权衡折扣优惠与急需现金之间的利弊得失而定。

3.1.2.5 现金的日常控制

(1)现金回收管理。

要尽量缩短企业账款收回时间,主要是支票邮寄时间和支票在企业停留的时间。现金回收管理的方法有邮政信箱法、银行业务集中法、事先核定记账方法等。

①邮政信箱法,又称锁箱法,是指企业在各销售地租用专用的邮政信箱,再委托当地银行代理收款存入公司账户的加速收款的方法。在锁箱法中,客户将支票直接寄给客户所在地指定的邮箱而不是企业总部,免去了企业办理收款、货款存入银行等手续,缩短了支票邮寄时间和支票在企业的停留时间。

②银行业务集中法,是指企业设立多个策略性的收款中心来代替通常在公司总部设立的单一收款中心,以加速货款回收。这种方法与传统的收款方法相比,不仅缩短了账单和支票的往返邮寄时间及支票兑现的时间,而且便于应收账款的及时清理。

③事先核定记账方法,是指在某个指定时间,现金自然从客户账户转到公司的账户上,因为在此过程中没有传统的账单,所以这种转账称为无账单交易。由于邮寄和账户结算的时间都减少了,此方法能加速资金周转。虽然这种方法十分有效,而且也可能成为一种发展趋势,但是它被接受的速度比预计的要慢。当然,付款者在实行这种方法时失去了弹性付款时间,这也是这一方法不被广泛接受的原因之一。此外,公司还应积极利用网上银行系统进行电子结算,在最短的时间内完成收款业务。

(2)现金支出管理。

①合理利用现金"浮游量"。现金浮游量包括签发付款支票产生的浮游量及存入支票产生的浮游量。前者为有利浮存;后者为不利浮存。企业充分利用现金浮游量,可以适当减少现金数量。但浮游量的利用,应把握好时间和额度,防止发生银行存款透支。

②控制支出时间。企业应在不影响信誉的前提下,尽可能地充分运用供应商所提供的信用条件,推迟应付款的支付期,以延缓与控制现金支出。但要注意这种信用条件有无现金折扣优惠,要在折扣优惠与急需现金之间权衡利弊得失。

③工资支出模式。许多企业都为支付工资而设立一个存款账户。为了减少这一存款数额,企业必须合理预测所开出支付工资的支票到银行兑现的具体时间。企业不必在支付工资那天存够工资总额。

(3)现金收支的综合控制。

现金收支综合控制的措施:力争现金流入与流出同步;实行内部牵制制度;及时进行现金的对账和清理;遵守国家规定的库存现金的使用范围;做好银行结算户存款和单位定期存款的管理工作。

3.1.2.6 最佳现金持有量的确定

编制现金收支预算,能预计预算期内现金收支余缺,以便企业事先做出财务安排,防止现金多余或短缺给企业带来不利影响。但在编制现金预算时,要事先确定预算期内期末现金必要余额,即企业现金最佳持有量。特别是在有价证券这一准货币的情况下,企业如何处理两者的比例和转换关系,既满足企业施工经营的需要、防止现金短缺,又能对多余的现金加以充分利用,取得最佳的现金管理效益,这显得至关重要。

在建筑施工企业财务管理实务中,最佳现金持有量的确定通常可采用成本分析模式、存货管理模式、现金周转模式和随机模式等方式来计算。

1. 成本分析模式

成本分析模式是通过分析持有现金的成本,寻找持有成本最低的现金持有量。企业持有的现金有3种成本。

(1)机会成本,即现金作为企业的一项资金占用是有代价的,这种代价就是它的机会成本。现金资产的流动性极佳,但盈利性极差。持有现金则不能将其投入生产经营活动,失去因此而获得的收益。企业为了经营业务,有必要持有一定的现金,以满足应付意外的现金需要。但现金拥有量过多,机会成本代价大幅度上升,就不合算了。

(2)管理成本,即企业拥有现金,会发生管理费用,如管理人员工资、安全措施费等。这些费用是现金的管理成本。管理成本是一种固定成本,与现金持有量之间无明显的比例关系。

(3)短缺成本,即现金的短缺成本,是因缺乏必要的现金不能应付业务开支所需,而使企业蒙受损失或为此付出的代价。现金的短缺成本随现金持有量的增加而下降,随现金持有量的减少而上升。

上述3项成本之和最小的现金持有量就是最佳现金持有量。如图3.1所示,总成本抛物线的最低点即持有现金的最低总成本。超过这一点,机会成本上升的代价优惠大于短缺成本将下降的好处;这一点之前,短缺成本上升的代价又会大于机会成本下降的好处。这一点横轴上的量,即最佳现金持有量。

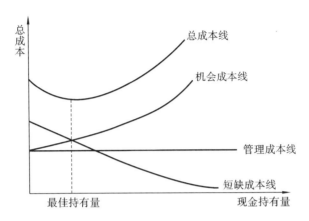

图 3.1 最佳现金持有量的成本分析模式

最佳现金持有量的具体计算,可以先分别计算出各种方案的机会成本、管理成本和短缺成本之和,再从中选出总成本最低的现金持有量即最佳现金持有量。

【例 3.1】 某施工企业有 4 种现金持有方案,它们各自的机会成本、管理成本、短缺成本如表 3.1 所示。其计算结果如表 3.2 所示。

表 3.1 现金持有方案决策(单位:元)

方案项目	现金平均持有量	机会成本	管理成本	短缺成本
甲	25000	3000	20000	12000
乙	50000	6000	20000	6750
丙	75000	9000	20000	2500
丁	10000	12000	20000	0

注:机会成本率为该企业资本收益率的 12%。

表 3.2 现金持有量方案成本计算分析表(单位:元)

方案项目	机会成本	管理成本	短缺成本	总成本
甲	3000	20000	12000	35000
乙	6000	20000	6750	32750
丙	9000	20000	2500	31500
丁	12000	20000	0	32000

通过分析比较表3.2中各方案的总成本可知,丙方案的总成本最低。因此,当企业现金持有量为75000元时,总成本最低,故企业的最佳现金持有量为75 000元。

2. 存货管理模式

企业平时持有较多的现金,会降低现金的短缺成本,但也会增加现金占用的机会成本;而平时持有较少的现金,则会增加现金的短缺成本,却能减少现金占用的机会成本。如果企业平时只持有较少的现金,在有现金需要时(如手头的现金用尽),通过出售有价证券换回现金(或从银行借入现金),便能既满足现金的需要,避免短缺成本,又能减少机会成本。因此,现金与有价证券之间适当转换,是企业提高资金使用效率的有效途径。这与企业奉行的营运资金政策有关。采用宽松的投资政策,保留较多的现金,则转换次数少;如果经常进行大量的有价证券与现金的转换,则会加大转换交易成本。因此如何确定有价证券与现金的每次转换量,是一个需要研究的问题。这可以应用现金持有量的存货模式解决。

现金持有量的存货模式又称鲍曼模型,是威廉·鲍曼(William Baumol)提出的用以确定目标现金持有量的模型。

企业每次以有价证券换回现金是要付出代价的(如支付经纪费用),这被称为现金的交易成本。现金的交易成本与现金转换次数、每次的转换量有关。假定现金每次的交易成本是固定的,在企业一定时期现金使用量确定的前提下,每次以有价证券转换回现金的金额越大,企业平时持有的现金量便越高,转换的次数便越少,现金的交易成本就越低;反之,每次转换回现金的金额越低,企业平时持有的现金量便越低,转换的次数会越多,现金的交易成本就越高。现金交易成本与持有量成反比。

运用存货模式确定最佳现金持有量的假设:①企业所需要的现金可通过证券变现取得,且证券变现的不确定性很小;②企业预算期内现金需要总量可以预测;③现金的支出过程比较稳定、波动很小;④证券的利率或报酬率以及每次固定性交易费用可以获悉。

设有价证券的利率(机会成本)为 K,一个周期内所需现金总额为 T,每次转换有价证券的固定性转换成本为 F,Q 为最佳现金持有量(每次的最佳现金转换量),TC 为现金管理相关总成本,则有式(3.1)~式(3.4)。

现金管理相关总成本＝持有机会成本＋固定性转换成本   (3.1)

$$总成本(TC) = \frac{Q}{2} \times K + \frac{T}{Q} \times F \qquad (3.2)$$

$$最佳现金持有量(Q^*) = \sqrt{\frac{2TF}{K}} \quad (3.3)$$

$$最低成本(TC^*) = \sqrt{2TFK} \quad (3.4)$$

【例 3.2】 某企业全年所需现金为 62.5 万元,并且现金的收支比较稳定,每次有价证券转换成现金的成本为 50 元,有价证券的利率为 10%,求现金管理相关总成本。

解:由计算公式可得到式(3.5)~式(3.7)。

$$Q = \sqrt{\frac{2 \times 50 \times 625000}{10\%}} = 2.5(万元) \quad (3.5)$$

$$有价证券的转换次数(T/Q) = \frac{62.5}{2.5} = 25(次) \quad (3.6)$$

$$TC = \sqrt{2 \cdot T \cdot F \cdot K} = \sqrt{2 \times 50 \times 625000 \times 10\%} = 0.25(万元) \quad (3.7)$$

3. 现金周转模式

现金周转期模式是根据现金的周转速度来确定最佳现金持有量的方法,其计算步骤如下。

(1) 计算现金周转期。现金周转期是指企业从购买材料支付现金到销售产品回收现金所需要的时间,包括存货周转期、应收账款周转期和应付账款周转期。显然,现金周转期越短,现金的使用效率就越高。

现金周转期 = 存货周转期 + 应收账款周转期 − 应付账款周转期

为了缩短现金周转期,应缩短存货周转期与应收账款周转期,延长应付账款周转期。

(2) 计算现金周转率。现金周转率是指一年中现金的周转次数。现金周转次数越多,企业现金需求就越少。计算公式见式(3.8)。

现金周转率 = 日历天数(360)/现金周转期天数 (3.8)

(3) 计算最佳现金持有量。计算公式见式(3.9)。

最佳现金持有量 = 年现金需求额 / 现金周转率 = (年现金需求总额/360)
× 现金周转期 (3.9)

【例 3.3】 某建筑构件厂的建筑原料购买和产品销售都采取赊销方式,应付款的平均付款天数为 30 天,应收款的平均收款天数为 70 天。假设平均存货周转期限即企业从原料购买到产品销售的期限为 80 天,该企业年现金需求额为 360 万元。则:

企业的现金周转期＝80＋70-30＝120(天)

现金周转率＝360/120＝3(次)

最佳现金持有量为 360/3＝120(万元)＝(360/360)×120＝120(万元)

4. 随机模式

随机模式,是在现金需求量难以预知的情况下,进行现金持有量控制的方法。

对大多数企业来讲,现金需求量往往波动大且难以预知,但企业可根据历史经验和现实需要,测算出一个现金持有量的控制范围。当现金持有量接近或超过控制上限时,可投资有价证券;而当现金持有量接近控制下限时,就要出售有价证券来补充现金,使现金持有量保持在上下限之间的正常水平,如图 3.2 所示。

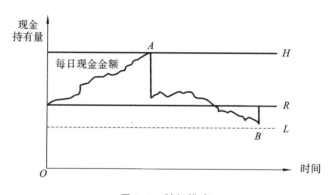

图 3.2 随机模式

在图 3.2 中,H 线为现金存量的上限,L 线为现金存量的下限,R 线为最优现金返回线。从图中可以看到,企业的现金存量(表现为现金每日余额)是随机波动的,当其达到 A 点时,即达到了现金控制的上限,企业应用现金购买有价证券,使现金持有量回落到现金返回线(R 线)的水平;当现金存量降到 B 点时,即达到了现金控制的下限,企业则应转让有价证券换回现金,使现金存量回升至现金返回线的水平。现金存量在上下限之间的波动属控制范围内的变化,是合理的。以上关系中的上限 H、现金返回线 R 可按式(3.10)、式(3.11)计算。

$$R = \sqrt[3]{0.75b\delta^2/i} + L \tag{3-10}$$

$$H = 3R - 2L \tag{3-11}$$

式中,b 为每次有价证券的固定转换成本;δ 为预计每日现金余额变化的标准差

(可根据历史资料测算);i 为有价证券的日利息率。

下限 L 的确定则受到企业每日的最低现金需要、管理人员的风险倾向等因素的影响。

【例 3.4】 设某企业有价证券的年利率为 9.36%,每次有价证券的固定转换成本 b 为 50 元,企业认为,在任何时候其现金余额均不能低于 $L=1000$ 元,又根据以往经验,测算出余额波动的标准差 δ 为 500 元。则最优现金返回线 R 与现金控制上限 H 分别见式(3.12)、式(3.13)。

$$R = \sqrt[3]{0.75 \times 50 \times 500^2 \times 360/0.0936} + 1000 = 4303.69(元) \quad (3.12)$$
$$H = 3 \times 4303.69 - 2 \times 1000 = 10911.07(元) \quad (3.13)$$

3.1.3 应收账款管理

3.1.3.1 应收账款管理的概念及意义

《企业会计准则》对应收账款的定义:企业在正常的经营过程中因销售商品、产品、提供劳务等业务,应向购买单位收取的款项。建筑施工企业的应收账款主要包括:建筑施工企业在项目结算后应向业主单位收取的工程款、质保金和押金,以及建筑施工企业应向购货单位收取的销售材料或商品的货款。其中应收工程款、质保金和押金是建筑施工企业的主要应收账款。

应收账款管理是指在赊销业务中,从授信方将货物或服务提供给受信方,债权成立开始,到款项实际收回或作为坏账处理结束,授信企业采用系统的方法和科学的手段,对应收账款回收全过程所进行的管理。

应收账款管理工作对于建筑施工企业来说可以分为三个阶段。第一个阶段是企业与发包方签订合同之前,也就是应收账款产生前,对发包方的信用调查和合同约定进行管理;第二阶段是应收账款产生后,对于到期应收账款的确认和回收管理;第三阶段是对已经到期但发包方并未支付的逾期账款进行管理。

应收账款对于企业来说具有双面性:一方面通过信用销售的方式能在一定程度上扩大市场占有率,提升企业的行业竞争力,另一方面应收账款的存在也在一定程度上增加了企业的负担。应收账款过多会对企业的资金流产生影响,并存在一定的坏账风险,因此,十分有必要将应收账款管理列入企业的重点管理工作当中。通过应收账款管理工作可以让企业随时掌握当前的应收账款相关情况,良好的应收账款管理不仅能让企业在应收账款产生前对其进行合理控制,也能让已经产生的应收账款得到及时的结算回收,减少逾期应收账款的产生。重视并做好应收账款管理工作,能够在一定程度上促进企业的健康扩张和发展。

3.1.3.2 建筑施工企业应收账款管理现状

1. 应收账款拖欠严重使企业面临信用危机

随着"十三五"规划完美落幕,我国的经济建设快速发展,尤其是国家基础设施这一领域,建筑施工企业承担着基础设施建设的重要任务,尤其是国有企业,过去几年国家过于重视规模的增长,忽略了质量效益,建筑行业竞争日益加剧。据资料统计,我国建筑施工企业应收账款收回来的为50%左右,大量应收账款不能及时变现,应收账款拖欠严重,形成大量坏账呆账,稀释企业的经营成果,应收账款的严重拖欠导致企业面临信用危机。

2. 企业的资金使用效率下降

应收账款是企业流动资产的重要组成部分,也是形成流动资金的重要途径之一。据相关资料显示,建筑施工企业收回应收账款的变现在企业流动资金约为40%,而在发达国家的这一比重仅为20%左右。应收账款在流动资金的比重直接影响着企业资金的使用效率:这一比重越高,资金的使用效率就越低。应收账款相比现金、银行存款等资金流动性较差,收不回的应收账款根本无法为企业提供流动资金。建筑施工企业应收账款余额大、比重高的现状,严重影响了企业的资金使用效率。企业一方面挂着大量的应收账款,为了推动项目的运营,还要向金融机构进行融资,产生一定财务费用,"存贷双高"局面得不到有效解决,使企业经济效益严重下滑。

3. 企业的总成本不断增加

应收账款的增加会在无形中增加企业的总成本,稀释企业的利润。主要增加的成本包括管理成本、催账成本、财务成本、机会成本等。第一,应收账款不能及时收回,企业就不得不派专人进行管理,定期对应收账款进行梳理分析,这必然会增加一定的管理成本;第二,在企业清欠人员对应收账款进行催账过程中,需要大量的电话费、邮寄费、上门催缴的差旅费,甚至诉讼费,这也在很大程度上增加企业的催账成本;第三,在应收账款无法收回而企业又需要维持正常生产经营,资金流动性变差,企业就不得不通过赊销、贷款等方式购买生产材料、支付应付账款等,这会产生大量的财务费用,为金融机构"谋福利"的同时,增加企业财务成本;第四,应收账款不能收回也就意味着企业不能利用这部分资金进行对外投资,减少了企业的投资机会和获取收益的途径,使企业增加了机会成本。

4. 工程质保金的存在极易形成坏账

根据行业相关规定得知,建筑施工企业所建设工程的工程质量保证金占工程造价总额的5%,这部分金额通常在工程竣工结算后5年甚至更长时间双方无争议后方可收回,且合同中约定的质保金收回条件非常苛刻。有些业主方会以各种理由拒绝支付该部分质保金,因建设单位原因造成不能收回质保金的情况较少,很多施工企业因无法收回该款项,只能计提大量坏账损失,对企业的经营效益产生一定的影响。随着会计核算集中化的发展,施工地项目部一般不设置财务部,结算单由现场监理业主审批完之后送至公司总部审核。若公司总部审核过程中存在核减且双方对账不及时,再考虑到施工企业人员流动性大的特点,质保金金额不一致极易成为业主后期不予退还的理由。

3.1.3.3 建筑施工企业应收账款存在的问题

1. 合同订立不够规范

相当一部分建筑施工企业往往对合同条款不够重视,对合同条款可能给企业带来的风险更是视而不见。合同条款中对乙方不利的条款没能深入研讨,尤其是付款条款,等到应收账款无法清理时才追悔莫及,这在一定程度上给应收账款的回收带来很大的阻力。产生这一现象的主要原因是一方面投标部门对于标书理解得不透彻,审核不够严谨,另一方面由于市场竞争激烈,企业为了获取更多的订单,大幅降低投标价格,对自身资金承受能力评估不准确,存在巨大的应收账款潜在风险。在施工过程中,因应收账款回收缓慢,企业不得不利用金融机构进行融资贷款,又增加了一定的财务费用,形成难以预测和把控的财务风险。

2. 动态管理不足

在实际工作中,很大一部分建筑施工企业对应收账款的管理不够重视,动态管理不足,未能形成闭环管理。主要表现在以下几个方面。①事前管理缺失。建筑施工企业在进行投标时,尽调工作不够充分,高估自身还款能力及信用水平。在签订合同时,也没有对应收账款的付款条件及结算条款深入研讨。②事中管理不完善。建筑施工企业在工程施工过程中,对应收账款的动态管理不完善,很多企业没有专门的清收机制或清收人员,也缺乏相应的考核机制,奖罚不够分明,现有的管理制度跟不上企业的发展需求,这也是造成应收账款居高不下的重要原因。③事后管理丢失。建筑施工企业项目负责人流动性较大,在项目

建成完工后就被调离,对工程竣工结算、延期索赔等事项不重视,造成应收账款无法及时回收,潜在风险很大。

3. 财务工作考核目标不够科学

大部分建筑施工企业的应收账款管理相对薄弱,应收账款管理目标不科学。在我国经济高速发展的今天,基础建设还不够完善,建筑施工企业在发展的道路上更注重市场、规模,对潜在的应收账款回收风险不够重视。企业考核以销量为主,几乎不考虑应收账款是否能够及时回收等问题,这也导致财务部门应收账款的管理停留在"收支管理"层面,对应收账款的催收、奖罚管理环节丢失,企业虽然表面上销量大,规模大,但企业经营的"质"丝毫没有得到改观,导致企业存在大量的应收账款,给企业带来信用风险和财务风险。企业对客户的信用水平调查也不够充分,客户的资金实力没有掌握到位,在出现应收账款不能及时收回时,不得不计提大量坏账损失。建筑施工在发展过程中务必对应收账款的管理引起高度重视,必须建立相应的考核机制,按照"谁主管、谁负责"的原则,要敢奖敢罚,充分发挥考核机制的作用。

3.1.3.4 建筑施工企业应收账款成因分析

1. 社会信用体系不健全

从市场经济层面分析,社会信用体系不健全是建筑施工企业应收账款形成的一大原因。我们正处于社会主义发展初期,社会信用体系不健全,尤其是建筑施工企业的相关法律法规不完善,对失信履约合同的奖罚机制不完备,很大程度上降低了业主方违约成本,建筑施工企业在施工过程中没有安全保障,缺乏有效的监督环节,促使建筑施工企业应收账款的形成。加上部分建筑施工企业自身实力不足,抗风险能力较差,在应收账款不能及时收回,极大增加了财务风险,企业一旦出现资金供给不足,造成企业进退两难,有时即便通过法律手段也难以保障自身权益不受损失。且建筑施工企业相较于业主方处于弱势地位,加上不良的社会风气助长了开发商拖欠工程款的行为,极大增加了建筑施工企业清理应收账款的难度。

2. 信息化建设进度缓慢

建筑施工企业信息化建设缓慢,即使部分企业建立了信息化系统,也未能形成一个共享中心,信息的传递相对闭塞。在现代化企业管理过程中,信息化建设至关重要,对企业的管理起到规范促进、提升工作效率、降低沟通成本等作用,尤其是对应收账款的管理上,质量技术部、经营合同部、财务审计部等相关部门之间数据的准确性、及时性受到很大的挑战,若不借助一定的信息化平台,应收账款的管理将相对落后且效果不佳,也给企业负责人的相关决策带来一定的难度。

现阶段建筑施工企业对应收账款的统计主要通过电子表格的传递归拢,甚至在基层项目相关管理人员还通过"口口相传"等原始手段进行交流沟通,比如企业想要了解现阶段应收账款余额、占比、分类,需要通过"群消息"通知各项目部,由各项目部通过电子表格汇至项目经理审核后上报。这种管理方式效率低下,浪费大量的时间成本,而且获取信息的及时性、准确性得不到保障。

3. 应收账款管理制度不完善

目前建筑施工企业对应收账款的管理尚未建立完善的制度体系,部分企业虽制订了一些管理文件,但未能全面严格执行,对应收账款的管理起不到清收作用。建筑施工企业项目经理调动频繁,在完工结算后对应收账款缺乏管理,企业对应收账款的清欠责任主体不够明确,相关计划财务部日常管理缺失,未能及时与业主方核对应收账款余额,年末根据审计工作需要对部分重大应收账款进行函证,且核对不够全面,久而久之建筑施工单位不明确自己的应收账款情况,甚至业主方也遗忘部分欠款,长期缺乏函证也会丧失法律诉讼时效,对应收账款的管理长期处于"亚健康"状况。

另外,建筑施工企业对应收账款的奖惩考核不严谨,未能健全应收账款压降激励约束机制。在应收账款的清欠过程中不能有效发挥各责任人的积极性、主动性,不利于防范化解应收账款带来的重大风险,建筑施工企业所建项目偏远,不利于管理一线管理人员。在项目竣工结算后,人员涣散,缺少沟通,没有人主动承担责任。建筑施工企业急需建立有利于推动应收账款压降工作以实现"能奖能罚、敢奖敢罚、真奖真罚""责任落实到人、奖惩兑现到人"的激励约束机制,提升应收账款管理工作的系统治理能力,使应收账款管理水平与企业高质量发展相适应。

3.1.3.5 建筑施工企业应收账款管理的改进措施

1. 构建科学合理的信用管理体系

由于建筑施工行业产品的特殊性,赊销已成为其主要的交易方式,从而造成应收账款规模不断扩大。就大多数建筑施工企业目前的状况来看,其对应收账款的管理基本上只是被动的事后管理,而且该项工作大多由财务部人员负责管理控制,即便财务人员对账务处理驾轻就熟,然而对于客户的一些详细情况却并不十分了解。可见设立一个专门的信用管理部门来负责企业账款的管理对建筑施工企业来说刻不容缓。该机构应独立于各个部门,不受任何部门的控制,由总经理或董事长直接领导,该部门的工作人员主要负责收集整理客户信息,制订信用评分标准,确定信用额度,对应收账款回收等各个环节进行监督管理,指导并协调企业内部各部门业务活动等。

首先,建筑施工企业在决定对一项工程项目进行投标之前,企业的信用管理部门应对该客户进行信息的搜集。信息的搜集可以从查阅资料、实地走访、同行信息、公共媒体、官方渠道、准官方渠道以及专业征信机构等方面展开。具体来说,查阅资料是查阅与客户相关的文件、合同、协议、证明等资料;实地走访是走访客户的生产、经营现场,与客户进行沟通交流;同行信息是与客户的同行进行信息沟通、交流;公共媒体是通过大众传媒获取客户信息;官方渠道是通过工商管理部门、财税部门等政府机关搜集客户信息;准官方渠道是通过银行、保险公司、同业协会、消费者协会搜集客户信息;专业征信机构是通过专业机构、咨询机构对客户进行资信调查。

其次,对客户进行信用评级。信用评估表应包括的内容主要有企业概况、注册资料、股东情况、企业组织结构、经营方式及状况、开户银行、主要财务比率、综合评价等。建筑施工企业的信用管理部门应在赊销前对客户的以上各方面情况都充分了解的前提下,针对各个方面所包含的详细内容分别确定其标准分值,根据客户的实际情况,对每一项按制订的标准进行打分,最后得到的综合得分即评定客户信用等级的依据。客户信用评分等级如表3.3所示。

表3.3 客户信用评分等级

信用评分等级	得分情况	风险程度
AAA	90～100	风险极低
AA	80～89	风险低
A	70～79	风险较低
BB	60～69	风险较大
B	50～59	风险大
C	50以下	风险极大

根据评估得出的客户信用等级水平,可制订不同信用等级水平下应给予客户的赊销额度。比如说,当客户的信用评分等级为AAA,表明对该客户进行赊

销所产生的风险极低,这时企业可以给予该客户较高的赊销额度;而当客户的信用评分等级为C,表明对该客户进行赊销将会给企业带来极大的风险,这时企业应给予其较低的信用额度,甚至选择放弃与该客户的交易。具体的信用额度可制订如表3.4所示。

表3.4 客户信用额度分级表

信用等级	信用额度占销售的比例/(%)
AAA	80～90
AA	60～79
A	35～59
BB	15～34
B	10～14
C	0

2. 贯彻全过程合同风险把控的理念

由于建筑施工企业施工场所具有临时性、现场人员流动性大、组织机构模式特殊等特点,合同的管理对于施工企业来说就显得尤为重要。合同的风险无处不在,要想把控风险需要从以下几方面入手。第一,在签订合同前,要充分地了解发包方的信息,包括发包方的资信、所发包的工程数量以及质量、发包方的资金充足与否、与其他企业有无重大债务纠纷等,充分调查了解后才能决定合同是否签订。第二,在主合同签订后,因为工期长、施工复杂,施工期间可能存在发包方或者设计院的图纸变更、设计变更、联系单等,在存在这些问题的情况下要及时和发包方签订补充合同或者书面的变更签证单、联系单等,做到有书面证明,以便后期结算顺利。第三,对于合同签订以后,在施工过程中发现所承包的工程量并未包含在合同条款中,但为完成工程量不得不完成这项工作,此时也要及时沟通,补充条款。第四,合同的谈判也是有技巧的,公司应该设立专门的机构或者人员在合同谈判时进行条款审查,也可以设立公司法务人员,每一份合同都要经过法务的审核,做到科学规范,同时要做好合同管理、归口工作。

3. 强化绩效考核激励约束机制

科学合理的绩效考核机制对促进员工积极完成资金回款的工作有着重要影响作用,有利于降低盲目销售行为发生的概率,保障企业利益,因此建立一套完善的应收账款回收评价激励机制和约束机制是非常重要的。建筑施工企业应收款项可细分为三大类,依据不同类型的特点制订相应的绩效指标,优化评价制度。

(1)历史年度应收账款评估。

应收账款历史年度指上一年度报表中的应收账款余额,但不扣除本年度的坏账金额和已完工未结算项目工程款项。该指标在评价体系中的权重为40%。以上两项都以60%的回款比例作为奖惩分界线。基本考核得分为60分。每追回1个百分点,考核得分提高2分;每少追回1个百分点,考核得分降低2分。

(2)本年应收账款评估。

本年应收账款评估包括本年应收账款余额及已完工未结算的工程款,其中已完工未结算的占主营业务收入的比例不超过20%。指标在考核体系中的权重为50%,以70%的回报率作为奖惩的分界线。基本考核得分为60分。每收回一个百分点,考核得分提高1分;每减少一个百分点,考核得分降低1分。可以单独考核的项目有PPP项目和BT项目两种类型,两个项目的主管部门需要完成相关的检查和清算工作,准确判断相关的债务关系。未及时完成相关清算工作的,从考核结果中扣10分,该项工作的考核基本分为10分。其他负责协助BT或PPP开展的部门,如已完成办理手续、执行预算等,得10分,视为已顺利完成项目任务。此外,如果同一PPP项目或BT项目跨年度完成,则形成历史年度和本年度的应收账款两个子项目,在计算项目总价值时以两分之合作为最终得分。

(3)应收账款日常管理评估。

前两项内容复杂,涉及面广,主要依据年度清算结果。本项目的日常管理考核以月度考核为主,每月进行一次月度清算,管理效果与当月工资挂钩,年度考核结果以当年月度考核结果的平均值为基础,考核结果对年终奖金及其他福利有一定影响。该指标在评价体系中的权重为10%。考察内容以应收账款台账的准确性、全面性、及时性及欠款客户提交还款计划的及时性有关。评价基本分为100分。账务记录不清或信息不全的,一次扣2分。对账及收款记录未及时提交,一次扣2分。未按时提交收款计划,或应收款项相关项目记录错误,一次扣3分。在其他情况下,将酌情扣减分数,直至扣完为止。

将以上三个考核环节的得分按不同的权重比例计算后相加,总得分即考核结果。以上评价体系将赊销、收款、业务发展、公司利益与企业员工的核心利益联系起来。根据各部门员工的工作进展和业绩,严格按照奖惩制度实施,机制的激励约束作用贯穿应收账款管理全程。激励与约束相结合的评价机制可以帮助企业员工树立良好的责任感,培养团队合作能力,提高应收账款管理质量。

4. 灵活选择应收账款催收方法

应收账款管理的一个重要目的就是通过科学有效的手段及时收回客户的债务,从而最大限度地维护企业资金链的正常运行。对此,建议建筑施工企业实行应收账款催收的终身责任制,即由同一个销售人员或团队负责收取同一笔款项,直至其全部收回。这种方式有利于加强员工的责任感,同时提高与对应客户企业的配合度,建立长期合作关系。企业在催收终身责任制度建立的基础上,按照债务的不同特点及期限、数额等来制订不同的催收政策。整体来讲,对于距离收款到期日超过一周的客户,公司可以通过电话联系的方式提醒客户及时核对公司提供的对账单,以方便该账户的结算。对于距离收款日不足一周的客户,市场开发部应根据财务资产部提供的欠款汇总信息与欠款客户取得联系,先了解未按时还款的原因,再通过电话、邮件等沟通方式进行协调。如果协调未果,再进行当面约谈或聘请第三方机构介入。具体方式如表3.5所示。

表3.5 应收账款催收改进建议

客户信用评级	欠款金额	逾期1个月内	逾期3个月内	逾期6个月内	逾期6个月以上
A级	大于1000万	电话通知、寄出催账单	要求提供还款计划表	严肃约谈还款事宜	委托第二方机构收款
B级	500万~1000万	电话通知、邮件催款	电话通知、寄出催账单	要求提供还款计划表	严肃约谈还款事宜
C级	小于500万	邮件提醒	电话沟通	电话通知、寄出催账单	要求提供还款计划表
C级	600万~1000万	电话通知、邮件催款	寄出催账单、要求提供还款计划表	严肃约谈还款事宜	委托第二方机构收款
C级	300万~600万	电话通知	电话通知、寄出催账单	要求提供还款计划表	严肃约谈还款事宜
D级	小于300万	邮件催款	寄出催账单	要求提供还款计划表	协商通过货物抵押支付款项
D级	300万~500万	电话沟通、邮件催收	寄出催账单	严肃约谈还款事宜	协商收回部分款项
D级	小于300万	电话沟通	寄出催账单	要求提供还款计划表	协商通过货物抵押支付款项

续表

客户信用评级	欠款金额	逾期1个月内	逾期3个月内	逾期6个月内	逾期6个月以上
E级	小于300万	电话沟通、邮件催收	寄出催账单	协商收回部分款项	余下款项通过货物抵押支付
F级	不予赊销资格	无	无	无	无

根据表3.5可知,企业针对客户的不同情况应该制订与其相匹配的催收政策。信用等级较高的客户,公司可选择较为柔和的回款政策。这样既有利于保持和客户的良好合作关系,又可以保证后期的项目回款。相较A、B等级的客户来讲,对C级客户的催收政策相对更为严格。如发生催收失败的情况,可以采用货物抵押的方式抵消一部分欠款降低企业损失。对一般信用等级为D、E级的客户,在严格控制赊销金额的基础上,采取更加积极的收款方式。考虑到这类客户的资产规模,公司可以采取分批还款的形式,剩余的资金可以以商品抵押的形式进行支付,这样既能保持良好的客户关系,又能保证企业的资金周转,黄金的流动性可以确保尽可能减少损失。但无论是何种信用评级客户,经过一系列科学合理的催收手段后仍难以收回债务,企业可以考虑通过专业的代收机构或法律渠道进行维权,从而最大限度地减少企业的损失。

3.1.4 存货管理

3.1.4.1 基本概念

存货是指企业在日常活动中持有以备出售的产成品或商品、处在生产过程中的在产品、在生产过程或提供劳务过程中耗用的材料和物料等,具体包括各类材料、在产品、半成品、产成品或库存商品以及包装物、低值易耗品、委托加工物资等。

一般情况下,企业的存货包括下列三种类型的有形资产:第一种是在正常经营过程中生产入库以备销售的存货。这是指企业在正常的过程中处于待销状态的各种产品,如工业企业的产成品及商品流通企业采购的库存商品。第二种是处于生产过程中的、并以最终销售为目的的半成品存货。这是指以销售为目的,但目前处于生产加工过程,尚未完工的各种物品,如在产品、半成品等。第三种是以生产供销售的商品或提供服务为目的采购的存货材料。这是指企业为生产产品或提供劳务消耗而储备的各种原材料、燃料、包装物、低值易耗品等。

1. 建筑施工企业存货概念及特征

建筑施工企业存货，是指建筑施工企业在日常经管理营过程中持有的、为满足工程项目建设需要而采购的材料、物资以及未完工的工程项目等，具体包括原材料、低值易耗品、周转材料以及未完工程施工等。

建筑施工企业承揽的工程项目具有生产施工地点流动性大、线路长以及室外作业等特点，综合建筑施工企业的经营实际，建筑施工企业的存货特征主要包括以下内容。

(1) 建筑施工企业存货是一种有形资产，看得见、摸得着，这一点有别于无形资产。

(2) 建筑施工企业存货的流动性较差。在建筑施工企业中，存货经常处于不断采购、耗用或重置中，不易周转调用，相对其他行业的存货流动性较差。

(3) 建筑施工企业存货具有时效性和发生潜在损失的可能性。在正常的经营活动中，存货可以有规律地转换为货币资产或其他资产，但长期不能耗用的存货有可能变为积压物资或损毁，从而变成企业的损失。

(4) 建筑施工企业存货占用资金比重较大。根据建筑施工企业的行业特点，一般材料费占工程项目比重的60%～70%。

2. 建筑施工企业存货类别

存货的构成内容很多，且各有特点，在不同的企业中，对存货的管理要求不同。为了便于提高存货的核算和管理水平，应对存货进行科学合理的分类。根据建筑施工企业行业的特点，建筑施工企业存货分类如下。

(1) 库存材料。库存材料是指企业因施工生产的需要购入的各种材料物资，包括主要材料、结构件、机械配件、其他材料等。这部分存货构成了工程实体或产品实体的大部分。

(2) 周转材料。周转材料是指企业在施工生产过程中能够多次周转使用，在使用过程中能够基本保持原有的实物形态，其价值逐渐转移的工具性材料，包括模板、挡板、安全网等。

(3) 低值易耗品。低值易耗品是指企业购入的单位价值较低、容易损坏、不能长期使用、不能作为固定资产核算的各种器具及物品等劳动所需材料。如按照用途划分有专用工具、通用工具、管理用具、替换件等；按照性质划分有木器类、电器类、铁器五金、玻璃器皿类、非机动车等。

(4)委托加工物资。委托加工物资是指企业因技术和经济原因不能在市场直接购入,而需委托外单位代为特殊加工的各种物资,如工程模板、铸件等。

(5)在建施工产品。在建施工产品是指已经开始施工生产,但月末全部工序和工作内容尚未按照预算定额规定完成的工程。

(6)施工产品。施工产品是指企业已经完成预算定额规定的全部工序并验收合格,可以按照合同规定的条件移交建设单位或发包单位的工程。

3.1.4.2 存货管理对建筑施工企业的影响分析

加强建筑施工企业的存货管理,可以避免存货过多造成资金使用效率低下,以及缺货所带来的威胁。存货作为建筑施工企业一项重要的流动资产,一般情况下占资产总额的30%左右,其管控情况直接关系到企业的资金运作水平以及经营效益。

由于建筑施工企业施工过程涉及的专业较多,需要使用的原材料、周转材料种类多,数量大,以及随着工程的进度还会出现已完工未结算款项等存货。在建筑施工企业财务管理中,流动资产的管理占有重要的地位,与企业的施工生产关系密切。作为建筑施工企业,必须重视对存货采用科学的方法进行管理。存货管理将直接影响企业及所属项目的经营状况。

1. 存货管理的积极影响

建筑施工企业及所属项目存货管理得好,对企业及所属项目经营状况的影响主要表现在以下几个方面。

(1)避免存货过多造成资金的积压。有效的企业存货管理能够合理控制库存量,有效调控企业存货的入库、出库,进而可以降低存货积压带来的资金流转不畅的风险,提高资金的使用效率,同时,可以买方市场优势,合理利用合同手段,延长支付周期,有效节约资金,降低资金使用成本。

(2)避免缺货对施工企业施工进度的影响。建筑施工企业良好的存货管理、合理的存货量可以有效降低施工项目因存货短缺带来的停工风险,保证施工进度,特别是在施工高峰期,可以有效保证工程项目的工期。

(3)避免市场价格波动带来的企业施工成本的增加。建筑施工企业良好的存货管理,合理的存货量控制,能够在一定阶段,特别是施工旺季,降低因某类存货市场价格上涨带来施工成本增加的风险,能够保证存货成本的稳定。

2. 存货管理的消极影响

建筑施工企业及所属项目存货管理不善,对企业及所属项目经营状况的影响主要表现在以下几个方面。

(1)存货管控不当,容易造成存货的积压,导致占用企业大量的资金,导致资金流转不畅,引起企业资金紧张,增加企业的资金成本,降低使用效率。

(2)存货的管理不规范,将导致企业的存储成本和运输成本等管理成本的增加。

(3)存货的管理不当,会增加企业的运营管理风险,不利于企业经营持续健康的发展。

市场是根据供求关系而波动的,企业持有的库存既可能规避市场波动带来的风险,也可能增加企业的风险,更为重要的是如何有效规避企业由于存货管理带来的风险。建筑施工企业存货管理水平关系到我国企业在市场竞争中的主体地位和生存能力,对我国建筑施工企业持续的经营发展具有十分重要的意义,特别对大型上市建筑施工企业影响巨大。

3.1.4.3 存货管理的内部控制

内部控制是指企业以保证业务活动的有效进行,保护资产的安全和完整,防止、发现、纠正错误与舞弊,保证会计资料的真实、合法、完整为目的而制订程序和实施措施。

存货内部控制,是企业为控制好存货,根据存货供、产、销与收、发、存等环节的特点,事先制订的一套合理的相互牵制的内部管控制度。存货内部控制是企业内部控制体系中的重点环节。企业开展存货内部控制有利于保障存货资产的安全完整,有利于加速存货资金的周转、提高存货资金的使用效益。

存货相关的内部控制涉及企业供、产、销各个环节,包括采购、验收入库、仓储、加工、运输等方面,具体而言包括以下内容。

(1)采购环节内部控制。所有交易都已获得了适当授权与批准是采购环节内部控制的总体目标。基本的内部控制措施之一是使用预先连续编号的订货单,事先确定并获得批准的采购价格。此外,应当定期进行清点订货单。

(2)验收环节内部控制。所有收到的货物都已得到记录是与存货验收相关的内部控制的总体目标。验收单的使用是基本的内部控制措施之一。企业应该设置独立的部门负责验收货物,该部门具有验收存货实物、确定存货数量、编制验收单、将验收单传送至会计部门以及运送货物至仓库等一系列职能。同时确保与存货实物的接触必须得到管理层的指示和批准。单位应当采取实物控制措施,使用适当的存储设施,以使存货免受意外损毁、盗窃或破坏。

(3)领用环节的内部控制。所有存货的领用均应得到批准和记录是与领用相关的内部控制的总体目标。使用领用单是一项基本的内部控制措施,同时应该定期清点存货领用单。

(4)加工或生产环节内部控制。对所有的生产过程做出适当的记录是与加工或生产环节相关的内部控制的总体目标。使用生产报告单是一项基本控制措施,对于产品质量缺陷和零部件使用及报废情况应当及时在生产报告单中做出说明。

(5)装运出库环节的内部控制。所有的装运都被记录是与装运出库相关的内部控制的总体目标。使用装运单是一项基本的内部控制措施。装运单应当预先编号,定期进行清点,并作为日后开具收款单的依据。

(6)存货数量的盘存制度。实地盘存制和永续盘存制是存货数量盘存的两种制度。采用的盘存制度不同,对存货数量的控制影响程度也不同。即使采用永续盘存制,也应定期对存货进行实地盘点。存货实地盘点相关内部控制制度通常包括以下内容:盘点计划的制订,盘点程序的确定,监督人员的选配,存货独立的内部验证制度,将实地盘点结果与永续存货记录进行独立的调节,充分控制盘点表和盘点标签。

3.1.4.4 存货管理的风险管理

现代企业管理制度越来越健全,存货管理作为现代企业管理不可或缺的部分,是企业内部控制的重要环节。加强存货管理的风险控制既是保证企业生产经营正常进行的物质基础,又是维护流动资产安全,保证财务收支合法可靠、会计信息真实完整的一种内部自我制约和监督的控制系统。

1. 存货管理中存在的一般风险

企业任何资产的管控都存在风险。存货作为企业重要的流动资产,在企业经营管理过程中,一般出现的风险大致可分为存货日常管理中的风险和存货决策风险。

(1)存货日常管理中的风险。

①存货的入、出库及结存记录不真实。首先,由于原始单据内容填写不准确、不完整,导致会计核算不准确,日后核查困难。有时因生产任务紧,不经审批,材料直接出库领用,造成材料领用审批制度不能有效执行。其次,由于存

货账面的结存数量不真实,且未能及时调整,没有进行定期的盘点,引起存货积压闲置,占用大量资金,导致仓储成本的增加;或材料供应短缺,打乱企业正常的生产经营秩序。另外,由于领用制度没有严格制订,各部门领用存货耗用计划没有统一制订,更没有限额控制,造成账实严重不符,影响对生产成本的管控。

②存货内部控制制度不健全。企业没有建立健全的存货管理制度,规章制度没有达到对相关业务人员和相关环节的管控,以致物资管理秩序混乱、核算不实而造成会计信息失真。例如:企业对实物存货管控的缺失,在日常管理中既没有制订规范的存货管理规则,也没有制订相应的存货盘点制度,岗位职责不清,只注重存货的购买环节控制,而忽视存货的日常保管、领用出库及报废等环节的控制,造成企业资产的浪费和流失。

(2)存货决策风险。

存货管理中合理的存货和存货结构二者缺一不可,还要根据企业的实际情况,研究如何将存货的数量控制在最优水平范围内,即存货决策。存货决策风险就是不能合理控制存货的最优数量:一方面可能夸大企业正常的存货需求量,盲目进货造成库存较高;另一方面不能合理预测企业未来对存货的需求量,不能及时补充,造成存货短缺。存货过多,造成存货积压的同时,容易导致存货过时、毁损、仓储成本增高;存货过少,则可能因缺货而影响正常生产,在物价持续上涨的情况下,则可能造成企业生产成本增加。这就要求企业必须重视存货的管理,及时发现存货管理中存在的不足与缺陷,及时予以克服。

2. 存货管理风险的应对措施

(1)建立健全内部控制制度。结合企业的生产经营特点,完善存货内部控制制度体系,制订严格规范的存货采购、消耗、领用环节的管控措施,明确岗位职责,不相容岗位相互分离,发挥存货内部控制制度的相互牵制作用。企业应采用现代化的内部控制管理方法,扩大存货内部控制的应用范围。同时,企业还应选取一套合适的控制软件,建立信息化管理系统,实现存货采购、入库、出库、保管等各方面数据的共享,并根据各部门的岗位角色性质设定相应的使用权限,为各部门根据自己的需要及时查阅信息提供方便。

(2)库存管理流程的科学设置。企业存货管理水平能够反映企业的生产经营状况以及流动资金使用情况,能够直接或间接影响企业的财务状况和经营成果。企业应根据自身情况建立科学的存货管理流程,并不断完善。科学的管理

流程,如加强对存货各个业务环节的控制和监督,明确职责分工,落实管理责任,对存货内部控制的执行情况进行定期或不定期的检查,以防止差错和舞弊行为的发生。对存货采购、保管、记账应由多个部门进行分工协作,部门之间互相监督。建立完整的台账体系,健全内部稽核制度,制订定期盘点制度,并且在每年度终了时进行一次存货的全面盘点,以能够准确地记录存货的入库、发出、结存等情况。

(3)订立科学合理的采购计划、控制库存量。制订科学合理的采购计划、控制最优库存量是规避存货决策风险的重要手段。首先,为了保证企业持续生产经营的需求,原材料应有合理的存储量;其次,为降低存货对资金的占用,提高资金的使用效率的需要,企业应该确定合理的最低库存量。因此,订立科学合理的采购计划、确定合理的库存量对企业的经营生产是非常重要的。

(4)加强仓库的控制作用。仓库不但具备仓储功能,还具有以下更重要的功能:第一,它可以直观及时提供库存状况,企业可以获得准确的物资信息;第二,科学的仓库管理还应有监督检查的功能,以反映各部门生产成本的真实性;第三,对呆滞状态的物料和废料进行合理地管理。

(5)加强仓库管理人员的业务培训。仓库管理人员应具备与所在岗位相关的专业知识与技能,公正客观,遵章守纪。企业应定期组织相关管理人员进行不同层面的培训,包括存货管理相关理论、法律规章及实务方面的培训,不断提高管理人员的业务素质和实务技能。

3.1.4.5 存货管理的全面管理

企业要持续经营发展,必须适应市场经济的发展,要实现从粗放型的管理向集约化、精细化管理方式的转变,必须建立现代企业人力资源管理制度,选拔或任用思想品德好、能为企业尽职尽责服务、具备专业技能、工作经验丰富的管理人员担任采购、出入库、财务管理等关键岗位的工作;对管理人员加强业务培训,不断提高综合管理素质,用制度约束人、管理人、激励人,要选好人、用好人,充分调动发挥管理人员的积极性。

改善存货管理不但需要企业经营管理层改变经营管理理念、重视存货的管控,还应该让公司的仓库、采购、生产、财务等各个职能部门均参与存货的管理中,共享相关存货管理信息,通过整合内部资源来提高存货管理的水平。在管理整合的过程中,公司应当给每一个员工灌输存货全面管理的理念,强调存货管理的全员参与,为存货的管理创造良好、和谐的氛围。

3.2 固定资产管理

3.2.1 固定资产的性质

3.2.1.1 固定资产的定义

固定资产是指为生产商品提供劳务出租或经营管理而持有的使用寿命超过一个会计年度的有形资产。固定资产的常见形式包括企业的房屋建筑物、机器设备、运输设备、大型的工具器具和管理工具等。

固定资产具有以下3个特征。

(1)持有目的是使用,而不是直接出售。固定资产属于企业的劳动工具或手段,持有的是供企业生产商品、提供劳务、出租或经营管理而使用的资产。其中"出租"的固定资产,是指企业以经营租赁方式出租的机器设备类固定资产。固定资产不同于为生产耗用或供出售的存货等流动资产,也不同于投资性房地产。

(2)使用寿命超过一个会计年度。固定资产提供服务的期限通常超过一个经营周期,从而意味着固定资产属于长期资产,具有耐用性。固定资产的使用寿命并非无终结年限,固定资产随着使用与磨损,最终会废弃或重置,而且,在其提供服务期间,需要通过折旧方式反映其逐渐磨损减少的价值。

(3)固定资产是有形资产。固定资产具有实物形态,这一特征将固定资产与无形资产区分开。无形资产可能同时具有固定资产的其他特征,但是,正是由于无形资产不具有实物形态,因此有别于有形资产。

3.2.1.2 固定资产的分类

建筑施工企业的固定资产种类繁多,规格不一。企业为加强对固定资产的管理,有必要对固定资产进行合理的分类。根据企业不同的管理需要和不同的分类标准,可以对固定资产进行以下的分类。

(1)固定资产按照经济用途划分,可分为生产经营用固定资产和非生产经营用固定资产。生产经营用固定资产是指直接为企业生产、经营活动服务的各类固定资产,如企业生产经营用的房屋、建筑物、机器、设备、工器具等。非生产经营用固定资产是指不直接为企业生产、经营活动服务的，但是可以为企业的正常生产经营活动提供帮助的各类固定资产，如职工宿舍、食堂、浴池、医院、疗养院等房屋、设备和其他固定资产等。

(2)固定资产按照使用情况划分，可分为使用中固定资产、未使用固定资产和不需用固定资产。使用中固定资产是指企业正在使用中的生产经营用和非生产经营用的固定资产。企业因为季节性经营或大修理等，暂时停止使用的固定资产仍属于企业使用中的固定资产；企业出租(指经营性租赁)给其他单位或部门使用的固定资产和内部替换使用的固定资产也属于使用中的固定资产。未使用固定资产是指已完工或已购建的但尚未交付使用的新增固定资产或者因进行改建、扩建等暂停使用的固定资产，如企业购建的尚待安装的固定资产、经营任务变更停止使用的固定资产等。不需用固定资产是指对于企业多余或者不适合使用，需要调配处理的固定资产。

(3)固定资产按照所有权划分，可分为自有固定资产和租入固定资产。自有固定资产是指企业拥有的可供企业自由地支配使用的固定资产，即企业拥有所有权的固定资产。租入固定资产是指企业采用租赁方式从其他单位租入的固定资产，即企业没有所有权，只有使用权的固定资产。企业对租入的固定资产依照租赁合同拥有使用权，同时负有支付租金的义务，但资产的所有权属于出租单位。租入固定资产可分为经营性租入固定资产和融资租入固定资产。

(4)固定资产按照经济用途和使用情况等方面划分，可把企业的固定资产分以下为七大类：生产经营用固定资产；非生产经营用固定资产；租出固定资产(租出固定资产是指在经营租赁方式下出租给外单位使用的固定资产)；不需用固定资产；未使用固定资产；土地(该处的土地是指过去已经估价单独入账的土地)；融资租入固定资产(融资租入固定资产是指企业以融资租赁方式租入的固定资产)。

3.2.2 固定资产折旧计提

3.2.2.1 固定资产折旧的概念

折旧是指在固定资产的使用寿命内，按照确定的方法对应计折旧额进行的系统分摊。应计折旧额是指应当计提折旧的固定资产的原价扣除其预计净残值后的余额。

折旧概念的产生是企业由收付实现制向权责发生制转变的重要标志，其概念基础是权责发生制以及体现这一制度要求的配比原则。按照配比原则,固定资产的成本不仅仅是为取得当期收入而发生的耗费,也是为取得后续期间各项收入而发生的耗费,即固定资产的成本是在固定资产有效使用期内为取得收入而发生的耗费。为确定其合理的补偿,企业的固定资产应在经济寿命期内依照磨损程度系统转移其价值。这部分逐渐转移的价值以累计折旧的形式计入费用成本,并与企业的收入相互配合。

3.2.2.2 影响固定资产折旧的因素

影响折旧的因素主要有以下三个。一是固定资产的原值,即取得固定资产的初始成本,它是企业确定固定资产计提折旧额的基础。二是固定资产的净残值,是指假定固定资产预计使用寿命已满并处于使用寿命终了时的预期状态,企业目前从该项资产处置中获得的扣除预计处置费用以后的金额。由于在计算折旧时,对固定资产的残余价值和清理费用是人为估计的,所以净残值的确定有一定的主观性。在我国,为避免人为的干扰,国家对各类固定资产预计净残值率的上下限作了统一规定,各行业企业应在其相应范围内确定适用的固定资产预计残值率。三是固定资产的使用寿命,是指企业使用固定资产的预计期间,或者该固定资产所能生产产品或提供劳务的数量。固定资产使用寿命的长短直接影响各期应计提的折旧额。在确定固定资产使用寿命时,主要应当考虑下列因素:该项资产预计生产能力或实物产量;该项资产预计有形损耗,有形损耗是指固定资产由于使用和自然力的影响而引起的使用价值和价值的损失,如设备使用中发生磨损、房屋建筑物受到自然侵蚀等;该项资产预计无形损耗,无形损耗是指由于科技进步等而引起的固定资产价值的损失,如因新科技的出现而使现有的资产技术水平相对陈旧、市场需求变化使产品过时等;法律或者类似规定对该项资产使用的限制。

3.2.2.3 固定资产折旧的范围

1. 固定资产折旧的空间范围

按照规定,除以下情况外,企业应对所有固定资产计提折旧:已提足折旧仍继续使用的固定资产;按规定单独估价作为固定资产入账的土地。

在确定固定资产折旧的空间范围时,应注意以下事项。①已达到预定可使用状态的固定资产,无论是否交付使用,尚未办理竣工决算的,应当按照估计价值确定其成本,并计提折旧;待办理竣工决算后,再按照实际成本调整原来的暂估价值,但不需要调整原已计提的折旧额。②融资租入的固定资产,应采用与应计提折旧的自有固定资产相一致的折旧政策。③处于更新改造过程而停止使用的固定资产,应将其账面价值转入在建工程,不再计提折旧。更新改造项目达到预定可使用状态转为固定资产后,再按照重新确定的折旧方法和该项固定资产尚可使用寿命计提折旧。④因进行大修理而停用的固定资产,应当照提折旧,计提的折旧额应计入相关资产成本或当期损益。⑤企业对未使用的固定资产也应计提折旧,计提的折旧计入当期管理费用。

2. 固定资产折旧的时间范围

当月增加的固定资产,当月不计提折旧,从下月起计提折旧;当月减少的固定资产,当月仍计提折旧,从下月起停止计提折旧。固定资产提足折旧后,不管能否继续使用,均不再提取折旧;提前报废的固定资产,也不再补提折旧。

3.2.2.4　固定资产折旧的方法

企业应当根据固定资产所含经济利益的预期实现方式,合理选择固定资产折旧方法。可供选择的折旧方法主要包括年限平均法、工作量法、双倍余额递减法和年数总和法等。固定资产的折旧方法一经确定,不得随意变更。如需变更,应按照规定程序经批准后报送有关各方备案,并在会计报表附注中予以说明,固定资产应当按月计提折。

1. 年限平均法

年限平均法又称直线法,是指将固定资产的应计折旧额均衡地分摊到固定资产预计使用寿命内的一种方法。采用这种方法计算的每期折旧额均相等。计算公式见式(3.14)~式(3.19)。

年折旧额＝(固定资产原值减预计净残值)/预计使用寿命(年)　(3.14)

或:

年折旧额＝[固定资产原值－(预计残值收入-预计清理费用)]/预计使用寿命(年)

(3.15)

或:

年折旧额＝固定资产原值×(1－预计净残值率)/预计使用寿命(年)

(3.16)

年折旧率＝(1－预计净残值率)/预计使用寿命(年)×100%　(3.17)

月折旧率＝年折旧率/12　(3.18)

$$月折旧额 = 固定资产原值 \times 月折旧率 \quad (3.19)$$

【例 3.5】 2014 年 1 月，N 建筑工程公司购入一辆吊车，原价 32 万元，预计净残值 2 万元，预计使用年限 5 年，采用年限平均法计提折旧，即

$$每年折旧额 = (320000 - 20000)/5 = 60000(元)$$

2. 工作量法

工作量法是指根据固定资产在使用期间预计完成的工作总量，平均计算固定资产折旧的一种方法。这种方法应当按照固定资产的实际工作量计算每期应提折旧额。计算公式见式(3.20)～式(3.22)。

$$单位工作量折旧额 = (固定资产原值 - 预计净残值)/预计总工作量 \quad (3.20)$$

或：

$$单位工作量折旧额 = 固定资产原值 \times (1 - 预计净残值率)/预计总工作量 \quad (3.21)$$

$$某项固定资产月折旧额 = 该项固定资产当月实际完成工作量 \times 单位工作量折旧额 \quad (3.22)$$

【例 3.6】 2014 年 1 月，N 建筑工程公司购入一辆汽车，原价 16 万元，预计净残值 1 万元，预计行驶 30 万 km，采用工作量法计提折旧。2014 年 12 月行驶了 0.2 万 km，则 2014 年该辆汽车应计提折旧额如下：

$$2014 年 12 月该辆汽车应计提折旧额 = (160\,000 - 10\,000)/3000\,000 \times 2\,000 = 1\,000(元)$$

除了以上两种传统折旧方法，施工企业对于那些技术进步较快或使用寿命受工作环境影响较大的建筑机械和运输设备，在经财政部门批准后，可采用双倍余额递减折旧法和年数总和折旧法来计提固定资产折旧。双倍余额递减折旧法和年数总和折旧法均属于加速折旧法。

3. 双倍余额递减法

双倍余额递减法是指根据固定资产每期期初账面净值和两倍的直线法折旧率，计算固定资产折旧的一种方法。其计算公式见式(3.23)、式(3.24)。

$$年折旧率(双倍直线折旧率) = 2/预计使用寿命(年) \times 100\% \quad (3.23)$$

$$年折旧额 = 年初固定资产账面净值 \times 双倍直线折旧率 \quad (3.24)$$

按现行财务制度的规定，采用双倍余额递减折旧法计算折旧的固定资产，在其预计使用年限到期前两年应转换成直线法，即在固定资产使用寿命的最后两

年应将固定资产净值扣除预计净残值后的净额予以平均摊销。

【例3.7】 N建筑工程公司某项施工设备原值12万元,预计使用寿命5年,预计净残值率为4%。N公司按双倍余额递减法计提折旧,每年折旧额计算如下:

年折价率=2/5×100%=40%
第一年应计提的折旧额=120 000×40%=48 000(元)
第二年应计提的折旧额=(120000-48000)×40%=28800(元)
第三年应计提的折旧额=(120000-48000-28800)×40%=17280(元)
第四年起改为直线法,第四、第五年应计提的折旧额均为:
[(120000-48000-28800-17280)-(120 000×4%)]/2=[25920-4800]/2
=10560(元)

N公司每年折旧额列示如表3.6所示。

表3.6 固定资产折旧计算表(单位:元)

年份	年初账面净值	折价率/%	各年折旧	累计折旧	期末账面净值
1	120000	40	48000	48000	72000
2	72000	40	28800	76800	43200
3	43200	40	17280	94080	25920
4	25920	—	10560	104640	15360
5	15360	—	10560	115200	48000

4. 年数总和法

年数总和法亦称折旧年限积数法或级数递减法,是指以固定资产的原值减去预计净残值后的净值为基数,以一个逐年递减的分数为折价率,计算固定资产折旧的一种方法。采用年数总和法计算固定资产折旧时的折旧率和折旧额,按照式(3.25)~式(3.27)计算:

年折旧率=尚可使用年限/预计使用寿命的年数总和×100%　(3.25)
月折旧率=年折旧率/12　(3.26)
月折旧额=(固定资产原值-预计净残值)×月折旧率　(3.27)

【例3.8】 仍沿用例3.7的资料,若采用年数总和折旧法计提折旧,则N公司每年折旧额列示如表3.7所示。

表 3.7　固定资产折旧计算表(单位:元)

年份	原值－净残值	年折价率	各年折旧	累计折旧	期末账面净值
1	115200	5/15	38400	38400	81600
2	115200	4/15	30720	69120	50880
3	115200	3/15	23040	92160	27840
4	115200	2/15	15360	107520	12480
5	115200	1/15	7680	115200	4800

双倍余额递减折旧法和年数总和折旧法都属于递减折旧法,采用这两种折旧方法主要是考虑到固定资产在使用过程中,一方面它的效率或收益能力逐年下降,另一方面它的修理费用会逐年增加。为了均衡固定资产在折旧年限内各年的使用费,固定资产在早期所提的折旧额应大于后期所提的折旧额。加快固定资产折旧速度,可以使固定资产价值在预计的耐用年限内较快得到补偿,并且较符合谨慎性原则。

综上所述,企业应当根据固定资产的性质和使用情况,合理确定固定资产的使用寿命和预计净残值,并根据科技发展、环境及其他因素,选择合理的固定资产折旧方法。

企业至少应当于每年年度终了对固定资产的使用寿命、预计净残值和折旧方法进行复核。使用寿命预计数与原先估计数有差异的,应当调整固定资产使用寿命。预计净残值预计数与原先估计数有差异的,应当调整预计净残值。与固定资产有关的经济利益预期实现方式有重大改变的,应当改变固定资产折旧方法。固定资产使用寿命、预计净残值和折旧方法的改变应当作为会计估计变更。

3.2.2.5　固定资产折旧的会计处理

固定资产折旧的核算应设置"累计折旧"账户,该账户属于固定资产账户的备抵调整账户,该账户的贷方登记提取的折旧额;借方登记随固定资产转出或处置而转销的折旧额;期末余额在贷方,反映企业已提取的固定资产折旧累计数。该账户只进行总分类核算,不进行明细分类核算。

施工企业固定资产折旧应按照使用的部门及用途计入相关的成本或者当期损益。诸如,施工部门所使用的固定资产计提的折旧,应列计工程成本,记入"机械作业"或"工程施工(间接费用)"账户;管理部门所使用的固定资产计提的折旧,应列计期间费用,记入"管理费用"账户;工业生产或辅助生产部门所使用的固定资产计提的折旧,应列计相关产品成本或劳务成本,记入"制造费用"等账户;专设销售机构所使用的固定资产计提的折旧,应列计期间费用,记入"销售费用"账户;经营租出固定资产计提的折旧应列计附属业务成本,记入"其他业务成本"账户;自行建造固定资产过程中所使用的固定资产计提的折旧,应列计工程成本,记入"在建工程"账户等。

【例 3.9】 N 建筑工程公司 2010 年 7 月计提本月固定资产折旧情况如下。总公司的房屋及办公设备计提折旧 45 800 元;施工部门的办公设备计提折旧 500 元,机械设备计提折旧 38 000 元;附属业务经营部门的办公设备计提折旧 1 000 元,应编制会计分录如下:

借:管理费用　　　　　　　　　　　　　　　　　　　45 800
　　工程施工(间接费用)　　　　　　　　　　　　　　　500
　　机械作业　　　　　　　　　　　　　　　　　　　38 000
　　其他业务成本　　　　　　　　　　　　　　　　　1 000
贷:累计折旧　　　　　　　　　　　　　　　　　　　85 300

3.2.3　固定资产投资管理

3.2.3.1　固定资产投资概述

1. 固定资产投资的分类

(1)根据固定资产投资在生产过程中的作用划分,可分为新建企业投资、简单再生产投资和扩大再生产投资。新建企业投资是指为一个新企业建立生产、经营、生活条件所进行的投资。简单再生产投资是指为了更新生产经营中已经老化的物质资源和人力资源所进行的投资。扩大再生产投资是指为扩大企业现有的生产经营规模所进行的投资。

(2)根据固定资产对企业施工生产的影响进行划分,可分为战术性投资和战略性投资两大类。战术性投资是指不牵涉整个企业前途的投资。战略性投资是指对企业全局有重大影响的投资。

(3)根据固定资产投资项目之间的关系进行划分,分为相关性投资和非相关性投资两大类。如果采纳或放弃某一项目并不显著地影响另一项目,可以说这两个项目在经济上是不相关的。如果采纳或放弃某个投资项目,可以显著地影响另外一个投资项目,可以说这两个项目在经济上是相关的。

(4)根据增加利润的途径进行划分,可分为扩大收入投资与降低成本投资两类。扩大收入投资是指通过扩大企业生产经营规模,以便增加利润的投资。降低成本投资则是指通过降低营业支出,以便增加利润的投资。

(5)根据决策的分析思路来划分,可分为采纳与否投资和互斥选择投资。采纳与否投资决策是指决定是否投资于某一项目的决策。在两个或两个以上的项目中,只能选择其中之一的决策,称为互斥选择投资决策。

2. 固定资产投资的特点

固定资产投资的特点主要从以下五个方面来说明。

(1)固定资产的回收时间较长。固定资产投资决策一旦做出,就会在较长时间内给建筑施工企业带来影响。一般而言,企业对固定资产投资都需要几年甚至十几年才能收回其初始投资。

(2)固定资产投资的变现能力较差。一般来说,建筑施工企业固定资产投资的实物形态主要是厂房和机器设备等固定资产。而这些资产一般不易改变用途,出售困难,所以其变现能力相对较差。

(3)固定资产投资的资金占用数量相对稳定。企业固定资产投资一旦完成,在资金占用数量上便保持相对稳定,而不像流动资产投资那样经常出现变动。

(4)固定资产投资的实物形态与价值形态可以分离。企业固定资产投资完成,投入使用以后,随着使用过程中固定资产的磨损,固定资产价值便会有一部分脱离其实物形态,转化为货币准备金,而其余部分仍存在于实物形态中。在固定资产的使用年限内,保留在固定资产实物形态上的价值逐年减少,而脱离实物形态转化为货币准备金的价值却逐年增加。直到固定资产报废,其价值才全部得到补偿,实物也才能得到更新。

(5)固定资产投资的次数相对较少。与流动资产相比,企业对固定资产的投资一般较少发生,特别是大规模的固定资产投资,一般要几年甚至十几年才发生一次。

3. 固定资产投资管理的程序

通过以上对固定资产特点的分析,明确了这些特点决定了建筑施工企业固定资产投资具有相当大的风险,一旦决策失误,就会严重影响企业的财务状况和现金流量,甚至还可能会使企业破产。因此,企业在对固定资产进行投资时,不能在缺乏调查研究的情况下轻率地做出决策,而必须按照特定的程序,运用科学的方法进行可行性分析,这样才能保证决策的正确有效。企业固定资产投资决策的程序一般包括如下几个步骤。

(1)投资项目的提出。企业的相关管理者都可以根据掌握的情况,向企业提出新的投资项目。

(2)投资项目的评价。企业根据提出的投资项目方案需要进行进一步的评价。对固定资产投资项目的评价主要涉及如下几项工作:一是把提出的投资项目进行分类,为分析评价做好准备;二是计算有关项目的预计收入和成本,预测投资项目的现金流量;三是运用各种投资评价指标,把各项投资按可行性的顺序进行排序;四是编写评价报告,请示上级批准。

(3)投资项目的决策。对固定资产投资项目进行评价后,企业的决策者要根据结论做出最后决策。最后决策一般可分成以下三种:一是接受这个项目,可以进行投资;二是拒绝这个项目,不能进行投资;三是发还给项目的提出部门,重新调查后,再做处理。

(4)投资项目的执行。企业决定对某个投资项目进行投资后,就要积极筹措资金,实施投资行动。在投资项目的执行过程中,还要对投资的工程进度、工程质量、施工成本进行控制,以便使固定资产投资按预算规定保质如期完成。

(5)投资项目的再评价。在固定资产投资项目的执行过程中,企业还应该随时分析判断原来选择的决策方案是否合理、可行,及时发现存在的问题,加以纠正。

3.2.3.2 固定资产投资的现金流量

1. 现金流量的构成

固定资产投资决策中所说的现金流量是指与固定资产投资决策有关的现金流入和现金流出的数量。这是建筑施工企业评价投资方案是否可行时必须事先计算的一个基础性指标。要想计算这些指标首先要明确这些指标涉及的内容。

(1)初始现金流量。初始现金流量是指固定资产投资开始时发生的现金流量,一般由以下几个部分构成。①固定资产投资:主要包括企业对固定资产的购入或建造成本、运输成本和安装成本等的费用支出。②流动资产投资:主要包括企业对原材料、在产品、产成品、办公用品和现金等流动资产的投资。③其他投资费用:主要指与固定资产投资有关的职工培训费、谈判费、注册费用等。④原有固定资产的变价收入:这主要是指企业在对固定资产进行更新过程中对原有固定资产的变卖所得的现金收入。

(2)营业现金流量。营业现金流量是指企业的固定资产投资项目建成投入使用后,项目在其寿命周期内进行生产经营所带来的现金流入和流出的数量。对于这种现金流量,企业一般以年为单位进行计算。这里所说的现金流入一般是指企业的营业现金收入,现金流出一般是指企业的营业现金支出和按照《中华人民共和国税法》的有关要求缴纳的税金。如果一个企业的投资项目每年的销售收入等于营业现金收入,付现成本(指不包括折旧的成本)等于营业现金支出,那么,该企业的年营业现金净流量可用式(3.28)、式(3.29)计算。

$$每年净现金流量(NCF)=每年营业收入-付现成本-所得税 \quad (3.28)$$

或者:

$$每年净现金流量(NCF)=净利+折旧 \quad (3.29)$$

(3)结束现金流量。结束现金流量是指企业投资项目完结时所发生的现金流量,主要包括处置固定资产的残值收入或变价收入;投资项目的初始阶段垫支在各种流动资产上的资金的收回;停止使用的土地的变价收入等几部分内容。

2. 现金流量的计算

建筑施工企业为了正确地评价投资项目的优劣,必须准确地计算出投资项目的现金流量。在投资项目现金流量的计算中,为了简化计算步骤,一般都假定企业的各年投资在年初一次进行,各年营业现金流量则看作各年年末一次发生,把终结现金流量看作投资结束的最后一年年末发生。

计算确定投资项目现金流量的基本原则:只有增量现金流量才是与项目相关的现金流量。计算时具体注意的问题如下。

首先,充分考虑项目投资的机会成本。企业在对在投资方案进行选择时,如果选择了一个投资方案,则必须放弃投资于其他方案的机会。而其他项目投资机会可能取得的收益就是实行本投资方案的一种代价,通常这就是这项投资方案的机会成本,企业要对机会成本加以重视。在这里,机会成本不是我们通常意义上的"成本",它不是一种支出或费用,而是企业失去收益的可能性。机会成本的具体金额总是针对具体方案的,离开被放弃的方案就无从计量确定。

其次,区分项目投资的相关成本和非相关成本。项目投资的相关成本是指与特定决策有关的、在分析评价时必须加以考虑的成本费用。例如,投资带来的差额成本、未来成本、重置成本、机会成本等均属于投资决策的相关成本。而对于对投资决策不产生影响的非相关成本企业就可以不进行过多的考虑。

再次,充分考虑项目投资对企业其他各个部门的影响。因为一个投资项目在投资建设过程中要得到各方面的配合,同时项目建成投入使用后也要兼顾各方面的利益。

最后,分析对企业净营运资金的影响。净营运资金,是指企业对项目进行投资过程中增加的流动资产与增加的流动负债之间的差额。

3. 投资决策中使用现金流量的原因

在确定项目投资决策的过程中,企业之所以要以按收付实现制计算的现金流量作为评价项目经济效益的基础,归结起来主要包括以下两方面原因。

第一,采用现金流量有利于科学地考虑时间价值因素。科学的项目投资决策必须将考虑资金时间价值的问题放在首要的位置,因为资金时间价值是财务管理问题的基础。这就要求建筑施工企业在决策时一定要清楚每笔预期收入款项和支出款项的具体时间。而利润的计算,并不考虑资金收付的时间,它是以权责发生制为基础的。要在投资决策中考虑时间价值等因素,就不能利用利润来衡量项目的优劣,而必须采用现金流量。

第二,采用现金流量才能使投资决策更符合客观实际情况。在项目投资决策中,使用现金流量能科学、客观地评价投资方案的优劣,而利润评价则明显地存在不科学、不客观的成分。这是由于净利润的计算比现金流量的计算有更大的主观随意性;利润反映的是某一会计期间"应计"的现金流量,而不是实际的现金流量。

3.2.3.3　固定资产投资决策指标

项目投资决策指标是评价项目投资方案是否可行或者投资项目优劣的标准。固定资产投资决策的评价指标很多,但将这些指标按照是否考虑资金时间价值进行分类可以概括为两种类型的指标体系:静态财务评价指标和动态财务评价指标。

1. 静态财务评价指标

静态财务评价指标是指不考虑资金时间价值的各种指标,有时也可把这些指标称为非贴现现金流量指标。这类指标主要包括静态投资回收期、平均报酬率、投资利润率等指标。

(1)静态投资回收期。

投资回收期(payback period,PP)是指投资项目回收初始投资所需要的时间,一般以年为单位,是一种使用很久很广的投资决策指标。投资回收期的计算,因每年的营业净现金流量不相等而有所不同。如果每年的营业净现金流量

(net cash flow,NCF)相等,则静态投资回收期可以按照下面的公式计算。

静态投资回收期＝原始投资额/投产后前若干年每年相等的净现金流量＝原始投资额/每年 NCF

如果每年 NCF 不相等,那么计算静态投资回收期企业就要根据每年年末尚未回收的投资额加以确定。

静态投资回收期是一个绝对量的反指标,静态投资回收期概念容易理解,计算也比较简便,并且该指标能够直观地反映原始投资的回本时间,企业在计算时可以直接利用回收期之前的净现金流量的信息。这一指标也存在不足,具体表现在:首先没有考虑资金的时间价值;其次没有考虑回收期满后的现金流量状况,另外也不能反映出不同投资方式对项目产生的影响,因而不能充分说明问题。利用该指标进行项目投资的判断时,只有指标小于或者等于基准的静态投资回收期时,投资项目才具有财务可行性。

【例 3.10】 某建筑施工企业决策层拟对一个长期项目进行投资,项目投资后的现金流出量和流入量以及项目的寿命期等相关资料如下。项目建设期 1 年,初始投资金额为 1000 万元,项目建成后生产经营期为 9 年,经营期各年的净现金流量相等,均为 360 万元。

企业计算项目的静态投资回收期:静态投资回收期＝1000/360＝2.78(年),所以该项目的初始投资在不考虑资金时间价值的基础上,可以用 2.78 年全部收回。

(2)平均报酬率。

平均报酬率(average rate of return,ARR)是投资项目寿命周期内平均的年投资报酬率,也称平均投资报酬率。平均报酬率最常见的计算公式为:

平均报酬率＝(平均现金流量/初始投资额)×100％

平均报酬率指标是一个相对量的正指标。平均报酬率指标的计算简单明了,易于操作。但该方法主要缺点是没有考虑资金的时间价值,同时项目所带来的第一年的现金流量与最后一年的现金流量被看作具有相同的价值,但在事实上这是绝不可能的,所以有时会使决策者做出错误的决策。在不考虑其他指标的前提下,平均报酬率指标大于或者等于基准平均报酬率指标时投资项目才具有财务可行性。

2. 动态财务评价指标

动态财务评价指标是指在考虑资金时间价值的基础上确定的评价指标,有时也可把这些指标称为贴现现金流量指标。这类指标主要包括:净现值、净现值率、内部报酬率、获利指数、动态投资回收期等指标。

(1)净现值。

净现值(net present value,NPV)是指在投资项目的计算期内各年净现金流量现值的代数和。其计算公式见式(3.30)。

$$\mathrm{NPV} = \sum_{t=0}^{n} \mathrm{NCF}_t \ (1+k)^{-t} \tag{3.30}$$

式中,n 为项目预计使用年限;NCF_t 为第 t 年的净现金流量;k 为折现率。

企业在计算净现值时,需要使用折现率,企业设定的折现率应该是投资该项目企业预期希望获得的最低收益率,一般来说,多数企业通常采用资金成本作为该折现率或者选择行业基准折现率。净现值有时还可以有另外一种表述方法,即项目投产后各年净现金流量的现值之和与原始投资现值之和的差额。其计算公式见式(3.31)。

$$\mathrm{NPV} = -\sum_{t=0}^{s} I_t \ (1+k)^{-t} + \sum_{t=s+1}^{n} \mathrm{NCF}_t \ (1+k)^{-t} \tag{3.31}$$

式中,I_t 为第 t 年的原始投资;s 为建设期;其他字母的含义同式 3.30。

项目净现值是投资项目投产后所获得的净现金流量扣除按预定折现率计算的投资收益或资金成本(即投资者的必要收益),再扣除原始投资的现值(即投资的本钱),在建设起点上所能实现的净收益或净损失。净现值是投资项目所增加的企业价值。当 NPV=0 时,表明投资项目的实际收益率(内部报酬率)等于设定的折现率;当 NPV>0 时,表明投资项目的实际收益率(内部报酬率)大于设定的折现率;当 NPV<0 时,表明投资项目的实际收益率(内部报酬率)小于设定的折现率。这样项目投资的决策者就可以根据净现值的大小对项目进行取舍了。

净现值的具体确定过程如下。首先,计算项目每年的营业净现金流量。然后,计算未来报酬的总现值。这一步又可以进行具体划分:将每年的营业净现金流量折算成现值。如果每年的 NCF 相等,则按计算年金的方法折算成现值;如果每年的 NCF 不相等,则先对每年的 NCF 分别进行贴现,然后再加以合计。将终结现金流量折算成现值,计算未来报酬的总现值。最后,计算净现值。净现值等于未来报酬的总现值减初始投资现值。建筑施工企业采用净现值法选择投资项目。在只有一个备选方案采纳与否投资决策中,选择净现值为正的投资项目,舍去净现值为负的投资方案。在有多个备选方案的互斥选择投资决策中,应该选用净现值正值最大的。

净现值指标是一个折现的相对量的正指标。采用净现值指标作为项目选择的判断标准,其优点是指标考虑了资金的时间价值,能够反映各种投资方案的净收益,因而是一种较好的判断指标;同时,该指标也是企业运用动态评价指标进行判断的首选;最后,该指标在计算时,能够利用项目寿命期内的有关净现金流量的全部信息,计算结果全面。该指标的缺点在于,不能揭示各个投资方案本身可能达到的实际报酬率的大小。

【例3.11】 某建筑施工企业要进行一个长期项目投资,所需初始投资额为1250万元,包括固定资产投资1050万元,其他为垫支流动资金投资,流动资金于建设期末投入。该项目建设期为1年,寿命期为10年。经预计项目投产后每年的净现金流量分别为270万元、320万元、370万元、420万元、360万元、400万元、450万元、500万元、550万元、900万元。(其中最后一年已经包括了项目结束收回的流动资金投资。)项目的折现率为10%。企业根据所掌握的资料计算财务净现值。

解:NPV=−1050×0.9091−200×0.9091+270×0.8264+320×0.7513+370×0.6830+420×0.6209+360×0.5645+400×0.5132+450×0.4665+500×0.4241+550×0.3855+900×0.3505=1198.607(万元)

(2)净现值率。

净现值率是项目的净现值占原始投资额现值的比率,一般用字母NPVR表示。净现值率指标的计算公式见式(3.32)。

$$\text{NPVR} = \frac{\text{NPV}}{\text{原始投资项目的现值之和}} \times 100\% \qquad (3.32)$$

净现值率是一个折现的相对量的正指标。采用净现值率指标作为项目选择的判断标准,其优点是指标考虑了资金的时间价值,能够反映项目投入资金的投入和产出关系,比其他的折现指标计算更容易。该指标的缺点在于,不能揭示各个投资方案本身可能达到的实际报酬率的大小,同时要想计算这个指标就必须先取得净现值金额的相关资料。

在运用净现值率指标选择投资项目时,在只有一个备选方案的采纳与否投资决策中,如果计算出的净现值率大于或者等于零,投资项目才具有财务可行性。

(3)内部报酬率。

内部报酬率又称内含报酬率(internal rate of return,IRR)是使投资项目的净现值等于零时的贴现率。内部报酬率实际上反映了投资项目的真实报酬。内部报酬率的计算公式见式(3.33)。

$$\sum_{t=0}^{n} NCF_t (1+IRR)^{-t} = 0 \tag{3.33}$$

建筑施工企业计算内部报酬率的具体过程如下。如果项目每年的 NCF 相等,首先计算项目的年金现值系数,利用公式年金现值系数=原始投资额/每年 NCF。其次,查年金现值系数表,在相同的期数内,找出与上述年金现值系数相邻近的较大和较小的两个贴现率。最后,根据上述两个邻近的贴现率和已求得的年金现值系数,采用插值法就可以计算出该投资方案的内部报酬率。

如果项目每年的 NCF 不相等,第一,先预估一个贴现率,并按此贴现率计算净现值。如果计算出的净现值为正数,则表示预估的贴现率小于该项目的实际内部报酬率,应提高贴现率,再进行测算;如果计算出的净现值为负数,则表明预估的贴现率大于该方案的实际内部报酬率,应降低贴现率,再进行测算。经过如此反复测算,找到净现值由正到负并且比较接近于零的两个贴现率。第二,根据上述两个邻近的贴现率再用插值法计算出方案的实际内部报酬率。

内部报酬率是一个折现的相对量正指标。该指标的优点在于,考虑了资金的时间价值;能够直接反映项目投资的实际收益率的大小;计算指标时不用考虑行业基准折现率。该指标的不足在于,计算过程比较复杂,特别是每年 NCF 不相等的投资项目,一般要经过多次测算才能求得。

在运用内部报酬率指标选择投资项目时,在只有一个备选方案的采纳与否投资决策中,如果计算出的内部报酬率大于或者等于企业的资本成本或者必要报酬率,投资项目才具有财务可行性。

【例 3.12】 某建筑施工企业需要对一个项目是否进行投资做出决策,该项目在建设初期一次性投资 254580 元,当年年底即可投入使用。经预计,项目投产后每年都可以给企业带来净现金流量 50000 元,项目的寿命期为 15 年。计算投资项目的内部收益率。

解:因为项目每年的 NCF 相等,所以可以采用简单的方法确定。
$IRR=(P/A,IRR,15)=254580/50000=5.0916$。查年金现值系数表得到结果$(P/A,18\%,15)=5.0916$。$IRR=18\%$。

当然,这里给出的例题属于一个比较特殊的项目,在实际项目投资的分析中往往没有这么简单。还需要有关人员进行细致的计算才能得到结果。

(4)获利指数。

获利指数又称利润指数(profitability index,PI),是投资项目未来报酬的总现值与初始投资额的现值之比。其计算公式为：

$$PI = 未来报酬的总现值/初始投资额的现值$$

获利指数的具体计算过程如下。首先，计算投资项目未来报酬的总现值，这与计算净现值所采用的方法相同。然后运用公式计算投资项目的获利指数，即根据未来的报酬总现值和初始投资额之比计算获利指数。

获利指数是一个折现的相对量正指标。获利指数的优点是，考虑了资金的时间价值，能够真实地反映投资项目的盈亏程度，由于获利指数是用相对数来表示，所以有利于在初始投资额不同的投资方案之间进行对比。获利指数的缺点是获利指数这一概念不便于理解。在运用获利指数指标选择投资项目时，在只有一个备选方案的采纳与否投资决策中，获利指数大于或等于1时投资项目才具有财务可行性。

（5）动态财务指标之间的比较。

①净现值和内部报酬率的比较。在多数情况下，运用净现值和内部报酬率这两种方法得出的结论是相同的。但出现下面两种情况，初始投资不一致和现金流入的时间不一致。尽管这两种情况使二者产生了差异，但引起差异的原因是共同的：净现值假定产生的现金流入量重新投资会产生相当于企业资金成本的利润率，而内部报酬率却假定现金流入量重新投资产生的利润率与此项目的特定的内部报酬率相同。当企业可投资的资本无资本限量时，净现值是一个比较好的判断指标。

②净现值和获利指数的比较。由于净现值和获利指数使用的是相同的信息，在评价投资项目的优劣时，它们常常是一致的，但有时也会产生分歧。只有当初始投资不同时，净现值和获利指数才会产生差异。当获利指数与净现值得出不同结论时，应以净现值为准。

总之，在企业无资本限量的情况下，利用净现值指标在所有的投资评价中都能做出正确的决策，而利用内部报酬率指标和获利指数指标在采纳与否投资决策中也能做出正确的决策，但是在互斥选择投资决策中有时会做出错误的决策。因而，在这三种评价方法中，净现值是判断财务可行性最好的指标。

3.2.3.4 固定资产投资决策指标的应用

1. 固定资产更新决策

建筑施工企业对固定资产更新改造决策一般可以考虑采用差量分析法进行分析。首先，从更新设备的角度计算差量现金流量 ΔNCF_t；然后，根据差量现金流量计算差量净现值 ΔNPV；当 ΔNPV≥0，选择新设备；当 ΔNPV<0，继续使用旧设备。

2. 资本限量决策

资本限量是指企业资金有一定限度，不能投资于所有可接受的项目。一般而言，建筑施工企业在选择投资时可能会面临很多决策方案，也就是说，有很多获利项目可供投资，但企业无法筹集到足够的资金对所有方案都进行投资，这时企业就面临资本限量决策。企业可以选择以下两种做法。

(1) 使用获利指数指标选择。第一，计算所有项目的获利指数，不能漏掉任何项目，并列出每一个项目的初始投资。第二，接受 PI≥1 的项目，如果所有可接受的项目都有足够的资金，则说明资本没有限量，这一过程即可完成。第三，如果资金不能满足所有 PI≥1 的项目，那么就要对第二步进行修正。这一修正的过程是对所有项目在资本限量内进行各种可能的组合，然后计算出各种组合的加权平均获利指数。第四，接受加权平均利润指数最大的一组项目。

(2) 使用净现值指标选择。第一，计算所有项目的净现值，并列出项目的初始投资。第二，接受 NPV≥0 的项目，如果所有可接受的项目都有足够的资金，则说明资本没有限量，这一过程即可完成。第三，如果资金不能满足所有的 NPV≥0 的投资项目，那么就要对第二步进行修正。这一修正的过程是对所有的项目都在资本限量内进行各种可能的组合，然后，计算出各种组合的净现值总额。第四，接受净现值的合计数最大的组合。

3. 项目寿命不等的投资决策

大部分固定资产投资都会涉及两个或者两个以上的寿命不同的投资项目的选择问题。项目的寿命不同，因而就不能对它们的净现值、内部报酬率和获利指数直接进行比较。为了使投资项目的各项指标具有可比性，必须设法使两个项目在相同的寿命周期内进行比较，可以选择的做法有以下两种。

(1) 最小公倍数寿命法。求出两个项目使用年限的最小公倍数，再通过比较在相同时间上几个方案的净现值的大小，做出选择的方法。

【例 3.13】 某建筑企业要在两个投资项目中选择一个进行投资，其中项目甲需要初始投资 160000 元，每年产生 80000 元的净现金流量，项目使用寿命 3 年，3 年后要对项目进行更新且无残值；项目乙需要初始投资 210000 元，每年产生 64000 元的净现金流量，项目使用寿命 6 年，6 年后要对项目进行更新且无残值，企业的预计报酬率为 16%，企业应该选择哪个项目进行投资。

解：第一步，计算两个项目的净现值。

$$NPV_{甲}=80000\times PVIFA_{16\%,3}-160000=19680(元)$$
$$NPV_{乙}=64000\times PVIFA_{16\%,6}-210000=25840(元)$$

第二步，通过最小公倍数法，再次确定方案的净现值。

由于两个方案寿命期的最小公倍数为6，只需将甲方案的寿命期调整为6年，并确定净现值。

$$NPV_{甲}=第0年投资的净现值+第3年投资的净现值\times 1/(1+16\%)^3$$
$$=19680+19680\times 1/(1+16\%)^3$$
$$=32288(元)$$

第三步，根据结果做出选择。

因为甲项目的净现值大于乙项目的净现值，所以应选甲项目进行投资。

还要考虑到，对于有些寿命期相差较大的项目，例如，一个项目寿命期为9年，一个项目寿命期为10年，那么其最小公倍数为90。如果还采用此方法，就会增加很多工作量。那么还可以选择另外的方法。

(2) 年均净现值法。该方法是把投资项目总的净现值转化为项目每年的平均净现值再进行判断。年均净现值的计算公式见式(3.34)。

$$ANPV=\frac{NPV}{PVIFA_{k,n}} \tag{3.34}$$

式中，ANPV为年均净现值；$PVIFA_{k,n}$为建立在公司资本成本和项目寿命周期基础上的年金现值系数。

对于上例中的两个项目，采用年均净现值法计算。

$$ANPV_{甲}=19680/PVIFA_{16\%,3}=19680/2.246=8762.24(元)$$
$$ANPV_{乙}=25840/PVIFA_{16\%,6}=25840/3.685=7012.21(元)$$

因为甲项目的年均净现值大于乙项目的年均净现值，所以应选甲项目进行投资。

3.2.3.5　有风险情况下的投资决策

建筑施工企业固定资产投资决策涉及的时间相对较长，很难对未来收益和成本准确预测，即有不同程度的不确定性或风险性。在前面的分析中都不考虑有关风险的问题，但在实际的决策中风险因素是不可能规避的。有风险情况下的投资决策的分析方法很多，主要介绍按风险调整贴现率和按风险调整现金流量两种方法。

1. 按风险调整贴现率法

按风险调整贴现率法,是指将与特定投资项目有关的风险报酬,加入资本成本或企业要求达到的报酬率中,构成按风险调整的贴现率,并据以进行投资决策分析的方法。按风险调整贴现率具体应用时包括以下几种方法。

(1)用资本资产定价模型来调整贴现率。特定投资项目按风险调整的贴现率可按式(3.35)来计算。

$$K_j = R_F + \beta_j(R_m - R_F) \tag{3.35}$$

式中,K_j为项目j按风险调整的贴现率或项目的必要报酬率;R_F为无风险报酬率;β_j为项目j的不可分散风险的β系数;R_m为所有项目平均的贴现率或必要报酬率。

(2)按投资项目的风险等级来调整贴现率。这种方法是对影响投资项目风险的各因素进行评分,根据评分来确定风险等级,并根据风险等级来调整贴现率的一种方法。一般而言,企业在调整贴现率时考虑的风险等级、分数、贴现率的确定都由企业的管理人员根据以往经验来设定,具体的评分工作,企业可以组织生产、销售、技术、财务等部门的负责人组成专家组进行。

特定项目按风险调整的贴现率可按式(3.36)计算。

$$K_i = R_F + b_i V_i \tag{3.36}$$

式中,K_i为项目i按风险调整的贴现率;b_i为项目i的风险报酬系数;V_i为项目i的预期标准离差率。

按风险调整贴现率以后,具体的评价方法与无风险的基本相同。这种方法,对风险大的项目采用较高的贴现率,对风险小的项目采用较低的贴现率,简单明了,易于理解。但这种方法把资金时间价值和风险价值混在一起,这样做的结果就是人为地假定风险随时间不断增长,这在实际情况中缺乏合理性。

2. 按风险调整现金流量法

风险的存在使得各年的现金流量变得不确定,因此,就需要按风险情况对各年的现金流量进行调整。这种先按风险调整现金流量,然后进行长期投资决策的评价方法,称为按风险调整现金流量法。具体调整办法很多,这里介绍最常用的肯定当量法。

肯定当量法就是把不确定的各年现金流量,按照一定的系数(通常称为约当系数)折算成大约相当于确定的现金流量的数量,再利用无风险贴现率来评价风险投资项目的决策分析方法。

约当系数是肯定的现金流量对与之相当的、不肯定的现金流量的比值,一般用 d 来表示。在进行评价时可根据各年现金流量风险的大小,选用不同的约当系数。

在选用约当系数时会因人而异,一般情况下,勇于冒险的决策者会选用较高的约当系数,而不愿冒险的决策者可能会选用较低的约当系数。为了防止因决策者的偏好不同而造成决策失误,企业可以根据标准离差率来确定约当系数。采用确定当量法来对现金流量调整,进而做出投资决策,克服了调整贴现率法夸大远期风险的缺点,但如何准确、合理地确定约当系数是一个十分困难的问题。

3.2.4　固定资产的更新改造

3.2.4.1　固定资产更新改造的含义和意义

固定资产更新改造,是指对技术上或经济上不适宜继续使用的固定资产进行局部的改造升级或以新的更高效的固定资产更换原有固定资产。

随着社会经济的不断发展,科学技术不断进步,劳动生产力不断提高,生产经营及消费观念的快速变革,所有企业都必然会遇到固定资产更新改造的问题。因此,固定资产更新改造同样也是建筑施工企业管理决策的一项重要内容。

固定资产更新改造不仅是固定资产实物的更新改造过程,而且也是固定资产价值的补偿过程。固定资产在使用期间所发生的价值损耗,是通过企业对外销售产品实现销售收入,以收回成本的形式而得到补偿的。折旧的本质就是一种用于更新改造固定资产的准备基金。从时间上来看,固定资产的价值补偿和实物补偿是分离的,但其价值补偿与实物更新改造又存在着密切的联系:固定资产价值的逐渐转移和补偿,是实现固定资产实物更新改造的必要前提,没有折旧的逐渐计提和积累,就不可能对固定资产进行实物更新改造;而且只有对固定资产进行实物更新改造,累计折旧才能重新转化为企业的固定资产。

当然,固定资产更新改造并不意味着固定资产的原样复制,特别是机器设备,总是体现出生产技术的不断进步和劳动生产效率的不断提高。

3.2.4.2　固定资产更新改造管理的内容

随着科学技术不断发展,企业固定资产更新改造的周期也在缩短,这就要求对固定资产的更新改造做出必要的规划,并确保其资金的落实。因为这不仅关系到企业的生产经营规模和生产经营能力的维护与发展,也对企业折旧政策的确定有直接影响。企业财务管理的一项重要工作就是根据企业折旧基金积累的程度和企业开拓发展的要求,建立企业固定资产适时更新改造规划,并在资金上做好必要的准备,以满足企业周期性的固定资产更新改造要求。固定资产更新改造的管理内容具体包括以下3项。

(1)制订分阶段固定资产更新改造规划。企业应根据自身生产经营特点和优势,在充分了解国内外市场的生产、需求情况和企业自身产品的市场占有情况后,结合各种有效的经济预测,提出企业分阶段、有计划、有步骤的固定资产更新改造规划。在制订固定资产更新改造规划时,需要特别注意固定资产折旧基金的积累程度和可动用的总额、需要外部筹措的资金数额和自身所具有的资金筹措能力。

企业在制订固定资产更新改造规划时,必须尽可能地确定具体的需要更新改造的固定资产的种类、数量及其质量标准。根据不同的固定资产种类和数量,确定预计需要达到的经济合理的经营规模。然后根据不同的质量要求,选择先进的技术装备。

(2)提出合理的固定资产更新改造资金预算。企业应根据分阶段的固定资产更新改造规划,制订各期的资金需要量。也就是说,企业财务人员应根据固定资产更新改造规划要求的更新改造固定资产的数量和质量要求,按照其更新改造进度、时间长短要求及各期预计资金的占用数,制订较为详细的分阶段资金筹措和投放预算。同时,应按照分阶段的资金投放预算,合理地筹措资金。其具体来源首先考虑从企业的内部积累中安排,具体主要包括企业的累计折旧和留存利润(盈余公积金和未分配利润)等。需要注意的是,企业必须合理确定这部分自有资金应占企业资金筹措预算和资金投放预算的比例,以便合理实施固定资产更新改造投资计划。

当企业自有资金不足时,可以考虑外部资金筹措。具体筹措方式参见"筹资管理"一章。但外部筹措这些更新改造资金时,仍然需要注意以下问题:资金筹措额不能超过预算标准;资金成本不得超过预算时规定的资金成本率;资金筹措与资金使用相匹配,即既要根据不同的固定资产更新改造项目采用不同的资金筹措手段,也要将更新改造项目的预期收益率与资金筹措成本相权衡。

(3)正确估计配套流动资金的需要量。进行固定资产更新改造,除了必须筹措和投放一定数量的长期资金,还必须考虑相应配套的流动资金,否则这种更新改造项目仍不能有效地为企业形成实际生产能力。所以,固定资产更新改造要结合相应的流动资产投入,同时还得考虑更新改造完成后需要配套投入的流动资金。这些流动资金的预测,应结合规划的各期产量、材料消耗量、产品成本水平、各种存货储备水平等不同因素来估算。

3.2.4.3 固定资产更新改造决策

1. 固定资产何时更新决策

固定资产设施在其运行过程中,通常表现出这样一些特征。

(1)前期发挥出的效益更高,而后期发挥出的效益更低,即其效益逐年递减。

(2)其使用过程中所发生的成本主要包括两部分:一是营运成本,呈逐年递增趋势;二是其大修成本,使用寿命越长,年摊销额就会越低。

(3)设备报废得越早,年摊销购置成本越多,但残值或变现收入越高;反之,设备使用时间越长,年摊销购置成本越少,但残值或变现收入越低。固定资产运行成本分布如图3.3所示。

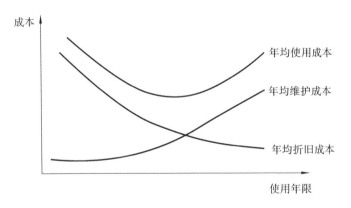

图3.3 固定资产运行成本分布

由图3.3可见,在固定资产有效使用寿命期内,就经济效益而言,设备并不是使用时间越长越好,也不是使用时间越短越好,而是有一个最佳的更新时间,即固定资产年均使用成本最低的使用年限。

2. 固定资产更新决策

固定资产如何更新决策,具体又分为两种情况。

(1)新旧设备使用寿命相同的情况。在新旧设备使用寿命相同的情况下,可以采用差量分析法来计算新旧设备方案的现金流量的差量来进行决策。

【例3.14】 某建筑施工企业拟用一台新的效率更高的施工机械取代原来的旧施工机械,以提高效率、减少成本,从而增加收益。旧施工机械采用直线法折旧,新施工机械采用年数总和法折旧。企业所得税税率为25%,企业资金成本率为10%,不考虑其他税费的影响。其他数据资料详见表3.8,为该企业做出是否进行施工机械更新决策。

表3.8 新旧施工机械的相关数据资料表(单位:元)

项目	旧施工机械	新施工机械
原价	600000	800000
预计寿命/年	6	4
已使用年限/年	2	0
剩余使用寿命/年	4	4
税法规定残值	0	0
目前变现价值	200000	800000
每年可获得收入	400000	700000
每年付现成本	200000	200000
每年折旧额 第1年 第2年 第3年 第4年	100000 100000 100000 100000	320000 240000 160000 80000

解:本例主要采用表格计算,计算过程及结果详见表3.9~表3.11。

表3.9 旧施工机械营业现金流量计算分析表(单位:元)

项目	序号	第1年	第2年	第3年	第4年
销售收入	①	400000	400000	400000	400000
付现成本	②	200000	200000	200000	200000
折旧费	③	100000	100000	100000	100000
税前利润	④	100000	100000	100000	100000
所得税	⑤=④×25%	25000	25000	25000	25000
税后利润	⑥=④-⑤	75000	75000	75000	75000
营业现金净流量	⑦=⑥+③	175000	175000	175000	175000

表 3.10　新施工机械营业现金流量计算分析表(单位:元)

项目	序号	第 1 年	第 2 年	第 3 年	第 4 年
销售收入	①	700000	700000	700000	700000
付现成本	②	200000	200000	200000	200000
折旧费	③	320000	240000	160000	80000
税前利润	④	182000	260000	340000	420000
所得税	⑤=④×25%	45500	65000	85000	105000
税后利润	⑥=④-⑤	136500	195000	255000	315000
营业现金净流量	⑦=⑥+③	456500	435000	415000	395000

表 3.11　新旧施工机械差量现金流量计算分析表(单位:元)

项目	新施工机械	旧施工机械	差量现金流量
初始现金流量	−800000	−200000	−600000
营业现金流量			
第 1 年	456500	175000	280000
第 2 年	435000	175000	260000
第 3 年	415000	175000	240000
第 4 年	395000	175000	220000
终结现金流量	0	0	0

差量现金流量的净现值 ΔNPV：

$280\,000\times(1+10\%)^{-1}+260\,000\times(1+10\%)^{-2}+240\,000\times(1+10\%)^{-3}+220\,000\times(1+10\%)^{-4}-6\,000\,000=254\,545.45+214\,876.03+180\,315.55+150\,262.96-600\,000=199\,999.99(元)$

由于差量现金流量的净现值 ΔNPV 远大于 0,故应对旧施工机械进行更新。

(2)新旧设备使用寿命不同的情况。固定资产更新改造决策实务中,大多数情况下新旧设备的预计使用寿命是不同的。一般而言,新设备的使用寿命往往比旧设备要长。根据前述投资决策分析方法可知,此种情况下不能对它们的净现值、内部收益率及获利指数进行直接比较。此时,一般可以采用等值年金法(也称年均现金流量法)。

等值年金法在具体应用时有年均现金流量法和年均成本法两种做法。年均现金流量法适用于新旧设备在其经营期间既有现金流入也有现金流出的情况;

年均成本法主要适用于新旧设备在其经营期间主要只有现金流出而没有现金流入或即使有,也只是少量不规则流入的情况。

①年均现金流量法。

【例 3.15】 某建筑施工企业拟用一台新的、效率更高的施工机械取代原来的旧施工机械,以提高效率、减少成本,从而增加收益。旧施工机械采用直线法折旧,新施工机械采用年数总和法折旧。企业所得税税率为 25%,企业资金成本率为 10%,不考虑其他税费的影响。其他数据资料详见表 3.12,为该企业做出是否进行施工机械更新决策,计算结果见表 3.13～表 3.15。

表 3.12 新旧施工机械的相关数据资料表(单位:元)

项目	旧施工机械	新施工机械
原价	600000	1060000
预计寿命/年	5	4
已使用年限/年	2	0
剩余使用寿命/年	5	4
税法规定残值	0	0
目前变现价值	200000	60000
每年可获得收入	400000	1060000
每年付现成本	200000	200000
每年折旧额		
第 1 年	120000	400000
第 2 年	120000	300000
第 3 年	120000	200000
第 4 年	—	100000

表 3.13 旧施工机械营业现金流量计算分析表(单位:元)

项目	序号	第 1 年	第 2 年	第 3 年
销售收入	①	400000	400000	400000
付现成本	②	200000	200000	200000
折旧费	③	120000	120000	120000
税前利润	④	80000	80000	80000
所得税	⑤=④×25%	20000	20000	20000

续表

项目	序号	第1年	第2年	第3年
税后利润	⑥=④-⑤	60000	60000	60000
营业现金净流量	⑦=⑥+③	180000	180000	180000

表3.14 新施工机械营业现金流量计算分析表(单位:元)

项目	序号	第1年	第2年	第3年	第4年
销售收入	①	700000	700000	700000	700000
付现成本	②	200000	200000	200000	200000
折旧费	③	400000	300000	200000	100000
税前利润	④	100000	200000	300000	400000
所得税	⑤=④×25%	25000	50000	75000	100000
税后利润	⑥=④-⑤	75000	150000	225000	300000
营业现金净流量	⑦=⑥+③	475000	450000	425000	400000

表3.15 新旧施工机械差量现金流量计算分析表(单位:元)

项目	新施工机械	旧施工机械
初始现金流量	-1060000	-200000
营业现金流量		
第1年	475000	180000
第2年	450000	180000
第3年	425000	180000
第4年	400000	—
终结现金流量	60000	0

年均净现金流量计算如下:

新施工机械年均净现金流量:

$$ACF = \frac{475000 \times (1+10\%)^{-1} + 450000 \times (1+10\%)^{-2}}{(P/A,10\%,4)}$$

$$\frac{+425000 \times (1+10\%)^{-3} + 400000 \times (1+10\%)^{-4} - 1060000}{(P/A,10\%,4)}$$

$$= 106070.60(元)$$

旧施工机械年均净现金流量：

$$ACF = \frac{180000 \times (P/A, 10\%, 3) - 200000}{(P/A, 10\%, 3)} = 99578.59(元)$$

上述计算分析表明，继续使用旧施工机械的年均现金流量99578.59元小于购置新施工机械的年均现金流量106070.60元。由此可见，应购置新施工机械。

②年均成本法。

【例3.16】 某建筑施工企业拟用新型更高效、更先进的施工机械替换原有旧施工机械，企业资金成本率为10%。目前，市场上有两种同功效的施工机械甲和乙可供选择，相关数据资料见表3.16。

表3.16 甲、乙施工机械设备相关数据资料表 （单位：万元）

项目	甲施工机械	新施工机械
购置成本	200	300
预计寿命（年）	4	5
预计残值	20	30
各年运行成本		
第1年	17	13
第2年	19	15
第3年	21	17
第4年	23	19
第5年	—	21
大修成本	10（第2年）	20（第3年）

甲、乙施工机械的年均成本计算如下：

甲施工机械年均成本：

$$ACF_{旧} = \frac{17 \times (1+10\%)^{-1} + 19 \times (1+10\%)^{-2} + 21 \times (1+10\%)^{-3}}{(P/A, 10\%, 4)}$$

$$+ \frac{23 \times (1+10\%)^{-4} + 200}{(P/A, 10\%, 4)}$$

$$= 82.8556(万元)$$

乙施工机械年均成本：

$$\mathrm{ACF}_{\text{新}} = \frac{300 + 13 \times (1+10\%)^{-1} + 15 \times (1+10\%)^{-2}}{(P/A, 10\%, 5)}$$

$$\frac{+17 \times (1+10\%)^{-3} + 19 \times (1+10\%)^{-4} + 21 \times (1+10\%)^{-5}}{(P/A, 10\%, 5)}$$

$$= 95.7591(万元)$$

上述计算分析表明,购置并使用甲施工机械年均成本为 82.8556 万元,小于购置并使用乙施工机械的年均成本 95.7591 万元。由此可见,应购置并使用甲施工机械。

第4章 成本管理、营业收入与利润管理

4.1 成本管理概述

4.1.1 概念的界定

这里所述的成本管理概念基于传统的企业成本管理理论、会计准则、施工企业特点三者的结合,将属于期间费用在当期损益中直接扣除的管理费用、销售费用、财务费用视为企业成本。

4.1.1.1 理论成本

理论成本是指在正常的生产组织以及合法、合理经营的前提下所耗费劳务(活劳动)、材料物资(物化劳动)的现金流出(货币表现)。施工产品的理论成本是指施工企业在组织特定施工产品的建造、生产过程中耗费的构成工程实体的材料物资、辅助物资、固定资产的折旧等生产资料价值(C)以及劳务成本(V)之和。生产资料价值(C)以及劳务成本(V)是施工产品价值构成的主要部分;施工产品的成本与获取的毛利之和构成了施工产品的价格。在施工产品的质量符合国家强制性规范的要求以及满足与业主签订合同约定要求的前提下,成本费用越低,施工企业为社会创造的剩余价值就越多,施工企业的利润就越多。

4.1.1.2 施工企业的成本

现实中施工产品的成本是指施工企业组建项目经理部承担、完成特定工程项目施工工作量所支付的各种费用之和。现实中施工企业的实际成本除具有理论成本的基本内涵外,还有投标成本和工期成本、质量成本。此外,在工程施工过程中,项目经理部为解决与项目所在地居民以及市容环卫、交通部门之间的纠纷所支付的费用和罚款等也是施工产品的组成部分。施工产品的理论成本仅指项目开工和竣工之间所发生的成本支出,现实中的成本还要包含开工前的前期

成本(如投标成本)、竣工后的后期成本(如存在质量缺陷发生的支出)、非正常成本(如排除干扰成本、接受的罚款等)。因此,施工企业现实中的实际成本范围比理论成本要宽泛得多。根据建造合同会计准则《企业会计准则第 15 号——建造合同》(中华人民共和国财政部〔2006〕3 号第十二条至第十七条的规定,合同成本应当包括从合同签订开始至合同完成为止所发生的、与执行合同有关的直接费用(包括耗用的材料费用、人工费用、机械使用费用、其他直接费用)和间接费用;合同成本不包括应当计入当期损益的管理费用、销售费用和财务费用,因订立合同而发生的有关费用,应当直接计入当期损益。根据这一定义,广义的施工企业成本不仅包括项目成本(合同成本),还应该包括销售费用、管理费用和财务费用等期间费用。《建设工程项目管理规范》(GB/T 50326—2017)中对项目成本有这样的定义,企业应按下列程序确定项目经理责任目标成本:在施工合同签订后,由企业根据合同造价、施工图和招标文件中的工程量清单,确定正常情况下的企业管理费、财务费用和制造成本。将正常情况下的制造成本确定为项目经理的可控成本,形成项目经理的责任目标成本。

4.1.1.3 企业成本与项目成本的关系

企业成本与项目成本之间是一个包含与被包含的关系,施工企业成本以施工企业整体为范围加以定义,项目成本以一个特定项目为范围加以定义。项目成本是企业成本的一部分。

(1)核算主体之间的关系。企业成本的核算主体是施工企业,是施工企业在一定会计期间内发生的全部合理支出。项目成本的核算主体是施工企业所组建的项目经理部。

(2)核算范围之间的关系。企业成本核算的范围是整个施工企业,核算内容包括在建项目成本以及为组织经营、生产、管理活动发生的期间费用。

(3)项目成本核算是企业成本核算的基础和有机组成部分,其范围是特定、具体、单一的工程项目,核算的内容包括生产过程中发生的人工成本、材料成本、施工机械成本及为组织项目施工而发生的现场管理费用和其他相关费用。核算目的之间的关系。企业成本核算的主要目的是正确计算企业在一定会计期间内进行生产、经营活动发生的实际成本和应摊销的费用,从而按照会计准则的规定编制财务报表,主要目的是满足社会公众和相关者了解企业财务状况的需要。项目成本核算的目的不仅是满足企业编制财务报表的需要,还为成本管理提供数据和依据。

4.1.2 企业成本与项目成本构成分析

4.1.2.1 企业成本构成分析

企业成本由项目成本和期间费用两部分组成。项目成本可在已完工项目和未完工项目之间分摊,期间费用必须在当期的损益中扣除。期间费用大部分属于固定费用,在营业收入增长或下降的一定波动范围内,保持不变或变动很小,因此,成本管理的重点和关键在于对项目的成本进行控制。

4.1.2.2 项目成本构成分析

项目成本由人工费、材料费、施工机械使用费、其他直接费、现场经费五要素组成;其中:人工费、材料费、机械使用费是直接费成本,其他是间接费成本。由于施工产品的定制性和独一无二性,项目成本五个要素的具体内容较之其他类型企业的产品成本要复杂。

(1)人工费。人工费是指直接从事施工的生产工人开支的各项费用,包括直接从事施工生产人员的工资、奖金、加班费、福利费、工资性津贴、劳动保护费等。其中计时工资部分属于固定成本,计件工资部分属于变动成本。

(2)材料费。材料费指施工中耗用的构成工程实体的原材料、辅助材料、构配件、零件、半成品和周转材料的摊销(或租赁)费用,包括材料的购置费用和运杂费。材料费用与产量直接相关,属于变动成本。

(3)施工机械使用费。施工机械使用费是指施工机械作业所发生的机械使用费以及机械安、拆和进出场费用,包括各种施工机械的折旧费、操作工人工资、修理费、燃料及动力费、施工机械的场外运输费、安装拆除费以及外租机械的租赁费等。其中燃料动力费属于变动成本,其他费用属于固定成本。

(4)其他直接费。其他直接费是指直接费以外施工过程中发生的其他直接费用,包括现场水电费用、冬雨季施工增加费,夜间施工增加费,材料二次搬运费,仪器仪表使用费,生产工具用具使用费,检验试验费,特殊工程培训费,工程定位复测、工程点交、场地清理费,特殊地区施工增加费等。其他直接费是根据人、材、机费用的一定比例提取的,属于固定成本。

(5)现场经费。现场经费是指为施工准备、组织施工生产和管理所需费用,包括临时设施费,现场管理人员工资、福利费、劳动保护费,办公费,差旅交通费,固定资产使用费,工具用具使用费,保险费,工程保修费,工程排污费以及其他费用。现场经费属于固定费用。

4.1.2.3 期间费用分析

期间费用由销售费用、管理费用、财务费用三个部分组成。

(1)销售费用。销售费用是指施工企业在销售产品、材料、物资过程中发生的有关费用,以及专设销售机构发生的各项费用,包括运输费、装卸费、包装费、销售佣金、代销手续费、广告费、租赁费、销售服务费等,以及销售部门人员工资、差旅费、办公费、折旧费、修理费、低值易耗品摊销和其他费用等。

(2)管理费用。管理费用是指施工企业行政管理部门为组织和管理生产经营活动而发生的各种费用,包括公司国内外行政管理部门发生的办公费,差旅费,董事会费,咨询费,设计费,诉讼费,劳动保险费,待业保险费,排污费,绿化费,税金,土地损失补偿费,土地使用费,技术转让费,工资及福利费,考察联络费,招投标费,无形资产及递延资产摊销、折旧及修理费,材料物资盘亏和毁损(减盘盈)坏账损失,工会经费,业务招待费,业务资料费,佣金及其他管理费等。

(3)财务费用。财务费用是指施工企业筹集生产经营所需资金而发生的各项费用,包括利息支出减利息收入、汇兑损失减汇兑收益,银行、证券交易所及其他金融机构手续费等。

4.1.3 成本管理的任务及基本程序

在施工企业,狭义的成本管理指的就是项目成本管理,是以施工合同法人主体组建的项目经理部为核算主体,以工程项目为核算对象的成本计划、控制、核算、分析和考核等的一系列行为。项目成本管理的基本目标是在施工合同工期内、在安全生产和工程质量符合国家强制性规范及合同要求的前提下,使实际成本支出低于成本计划。

(1)施工成本的预测。

施工成本的预测,是指在正式施工之前,按照工程的设计图纸,对工程中所可能使用的人、材、机的量进行计算,并按照施工定额与未来工程变化、市场变化进行预估,得出一个大致的施工成本,视为工程估算。对工程施工成本进行预估能够大致反应工程施工过程中所需的各项损耗。在实际施工时,将实际施工的工程损耗量与预测的预估量进行对比分析,能够找出对建筑施工成本影响较大的因素。施工成本的预测也是施工企业进行招投标与获得项目的重要工具,对施工企业的业绩具有重要的影响。

(2)施工成本的计划。

施工成本的计划是指对建筑工程施工所消耗的成本进行细致的分析,尽量减少与实际消耗的误差,并按照这种细致的成本损耗量进行详细的进度计划,以便在实际施工过程中按照施工进度与计划掌握成本的损耗情况。一般来说,对建筑施工成本进行细致的分析,是在详细的施工图图纸上进行的,又称施工图预算。按照施工成本的计划目标与计划进度,在具体施工过程中,对建筑工程的施工能够进行一定的指导,在出现成本变动时,也能够按照计划对成本做出一定的调整,并对发生变动的原因进行分析,了解影响施工成本的因素。

(3)施工成本的控制。

在施工过程中,有诸多因素会对施工成本产生影响,如天气、政策变动等,若不对施工成本加以控制,则建筑施工的成本将难以把握,将对施工企业的业绩造成难以弥补的损失。对施工成本进行控制,是针对会影响施工成本的各项因素进行控制,如针对暴雨引起的混凝土难以浇筑的问题,应提前根据施工计划调整施工任务,避免因天气造成可能的材料浪费、停工误工导致的成本增加等问题。进行施工成本控制,是为了运用一系列的解决方法,将施工成本控制在一定的范围内,使其不偏离计划目标。

(4)施工成本的核算。

建筑施工成本的核算,一方面是指按照工程施工成本计划与实际的工程施工情况,对工程实际的施工成本进行核算,并将计划成本与实际成本进行对比分析,以便找出影响施工成本的变量;另一方面是指按照相应的实际成本与实际的工程量,核算工程总成本与单位成本。

(5)施工成本的分析。

施工成本的分析,首先是指在建筑项目的施工过程中,项目管理人员根据建筑施工计划对整个工程的施工成本进度进行精确的分析。其次,还包括在建筑工程的实际成本与计划成本出现偏差时,对造成误差的原因进行的分析。这种分析能够更加明确影响施工成本的变量,也能够找出成本控制的对象,是施工成本管理任务中纵横全局的一项。

(6)施工成本的考核。

施工成本考核,一般是指在工程全面竣工后,依据相关的施工成本计划与成本目标,对整个工程的施工情况进行分析总结,找出工程施工过程中值得记住的经验,也找出施工过程中的不足,为后面的施工积累经验。施工成本的考核,还包括考核完成后的奖惩措施,对按要求完成计划与目标的人员予以一定的奖励,以示在工程施工中恪尽职守的奖励,以此激励工程人员更加积极地工作,而对未完成目标的人员要给予一定的惩罚。

4.2　成本预测、计划与控制

建筑施工企业成本的期间费用大部分属于固定费用,变动较小或者不变,因此,本节主要针对建筑施工企业成本中的项目成本,来阐述如何进行成本的预测、计划和控制。

4.2.1　成本预测

成本预测是指通过取得的历史数字资料,采用经验总结、统计分析及数学模型的方法,对成本进行判断和推测。施工项目成本预测可以为建筑施工企业经营决策和项目管理部编制成本计划等提供数据。它是实行施工项目科学管理的一项重要工具,越来越被人们重视,并日益发挥其作用。

成本预测在实际工作中虽然不常被提到,但实际上人们往往在不知不觉中会用到,例如建筑施工企业在工程投标时或中标时,往往根据过去的经验对工程成本进行估计,这种估计实际上是一种预测,其发挥的作用是不能低估的。但是如何能够更加准确而有效地预测施工项目成本,仅依靠经验的估计很难做到,这需要掌握科学、系统的预测方法,以使其在工程经营和管理中发挥更大的作用。

4.2.1.1　施工项目成本预测的作用

1. 投标决策的依据

建筑施工企业在选择投标项目过程中,往往需要根据项目是否盈利、利润大小等因素确定是否对工程投标。这样在投标决策时就要估计施工项目成本情况,通过与施工图预算的比较,才能分析出项目是否盈利、利润大小等。

2. 编制成本计划的基础

计划是管理的关键。因此,编制可靠的计划具有十分重要的意义。但要编制正确可靠的施工项目计划,必须遵循客观经济规律,从实际出发,对施工项目未来实施做出科学的预测。在编制成本计划之前,要在搜集、整理和分析有关施工项目成本、市场行情和施工消耗等资料基础上,对项目施工过程中物价变动等情况和施工项目成本做出符合实际的预测。这样才能保证施工项目成本计划不脱离实际,切实起到控制施工项目成本的作用。

3. 成本管理的重要环节

成本预测是在分析项目施工过程中,各种经济与技术要素对成本升降影响的基础上,推算其成本水平变化的趋势及其规律,预测施工项目的实际成本。它是预测和分析的有机结合,是事后反馈与事前控制的结合。成本预测有利于及时发现问题,找出施工项目成本管理中的薄弱环节,采取措施,控制成本。

4.2.1.2 成本预测的过程

1. 制订预测计划

制订预测计划是预测工作顺利进行的保证。预测计划的内容主要包括:组织领导及工作布置、部门配合、时间进度、搜集材料范围等。如果在预测过程中发现新情况和发现计划有缺陷,则可修订预测计划,以保证预测工作顺利进行,并获得较好的预测质量。

2. 搜集和整理预测资料

根据预测计划,搜集预测资料是进行预测的重要条件。预测资料一般有纵向和横向两个方面的资料。纵向资料是建筑企业各类材料的消耗及价格的历史数据,据以分析其发展趋势;横向资料是指同类施工项目的成本资料,据以分析所预测项目与同类项目的差异,并做出估计。预测资料的真实性与准确性,决定了预测工作的质量,因此对搜集的资料进行细致的检查和整理很有必要。如各项指标的口径、单位、价格等是否一致;核算、汇集的时间资料是否完整,如有残缺,应采用估算、换算、查阅等方法进行补充;有没有可比性或重复的资料,要去伪存真,进行筛选,以保证预测资料的完整性、连续性和真实性。

3. 选择预测方法

预测方法一般分为定性与定量两类。定性方法有专家会议法、主观概率法和德尔菲法等,主要是根据各方面的信息、情报或意见,进行推断预测。定量方法主要有移动平均法、指数平滑法和回归分析法等。

4. 成本初步预测

成本初步预测主要是根据定性预测的方法及一些横向资料的定量预测,对施工项目成本进行初步估计。这一步的结果往往比较粗糙,需要结合现在的成本水平进行修正,才能保证预测成本的质量。

5. 影响成本水平的因素预测

影响工程成本水平的因素主要有物价变化、劳动生产率、物料消耗指标、项目管理办公费用开支等。可根据近期内其他工程实施情况、本企业职工及当地分包企业情况、市场行情等,推测未来哪些因素会对本施工项目的成本产生影响,其结果如何。

6. 成本预测

根据初步的成本预测以及对成本水平变化影响因素预测结果,确定该施工项目的成本情况,包括人工费、材料费、机械使用费和其他直接费等。

7. 分析预测误差

成本预测是对施工项目实施之前的成本预计和推断,这往往与实施过程中及其后的实际成本有出入,而产生预测误差。预测误差大小,反映预测的准确程度。如果误差较大,就应分析产生误差的原因,并积累经验。

4.2.1.3 成本预测方法

1. 指数平滑法

指数平滑法是根据本期的实际值和过去对本期的预测值,预测下一期数值,它反映了最近时期的数值对预测值的影响。这是一种在移动平均法的基础上发展起来的特殊的加权平均法。

指数平滑法的计算见式(4.1):

$$Y_t = \alpha S_{t-1} + (1-\alpha) Y_{t-1} \tag{4.1}$$

式中,Y_t 为预测值;S_{t-1} 为上一期的实际值;Y_{t-1} 为上一期的预测值;α 为加权系数或平滑系数($0 \leqslant \alpha \leqslant 1$),它取值的大小,表示不同时期的数据在预测中的作用:(α 值越大,下一期预测值越接近本期实际值;$\alpha=1$,下一期预测值等于本期实际值;α 值越小,下一期预测值越偏离本期实际值)。

2. 回归分析法

回归分析法是根据事物的因果关系对变量的一种预测方法。因果关系普遍存在,比如,收入对商品销售的影响、降雨量对农产品生产的影响等。一元回归分析法的公式见式(4.2):

$$Y = a + bX \tag{4.2}$$

式中,X 为自变量,Y 为因变量(要预测的变量)。

a、b 为回归系数,其计算见式(4.3)和式(4.4)。

$$b = \frac{\sum X_i Y_i - \overline{X} \sum Y_i}{\sum X_i^2 - \overline{X} \sum X_i} \tag{4.3}$$

$$a = \overline{Y} - b\overline{X} \tag{4.4}$$

式中,X_i 为自变量第 i 期的实际值,Y_i 为因变量第 i 期的实际值,$\overline{X}$、$\overline{Y}$ 分别是 X、Y 的平均数。

4.2.2 成本计划

成本计划是以货币形式综合反映企业在计划内的成本水平和成本降低程度的计划,是企业施工技术财务计划的一个组成部分。编制成本计划就是确定计划期的计划成本,这项工作是成本管理中的一个重要环节。

4.2.2.1 成本计划的内容

建筑企业成本计划包括工程成本计划、产品成本计划、作业成本计划及企业管理费用计划等内容。

(1)工程成本计划,综合反映企业及其所属施工项目部在计划期内按成本项目及主要单位工程划分的预算成本、计划成本、计划降低额、计划降低率和降低成本措施计划。

(2)产品成本计划,综合反映企业所属工业企业在计划期内按成本项目划分的产品预算成本、计划成本、计划降低额和计划降低率,以及主要产品单位成本及总成本的降低情况。

(3)作业成本计划,结合反映企业及附属机操作业及运输单位在计划期,按成本项目及作业项目划分的预算成本、计划成本、计划降低额及计划降低率。

(4)企业管理费用计划,反映企业管理费用的投入和支出计划,并附企业管理费用归口管理及开支标准表。

4.2.2.2 成本计划的编制准则

制订合理的降低成本目标,即按企业工程任务的实际情况制订企业的、工程的降低成本目标;挖掘企业内部潜力,积极可靠地降低成本;针对工程任务,采用先进可行的技术组织措施以达到降低成本的目的;从改善生产经营管理着手,降低各项管理费用;参照上期实际完成的情况编制本期成本计划,使计划具有连续性。

4.2.2.3 成本计划的编制程序

建筑企业成本计划的编制,是建立在成本预测和一定的资料基础之上的。编制成本计划的具体方法随项目的不同而完全相同,但通常可以分为以下几个阶段。

1. 收集、整理、分析资料,作为编制成本计划的依据

资料主要包括以下内容。

(1)上年度成本计划完成情况及历史最好水平资料(产量、成本、利润)。

(2)企业的经营计划和计划期的生产计划、劳动工资计划、材料供应计划及技术组织措施计划等。

(3)上级主管部门下达的降低成本指标和要求。

(4)施工定额及其他有关的各项技术经济定额。

(5)施工图纸、施工图预算和施工图设计。

2. 确定目标成本及目标成本降低率(额)

目标成本是指在相关资料进行分析、预测以及对项目可用资源(劳动力、材料、机械设备等)进行优化的基础上,经过努力可以实现的成本。确定目标成本是成本计划的核心,是成本管理所要达到的目的。成本目标通常以项目成本降低率(额)来定量地表示。具体步骤如下。

(1)根据相关资料和预测结果,初步计算出项目降低成本的目标,这个目标值应大于或等于企业下达的降低成本目标。

(2)将项目合同价减去税金、目标利润和降低成本的目标值,即可以得出项目的总目标成本。

(3)计算出现项目的目标成本降低额和目标成本降低率,具体计算见式(4.5)和式(4.6):

$$目标成本降低额 = 项目预算成本 - 项目目标成本 \quad (4.5)$$

$$目标成本降低率 = 目标成本降低额 \div 项目的预算成本 \quad (4.6)$$

3. 进行成本指标的试算平衡

为了使初步制订的目标成本和目标成本降低率(额)能落到实处,必须进行反复的试算平衡,测算它们的经济效果,看其能否达到目标成本的要求。

具体降低成本的措施及其效果计算如下。

(1)提高劳动生产率而降低成本。提高劳动生产率不仅能够减少单位产品负担的工资和工资附加费,而且能够降低产品成本中的其他费用负担。计算见式(4.7)。

$$成本降低率 = (工资成本占工程成本比重) \times \left(1 - \frac{1+平均工资率}{1+劳动生产率增长率}\right) \quad (4.7)$$

(2)节约资源、能源消耗而降低成本。在不影响产品质量。满足产品功能要求的前提下,节约各种物资消耗对降低产品成本作用很大。成本降低率计算见式(4.8)。

$$成本降低率 = 所耗资源、能源费占工程成本的比重 \times 资源、能源损耗降低率 \quad (4.8)$$

(3)采取技术组织措施而降低成本。采取技术组织措施在整个降低成本中应占很大的比重,是降低成本的主要方面,应按预算的单位工程量编制。计算见式(4.9)。

$$成本降低率 = 该项目原成本占工程成本的比重 \times \frac{措施涉及的工程量 \times 单位量的节约额}{工程成本} \quad (4.9)$$

(4)多完成工程任务,使固定费用相对节约而降低成本。在建筑企业成本中,固定费用包括人工费中的标准工资、机械使用费中的折旧、绝大部分施工管理费等。计算见式(4.10)。

$$成本降低率 = 固定费用占工程成本的比重 \times \left(1 - \frac{1}{1+完成任务增长率}\right) \quad (4.10)$$

(5)提高产品质量,减少废品与返工而降低损失。在生产中出现废品与返工,分摊到新产品上的原材料消耗量会增大,从而使成本增加。计算见式(4.11)。

$$成本降低率 = 废品、返工损失占工程成本比重 \times 废品、返工损失降低率 \quad (4.11)$$

(6)因节约管理费而降低成本。精简机构,提高管理工作效果,采取现代化管理方法,都可以节约管理费,从而降低工程成本。计算见式(4.12)。

$$成本降低率 = 管理费占工程成本比重 \times 费用节约率 \quad (4.12)$$

将以上各项成本降低率累加,即构成整个工程的成本降低率。若达不到降低率的目标,则还应再做分析、选择和采用另外的降低成本的措施或扩大涉及的范围,有时要进行反复的试算比较才能达到预定的降低成本的目标。

4. 编制成本计划

经过成本预测和成本指标试算平衡,结合企业的经营要求,就可以正式地编制企业的成本计划。成本计划的最终表现为成本计划表,成本计划表通常包括责任成本计制表、降低成本措施表、降低成本计划表和成本计划分解表。

5. 进行成本计划的风险分析

成本计划的风险分析,就是对在项目中可能影响目标实现的诸因素进行事先分析,分析其影响程度和确定消除其影响的对策。风险分析的目的是保证成本目标的顺利实现。通常可以从以下几方面来进行分析。

(1) 对工程项目技术特征的分析,如结构特征、地质特征等。

(2) 对业主单位相关情况的分析,包括业主单位的信用、信誉、组织协调能力等。

(3) 对项目组织系统内部的分析,如施工组织发生失误导致窝工、返工,对新技术、新工艺、新材料使用不熟练,发生重大安全事故等。

(4) 对可能出现的通货膨胀的分析。

(5) 对项目所在地的交通、能源、电力的分析。

(6) 对气候的分析。

(7) 其他方面的分析,如汇率、项目所在地的政府相关情况等。

4.2.3 成本控制

成本控制是指为实现工程项目的成本目标,在工程项目成本形成的过程中,对所消耗的人力资源、物质资源和费用开支进行指导、监督、调节和限制,及时纠正即将发生和已经发生的偏差,把各项费用控制在规定的范围内。成本控制是降低产品成本的主要手段,是加强成本核算、提高经济效益的前提,是成本管理最核心的部分。

企业成本控制的基本制度是分级、分口的成本控制责任制。分级、分口成本控制是以公司为主体,把公司、分公司、项目部承包队、班组的成本控制结合起来,以财务部门为主,把生产、技术、劳动、物资、机械设备、质量等部门的成本控制结合起来。

分级控制是从纵的方面把成本计划指标按所属范围逐级分解到班组乃至个人;分口控制是指从横的方面把成本计划指标按性质分解到各职能科室(组),每个科室(组)又将指标分解到职能人员。

实行成本计划指标的分级、分口管理,使企业的各级生产组织、各个职能部门以至每个职工都能明确自己在成本管理中应承担的责任,这样就形成了全企业的成本控制网。实行成本控制还要建立成本记录和报告制度以及成本指标考核制度。

4.2.3.1 成本控制的对象和内容

1. 成本控制的对象

成本控制的对象可以从以下几方面来考虑。

(1)以项目成本形成过程作为成本控制对象施工项目的形成过程,就是成本的形成过程,应对成本形成进行全过程、全面的控制。在投标阶段,对投标项目成本进行预测控制;在施工准备阶段,依据施工项目管理大纲编制成本计划,并且对目标成本进行风险分析,对成本进行事前控制;在施工阶段,以施工预算、施工定额和费用标准对实际发生的费用进行定额控制;由于业主或设计的变更,对变更后的成本调整进行控制,竣工、交工和保修期阶段,对验收(自验、企业验、业主验)过程中发生的费用和保修期的保修费用的支出进行控制。

(2)以项目的职能部门、施工专业队和班组作为成本控制对象。施工过程中每天都在发生各种费用的支出或损失,这些支出和损失都发生在项目经理部各部门、各施工专业队和班组。成本控制的具体内容就是控制日常发生的各种费用或损失,故应该把这些部门、队、组(实质上是人)作为成本控制对象。

(3)以分部、分项工程作为成本控制对象。只有通过微观控制,才能真正了解各目标的实际完成情况与产生的偏差,施工项目必须把分部、分项工程作为成本控制对象。

2. 成本控制的内容

项目成本受到影响的因素很多,如技术、工艺、方案、质量、进度、各类材料、设备、自然条件、人、制度、政策等,但最基本的因素是人,是参与施工和管理的实际操作者。从这个理念出发,项目成本控制必须由项目全员参加,根据各自的责任成本负责自己分工内容的成本控制。

(1)施工技术和计划经营部门或职能人员。

①根据管理大纲及业主或发包单位的要求,科学合理地组织施工。要及时组织已完工程的计量、验收、计价、收回工程价款,保证施工所有资金的周转,避

免在建设单位不拨款的条件下要求加快施工进度,避免无效的资金占用。

②按《建设工程施工合同(示范文本)》"通用条款"的规定进行施工管理,资金到位组织施工,避免垫付资金施工。

(2)材料、设备部门或职能人员。

①根据施工项目管理规划的材料需用量计划,制订合理的材料采购计划。严格控制主材的储备量,既保证施工需要,又不增加储备资金。

②按采购计划和经济批量进行采购订货,严格控制采购成本。

③签订材料供应合同,保证采购材料质量。若供应商违约,可以利用索赔减少损失或增加收益。

④坚持限额领料,控制材料消耗。

(3)财务部门或职能人员。

①按间接费用使用计划控制间接费用。特别是财务部和项目经理部不可控制的成本费用。如上缴管理费、折旧费、税金、提取工会会费、劳动保险费、待业保险费、固定资产大修理费、机械退场费等。财务费用控制主要是控制资金的筹集和使用,调剂资金的余缺,减少利息的支出,增加利息收入。

②严格规范其他应收预付款的支付手续。如购买材料、配件等预付款,一般不得超过合同价的80%。

③其他费用按计划、标准、定额控制执行。

④对分包商、施工队支付工程价款时,手续应齐全。必须有技术部门出具的计划验工计价单,经项目部领导签字方可支付。

(4)其他职能部门或职能人员,根据分工不同严格控制施工成本。如安全质量管理部门必须做到安全,不出大事故;劳资部门对临时工应严格控制发生的工费等。

(5)施工队包括机械作业队,主要控制人工费、材料费、机械使用费的发生和可控的间接费。

(6)班组或职工主要控制人工费、材料费、机械使用费的使用。要严格控制领料、退料,避免窝工、返工,提高劳动效率。

4.2.3.2 成本控制的依据和基本原则

(1)建设企业成本控制的依据。

建设企业成本控制的依据包括以下内容:工程承包合同,施工成本计划,进度报告,工程变更,有关施工组织设计、分包合同等。

(2)成本控制的基本原则。

建设企业成本控制是成本管理的基础和核心,项目部在施工过程中进行成本控制时应遵循以下基本原则:全面成本控制原则;保证经济效益、最低成本化原则,动态控制原则,责、权、利相结合的原则。

4.2.3.3 工程成本控制的步骤

在确定了工程成本计划之后,必须定期进行工程成本计划值与实际值的比较,当实际值偏离计划值时,分析产生偏差的原因,采取适当的纠偏措施,以保证工程成本控制目标的实现,步骤如下。

(1)比较。将工程成本计划值与实际值逐项进行比较,以发现工程成本是否超支。

(2)分析。在比较的基础上,对比较的结果进行分析,以确定偏差的严重程度及偏差产生的原因,这一步是工程成本控制工作的核心,其主要目的在于找出偏差的原因,从而采取有针对性的措施减少或避免相同原因事件的再次发生或减少由此造成的损失。

(3)预测。根据工程实施情况估算整个工程完成时的工程成本,预测的目的在于为决策提供支持。

(4)纠偏。当工程的实际成本出现了偏差,应当根据工程的具体情况、偏差分析和预测的结果,采取适当的措施,以期达到使工程成本偏差尽可能小的目的。

(5)检查。对工程的进展进行跟踪和检查,及时了解工程进展情况及纠偏措施的执行情况和效果,为今后的工程积累经验。

4.3 成本管理的问题及成因

4.3.1 建筑施工企业成本管理现状和存在的问题

建筑企业成本管理是建筑管理的一大重要内容,其主要是对建筑施工过程中产生的人工费、材料费、机械费等各项费用加以分析、核算、决策以及控制,确保施工费用处于一个合理的范畴内,但是,目前部分建筑施工企业在成本管理方面也存在着种种问题,其主要的现状和存在的问题如下。

4.3.1.1 企业基础架构不合理

首先,建筑业在我国经济建设发展中有着重要的作用,是除农业之外的第二大支柱产业,人员众多,因此我国较多建筑企业管理层面组织架构存在结构不合理、部门多、机构臃肿的现象,造成专业人员分散,效能低下,人工成本居高不下,企业利润流失严重。

其次,建筑企业各类专业人才匮乏,自动机械化程度不高,例如现在大部分建筑企业几乎没有专业 BIM 技术人才,装配式作业只是企业的空谈口号,管理过程中往往也只注重施工过程中管理,不注重事前技术研发,不注重人才引进和培养。

4.3.1.2 企业成本控制方面不专业

第一,在成本核算环节,很多建筑企业没有建立完善的成本核算体系,成本核算目的性不强、对象不明确、核算不系统,如核算仅针对项目层面的人工费、材料费和机械费,缺乏企业层面的全面成本核算;核算对象划分过于粗糙,不能反映独立施工的工程项目的实际水平;数据计算不精确,成本信息失真等。

第二,在财务人员观念方面,财务人员往往只注重日常的核算和监督,没有参与项目经营管理的意识,不改变思维,不了解施工企业业务活动的全过程,不深入项目经营现场,也不了解工程施工总承包合同的计价模式、预算的工程量的构成及取费和执行的文件等,仅仅是浮于表面的核算数据,较为片面,没有创新性、前瞻性、风险性及法律性思维,提供不出合理化建议为项目及企业决策所用。

第三,由于成本控制制度缺失,没有监督管理职能,也没有奖惩措施,因此很多施工企业管理混乱,多存在无发票甚至假发票入账的现象,分包管理也存在漏洞,普遍存在合同签订不合理甚至无合同事实,劳务分包更多只是以人工工资表来体现成本费用,故产生较多不合理的支出。虽然现在由于国家税收政策的改变,营改增促使企业取得增值税专用发票用于抵扣,但税款往往直接转嫁给建筑企业,故企业成本并未降低,好多企业税负仍旧很高,企业利润流失严重。

4.3.1.3 企业思想观念跟不上新时期发展

现在很多建筑企业观念并未改变,认为只要注重大投入,大发展,拼规模,就能实现企业的发展,即便目前暂未凸显企业经营弊端,现金流也算顺畅,但若没有更好的财务成本控制意识,终究会影响企业发展。

建筑企业发展过程中的思想观念束缚主要有以下三个方面。

第一,只注重眼前利益部分,如部分施工企业片面强调成本管理仅仅就是降低消耗和节约开支,在这种成本观下,企业急功近利,忽视长远的发展规划,如不考虑市场前景及收益风险,盲目投资、担保、低价中标、垫资或带资承包开发,甚至负债经营等。另外许多建筑企业只注重基本活动中的过程管理,而忽视辅助活动中的人力资源开发及技术开发等因素,往往扼杀了企业长期发展的可能性。

第二,只注重局部成本控制,如一般认为建筑企业降低成本属于管理层和财务人员的事情,殊不知成本控制关系企业的每个人员,影响企业的方方面面,从工程项目的投标洽谈、招标预算开始就应该融入成本控制概念,涉及方案设计优化、二次经营及竣工结算等全过程业务中。

第三,只注重事后分析评价,故只是事后局部调整,忽略成本预测,缺乏精细化的全过程管理,往往成本控制力度有限。

4.3.2　建筑施工企业成本管理问题的成因

4.3.2.1　理念上存在误区

长期以来,就价格因素而言,施工市场在选择施工企业时流行两种做法:一是最低价格,二是合理价格。最低价格实际上就是谁报价低谁中标。在工程施工的实际招投标过程中,合理价格的确定有两种方式。一是在投标的施工企业中去掉最高和最低报价者,将其余报价者的报价简单算术平均,将该平均数视为合理价格,以报价最接近平均数的施工企业为中标者。二是由业主或招标单位限时根据劳务、物价等指数,编制标底,以报价高于标底且最接近标底的施工企业为中标者。不难看出,合理价格逐渐趋于最低价格。单个施工企业无法改变市场规则,因而,成本管理最基本的目标是适应市场的需要,也就是说逐步适应最低标价中标的市场规则。施工企业时下过多在追求合理价格上做文章,实质上是在坚持报价适应成本管理水平的理念,而不是成本管理适应市场的理念,这是理念上的误区。

4.3.2.2　认识上存在误区

施工产品的价格与其他商品一样,不仅由市场这只无形之手操控,也由政府这只有形之手调控。施工市场的竞争是施工企业之间的竞争,不是施工企业和投资者之间的博弈,更不是和政府的博弈。很多施工企业认为,施工市场最低标价中标的规则不可能持续,最终会回归到合理价格。乍一看,这没有错,仔细思考就不尽然了。这种认识实际上把投资者和政府看成了竞争对手,下意识地巩固、强化了投标报价适应成本管理水平理念的误区,这是认识上的误区。

4.3.2.3 成本责任不清

施工企业成本管理的首要问题是厘清成本要素,在此基础上必须明确谁对成本负责。国内施工企业的组织架构有三种模式:其一是三级法人加项目经理部模式,多为上市公司;其二是二级法人加项目经理部模式;其三是一级法人下的项目经理部模式。毫无疑问,不论是什么模式的组织架构,施工企业的各个管理层级、各个管理系统都会对成本要素发生影响,只是影响的程度和途径、手段、方法不同而已。施工企业找不准、厘不清成本要素,就无法准确界定哪一级组织、哪一个系统以什么样的途径、机制、手段、方法对成本要素施加影响,进而也就使得成本的责任主体不明。建立在成本责任主体不明基础上的管理机制、手段、方法是难以真正起到作用的。

4.3.2.4 缺失统一的标准成本

标准成本制度是施工企业日常成本支出的度量衡,缺乏标准成本制度的成本管理机制、方法、手段都是空中楼阁。计划经济体制和传统施工产品理论下的成本要素的标准成本是非常容易建立的,因为员工是自己的,机械设备是自己的。现在的施工企业劳务员工和机械设备是市场的,成本要素自然也就是市场的,其标准的高低取决市场的价值规律。施工企业成本要素不准确、不清楚,直接导致了标准成本的缺失。施工企业的成本管理是整体的各个管理层级联动、各个系统融合的综合性管理,成本要素不准确、不清楚,就无法建立联动、融合成本管控业务流程。

4.3.2.5 过程中缺乏有效的控制手段

任何一项管理活动均包括三个阶段:事前的筹划、事中的控制、事后的监督。施工企业的成本管理也不例外。事前筹划方案所依据的各种"假设"在实施过程中可能发生变化,需要事中的控制机制和手段、方法进行修正、矫正,事后的监督是对既成事实的问责。因此,事中控制、过程控制是管理的核心。当下,我国施工企业成本管理也不乏事前的筹划和事后的监督,但均缺乏事中和过程的管控,最直接的表现是缺乏保证成本管理机制发挥作用、各种方案落到实处的手段,机制形同虚设,既定方案流于形式;成本管理过于依赖事后的监督问责,以至于事后的监督问责也是法不责众。

4.4 成本管理的措施

4.4.1 建筑施工企业成本管理的原则

施工企业成本控制应当以项目成本控制为中心。施工项目成本控制原则是企业成本管理的基础和核心,主要包括以下内容。

(1)目标管理原则。成本管理的目的在于通过努力将成本控制在一定范围之内,这个范围即目标成本。在制订目标成本时,应当注意成本最低化与成本最优化两者之间的区别,成本最优化是合理的、可行的成本最低化。一方面挖掘各种降低成本的能力,使可能性变为现实;另一方面要从实际出发,制订通过主观努力可能达到的合理的最低成本水平。

(2)动态控制原则。施工企业与传统制造业最主要的区别在于:其生产的产品、生产过程均不具有可复制性。因此,理论上对其成本的控制只有一次机会,这个机会就是"动态控制",即在过程中随时对目标成本与实际成本进行对比分析,不断查错纠偏。

(3)责、权、利相结合原则。在项目施工过程中,负有成本要素的控制责任、享有成本控制权力的各成本控制主体,应当部分拥有或分担成本控制利益(或亏损)。项目经理要对各部门、各班组在成本控制中的业绩进行定期检查和考评,实行奖罚制度。只有真正做好责、权、利相结合的成本控制,才能收到预期的好的效果。

4.4.2 建筑施工企业成本管理的措施

1. 组织措施

组织措施首先是指从完善企业管理与成本控制的组织框架出发,并依据框架结构完善成本管理的职责,做到权责分明,避免因职责、惩处不清而引起的工作混乱问题;其次,清晰的组织框架,更加便于成本的逐级管理,层次分明的制度能够使得成本管理更加严谨。

2. 技术措施

对施工成本进行管理时,为避免因技术问题造成的施工障碍或施工浪费问题,在施工前就应该对工程的整体施工情况进行分析,选择合适的技术措施,既能够保证施工质量,又能够在技术的支持下减少材料和人员的投入,是施工成本控制的重要手段之一。技术措施不仅包括施工技术的选择,还包括施工材料与施工机械的选择与应用,选择适宜本工程的施工机械与物美价廉的施工材料,更加有利于施工成本的控制。

3. 经济措施

工程是一项具有较大风险的投资,有风险就可能会有损失,为减少风险带来的损失,在建筑施工过程中,对各项成本的支出要进行详细的记录与限制,避免出现浪费、胡乱支出的现象。同时,由于在工程施工过程中经常出现项目变更的问题,一经变更,对项目的施工进度、施工量等就可能会造成一定的影响,为避免这种影响对施工成本带来的不利影响,施工企业应该积极主动地与甲方公司沟通,为自身争取最大的利益,并采用科学的手段对变更可能出现的费用进行计算,减少损失或增加利润。

4. 合同措施

合同管理是施工管理的基本手段,也是具有法律效力的手段。在进行合同措施的成本管理时,需要将可能在施工过程中出现的每一项问题都在合同中列明,并注明相应的解决方式,在实际施工时,才能够依照合同行事,避免因合同条款不明而产生纠纷,同时要将本方在施工过程中出现的工程变更及时地告知甲方,并进行新的变更合同的补充,避免各项波动对工程造成的影响,更好地达到建筑施工成本管理的目标。

4.4.3 建筑施工企业成本管理优化的具体措施

1. 提升施工企业全员的成本管理意识

施工企业进行财务成本管理,应当提升企业全员成本管理意识,管理者需要认识到成本管理是全员管理、全过程管理,不仅仅是项目工程负责人以及财务人员的责任。在管理当中,需要帮助企业全员树立正确的成本管理观念,并提升其经济意识,落实过程中应由项目负责人进行牵头并签订责任书,明确项目过程中各项责任的承担者。各个项目当中均应组织建立成本管理工作组,并贯穿工程项目建设始终,以组织为单位,在各个时间节点进行工作会议报告,并由专业的财务人员提供财务支持,通过有效的成本核算、监督以及内控,确保财务成本管理职责落实到位,并及时处理工作中存在的问题。与此同时,也要成立相应的考核监察组,并在各成本管理组提供的工作报告基础上进行抽查,落实责任权属奖惩制度,并明确下一步考核措施。对于未达到要求的工作人员应进行重点培训和考核,围绕财务指标来安排后续的工作计划,同时,也要积极构建公平合理的考核环境,以此确保财务成本管理的客观性和准确性。

2.通过全面预算加大项目成本控制力度

在企业财务成本管理过程中,财务管理人员应明确预算控制的价值作用,结合施工环节来说,应以施工预算为基础,有效对比项目预算成本和实际成本之间是否存在差异以及出现差异的原因。结合材料费来说,材料费在工程项目建设中占据较大比重,对工程效益有直接影响,所以既要把控材料费的使用范围,也要坚持量价分离原则。工作人员应根据定额明确材料实际消耗量,并落实限额材料制度,选用当前节能环保又符合项目建设要求的施工材料,同时也要关注施工工艺,降低材料整体消耗量。财务管理人员应和材料选购人员做好工作衔接,加大对材料价格的控制,既要做好工程功能分析,也要加强市场调研力度,选择优质环保材料替代污染性大的材料。与此同时,在财务成本控制当中,也要明确工程项目过程中各项运输成本费用,合理制订进货批次及数量,避免时间价值过度消耗,通过合理的施工组织以及机械调配控制机械费用,并做好设备维修以及日常性开支管理。此外,财务管理人员也要针对人工费来制订管理细则,既要保证用工质量,也要从数量上来控制人工费支出,立足于项目实际有效降低人工消耗,从而达到控制成本的目的。

3.提高财务成本管理人员综合能力

在施工企业财务成本管理当中,管理者应认识到财务管理人员的综合能力对财务成本管理的直接影响,提高财务管理人员专业能力是当前企业需要重点关注的问题。在管理过程中,既要结合当前财务发展新要求来制订管理细则,也要从工作人员的工作实际出发,制订相应的培训计划,并在成本控制部门督导下,丰富财务人员工作内容。从企业层面来看,应聘请行业内专业的财务成本控制专家到企业开展系列教育活动,在拓宽财务人员知识面的同时,也提高企业专业知识考核力度,在理论学习与实践考核作用下,提高财务管理人员的专业能力。与此同时,施工企业也要结合日常管理问题构建更为全面的内部管控制度,扩大财务成本管理覆盖面,将财务成本管控与内部控制有效融合,突出财务成本管控的监督与服务优势,进一步强化内控执行力。让财务管理人员能够依照工作细则参与企业经营活动,并发挥其专业作用,在各部门有效配合下,既推进财务工作有序开展,也为各环节工作提供必要财务支持,进而提升企业整体内部控制水平。

4. 明确资金流向,降低资金使用成本

加强施工企业财务成本管理,财务管理人员应明确资金流向,确保企业资金分配权的公平合理,并有效把控企业在银行的开户数,降低资金使用成本,加强企业资金集中管控。在项目运作当中,既要保证资金专款专用,也要依照项目进度进行统一把控,确保企业资金使用平衡,从而有效避免资金限制,也改善以往资金款项不到位企业需要向银行借款等行为。财务管理人员应当以提升企业资金利用效率为重点,保证资金使用的计划性与合理性,在涉及企业资金运用时,相关部门应做好系列资金使用计划并提交电子版和纸质版报告。企业根据实际情况协调好资金额度,并由财务部牵头负责资金整体运作,在对资金时间价值进行分析以及对项目开展实际流程进行把控下,争取制订更为有利的财务管控计划。

5. 提高企业财务成本管理信息化水平

在企业财务成本管理当中,做好信息化数字化建设已是一项重点内容,客观上说企业财务信息化建设需要一定的资金作为支撑,这就需要财务管理人员能够帮助企业管理者认识到财务信息化建设有助于提升财务成本管控质量,从而在战略层面进行层层落实。管理者应明确财务信息化建设价值,依照企业财务管理需求选用合适的财务信息管理系统,并落实财务共享模式下的理念要求,做好人员配置,引进更专业的管理人才做好专业工作,同时也要围绕财务信息安全加大施工企业财务成本管理风险防控。利用线上和线下培训,不断提高企业全员对财务信息化的重视,帮助财务管理人员快速适应新系统使用规则,保证企业财务成本管控的高效率以及专业性。对于财务管理人员来说,应针对会计系统以往应用问题来提出相应的整改建议,不断优化财务成本管理内容和流程,制订针对性的管理方案,根据施工企业涉及的业务活动采取不同的成本管理计划,既保证客观反映企业财务状况真实性,也可为业务活动开展提供重要参考依据。

4.4.4 建筑施工企业成本管理案例

4.4.4.1 案例概况

某铁路建筑施工企业承接当地 M 建筑项目,该企业成立于 2000 年,主要业务是承接铁路建筑施工项目,注册资金 5000 万元,员工百余人。M 建筑项目对当地铁路建筑项目具有一定的价值,工程项目投资 500 万元,建筑项目绿化率为 40%。为了有效整合项目成本,在工程项目开始前,施工企业就结合定性指标、定量指标对成本控制绩效评价予以分类,并且建立了评价的独立模型,旨在有效提升具体问题的处理效率。

4.4.4.2 建筑施工企业成本管理中存在的问题

1. 成本控制意识不足

在建筑施工企业成本管理工作中,成本控制意识不足是非常关键的问题和影响因素,若施工部门没有形成良好的资金管理和成本控制理念,往往会对后续管理工作的基本水平造成影响,甚至会制约成本管理的时效性。多数建筑施工企业对成本管理的认知度不足,将其和财务管理视为一个概念,仅仅关注财务登记和管理,没有对项目均衡发展现状和管理要点予以约束,就会造成施工工程成本管理受限的情况,影响整体管控模式的合理性。

2. 成本管控体系不全

在建筑施工企业经营管理体系内,依旧存在管控机制和成本管理水平受限的问题,一部分建筑施工企业为了工程项目投标中标,往往会缩减施工成本价格,加之没有对铁路施工项目的周边环境、地区条件进行深度调研,就会造成施工项目后期运营管理的失衡,甚至使得后期施工进度失衡。

3. 成本管理体制缺失

在建筑行业管理工作体系内,因为没有有效对管理责任进行约束,成本管控体系和责任监管较为松散,且没有和具体施工成本监督行为进行联合应用,就会造成成本成效性管理工作滞后,严重制约成本管理制度的完整性。尽管企业已经建立了成本管控制度,但是因为管理人员责任感缺失或者管理水平不到位,就会对成本管理和控制制度管理产生影响,使得成本监管机制不能发挥其实际价值,也就导致成本核算管理无法有效完成控制工作。

4.4.4.3 建筑施工企业成本管理的优化措施

在建筑施工企业监管机制建立的过程中,要充分结合铁路施工企业的实际特征,建立健全合理的监管体系,并且充分满足多层次、多级法人经营管理体制的需求。在实际管理流程中要提升成本管理的实际效果。

1. 完善项目成本管理体系

在实际成本管理结构建立后,要从各级、各层次对施工监管过程和日常管理工作出发,积极建立健全完整的监督管控机制,确保具体财务监管行为和运维管理模式都能充分结合具体项目要求展开,从而实现管理目标。

第一,建筑施工企业要结合实际施工管理流程,确保能从根本上维护成本管理工作的时效性价值,有效建立完整的施工规划和施工重点项目监管体系,最重要的是,要想整合协调机制,就要对管理模式和管控机制的完整程度予以探讨,并且积极建立系统化监督管控模式。针对施工流程和组织结构,要积极地完善财务监管流程,保证具体问题具体分析的同时,也要维护施工流程的资金监督水平,确保施工工作流程符合具体施工方案和组织需求、管理标准。

第二,企业内部工程监管部门要结合实际管控标准,施工企业要结合实际发展需求,对项目成本进行结构控制和体系监督,整合管理模式和管理要素,维护管理控制结构的时效性,并且整合相关项目,有效对生产规模的变化予以调控和监督,完善管理工作的基本水平,并且要对项目成本的具体要求和管理规划予以系统化审批,确保资金管理模式和资金监督机制之间能形成良好的互动。另外,要对项目成本计划展开深度调研和系统化分析,建立完整的成本管控计划,对实际运行流程和管控体系进行综合判定,在一定程度上保证组织内部项目成本监督管控流程的完整性,为管理工作的全过程升级奠定基础,从而提升具体工作流程监管的合理性,也为全面核定项目成本控制结构和资本体系奠定基础。除此之外,企业内部监管机制也要更加贴合企业发展现状,管理部门要系统化监督检查所属单位固定资产的管理、使用情况。

第三,企业项目部要结合实际情况建立健全系统化的现场成本监督管控计划,并且要提升对项目成本控制工作的重视程度,全面整合资金管理工作的利用效率。只有对项目成本有明确的了解和认知,才能提升管控工作的科学性,提高铁路施工企业管理工作的综合发展水平和项目成本监督管控的整体效果。

2. 强化责任意识

在建筑施工企业成本管理工作开展进程中,要积极强化管理工作的基本效果,就要从根本上提高相关人员的责任意识,有效完善成本管理和控制机制,将其作为全周期管理体系贯穿整个施工项目,并对相应的指标体系进行综合分析,充分尊重项目管理责任控制机制的综合性和群众性。另外,相关管理人员要在明确自身工作义务和责任的基础上,对工程项目进行针对性控制和监管,将项目经理作为成本控制结构的核心,完成工程项目建设管理责任制,将工程项目进度管理、质量管理、安全管理以及成本监管体系进行融合,从而突出项目一体化监管水平,并且为成本控制流程的综合效果优化奠定基础。

3. 完善阶段性成本监管

在建筑施工企业成本管理工作中,除了要对各个部门进行责任划分,也要整合阶段性成本监管机制,确保能提升具体问题具体分析的水平,尤其是项目的施工阶段,要对项目管理予以充分的重视。尤其是在建筑施工企业项目中标后,就要控制各个阶段的成本信息和监管要求,并且制订更加贴合实际需求的成本控制方法,减少施工项目成本的同时提升经济利益,从真正意义上优化管理模式。

一方面,要制订更加有效的合理性施工组织规划,施工组织规划要将施工指导依据作为关键,确保能结合企业的现状落实具体的施工管理模式,将施工进度、施工工期、施工方法和施工质量等作为关键,有效提升资源配置管理效率,并且完善科学施工的项目管理结构,综合提升工程施工监管体系的完整性,并且维护企业经济效益,为全面突出经济运行效率奠定基础。

另一方面,要结合施工工程项目的整体目标责任成本进行施工管理,确保能突出成本监管机制的合理性和完整性,也为工程项目综合效果的优化提供保障。值得一提的是,成本管理流程和管控效果都要满足运维监管需求,提升资金管控效率,从而满足管理模式的具体要求。

4.5　成本预算管理方法

4.5.1　成本预算管理内容

成本预算管理是一个全方位的动态循环过程,是企业根据其实际经营情况,编制企业成本年度总预算,然后细化分解预算目标、落实各预算部门责任、规范控制及考评流程。成本预算管理流程图如图 4.1 所示。

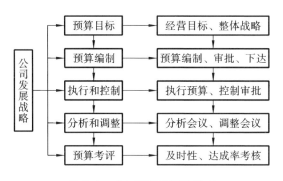

图 4.1 成本预算管理流程图

4.5.2 企业成本预算管理方法

企业的成本预算管理方法的主要有三种：标准成本预算管理法、目标成本预算管理法、作业成本预算管理法。

1. 标准成本预算管理法

受泰勒的企业生产过程应该进行标准化的思想启发，标准成本预算管理方法于 20 世纪初产生于美国。这种方法是将泰勒科学的管理理念在企业的成本控制中进行应用的具体体现。标准成本预算是指在经过对企业发生的各项成本项目进行认真、充分的调查和一定的技术分析而预计的，并且是在企业经营条件有效的前提下企业可能发生的成本。对标准成本的预算可以作为企业的一种目标成本，成为企业对成本的控制、分析和考核工作效率的重要标准。标准成本预算管理方法是指将企业的标准成本与实际发生的成本进行对比，并及时地进行记录并分析两者之间的差异。标准成本预算是用来衡量企业生产工作效率的一种有效的成本预算方法，这种方法的出现是由于实际发生的成本不能满足企业对成本控制信息的及时性要求。

标准成本预算管理主要包括标准成本的制订、计算实际成本与标准成本之间的差异、分析差异产生的原因。标准成本制订是标准成本预算管理的基础，其制订的准确与否直接关系到实施标准成本预算管理的效果，一般企业的具体标准成本的制订都是将成本构成分成直接的材料成本、直接的人工成本和间接的制造费用三个成本项目。标准成本预算管理将对实际成本与标准成本的差异进行计算和分析作为核心内容。实际发生的成本如果超过了企业制订的标准成本，这样造成的差异叫作逆差；实际发生的成本如果低于企业制订的标准成本，这样造成的差异叫作顺差。对实际发生的成本和标准成本差异进行的分析，主要目的在于找出为什么会产生这种差异，便于企业及时地采取相应的措施，从而知道从什么方面着手可以提高其生产效率并能够降低其生产的成本，并且分析差异可以为企业进行成本考核和激励提供一定的参考。标准成本预算管理作为企业对将要发生的成本进行有效计划和加强控制的有效方法，可以指导企业管理者不断地进行成本的分析和控制，提高其成本管理水平。标准成本预算管理方法与其他的预算管理方法相比，具有其独特的优点。首先，实施标准成本预算管理能够使企业加强对成本的控制；其次，标准成本预算管理的采纳有助于落实企业各层的责任；最后，标准成本预算管理过程中制订的标准成本对企业进行经营决策、对外进行投标议价等活动具有非常重要的参考价值。

2. 目标成本预算管理法

目标管理第一次是被彼得·德鲁克提出的，他是美国著名的管理学家，并于1954年出版了《管理的实践》一书，在此书中德鲁克详细地阐述了目标管理思想，他认为只有确定了目标，才能有效地开展工作，所以企业的使命或战略应该先转为目标，如果不确定目标，那么这方面的工作很容易被忽视，所以企业管理者应该通过制订目标来对员工进行管理。首先，企业应该明确组织目标，然后将目标进行分解，将组织目标分解成各部门和员工个人目标，并将目标与完成情况进行分析，通过分析来评价、考核并激励员工。目标管理是一种持续的动态管理过程，根据企业的经营目标，在成本预测、成本决策、测定目标成本的基础上，进行目标成本的分解、控制分析、考核、评价的一系列成本管理工作。实际上目标管理也作为一种管理思想，它强调了确立目标对于一个组织、一个单位和个人的重要性，强调将成果作为目标进行管理，对于人的潜力进行了充分的肯定，并提出自我控制对目标管理的重要性。

目标成本预算管理主要在于如何确定以下四个方面的内容：如何进行目标成本的确定、如何对目标成本分解与落实、如何对目标成本进行执行与控制、如何进行目标成本的考核与评价。目标成本的确定是在参照竞争市场价格，减去企业的目标利润对目标成本进行预计和决策的基础上，采用一定方法对目标成本进行计划而形成企业目标总成本的过程。其中最重要的环节是目标成本预测，它是进行目标成本预算管理首先要解决的一个问题，并作为对目标成本进行决策和计划、分解和落实、执行和控制、分析和纠偏、考核和激励的前提。对目标进行分解是落实成本预算的手段，对预算的落实是目标预算分解的目的和结果，对目标预算的分解和落实统一构成了预算管理的重要环节。对目标成本进行分解的方式可以分为两种：一种是将物作为分解对象，另一种是将人作为分解对象。这两种分解中都将包括对各自进行细化分解。对目标成本预算进行控制，按实施控制的对象及内容，其可以划分为对开始生产之前的目标成本控制（事前控制）和对生产经营中的控制（事中控制）。事前控制和事中控制保证了企业目标成本预算的有效实施。对目标成本预算执行情况的考核，是目标成本预算管理的重要一环。对目标预算进行考核的原因是考核可以在很大程度上激发员工的积极性与主动性，充分发挥预算激励作用，并能将企业的发展同管理人员和生产人员的自身利益密切相连。

3. 作业成本预算管理法

从 20 世纪中后期开始，企业的生产经营模式随着高新技术时代的到来和全球竞争的加剧逐步由少品种、大批量转变为多品种、小批量的生产。各种各样的现代制造技术和生产方法被研究并应用到现代企业的生产经营中，以适应高新技术时代的竞争，这些技术如智能机器人、电脑辅助设计和制造、弹性制造系统以及电脑整合制造的使用等。企业的生产环境随着这些技术的应用发生了巨大的改变，随之而来的是企业的管理理念和方法发生了较大的变化，成本管理方法也因此发生了很明显的变化。改变传统的以产量为基础的预算方法是现代企业管理要求。为适应当代企业的管理要求，出现了企业以作业成本法为基础的成本预算管理方法。这种方法以企业战略目标为导向，以企业的作业作为成本预算的对象。在对企业的作业进行充分的分析和改进的基础上，预计将要发生的作业量，确定企业在每一个部门的作业所发生的成本，并将这些资料作为参考，规定在预算中每一项作业所允许消耗的资源，并对预算的执行实施有效的控制、绩效评价和考核。作业成本预算管理是一个动态过程，目的是加强对作业的分析与改进。

作业成本预算的一般步骤是将企业所消耗的各项资源向各作业分配，然后再将各项作业所耗用的资源向产品分配，这样进行成本分配的重点就是确定成本动因。

4.5.3 项目成本预算管理方法

4.5.3.1 项目成本预算编制的方法

工程项目成本预算的主要编制方法可分为定额法、经验预测法、工程类比法、实物量法。四种预算的编制方法如下。

1. 定额法

定额法又称直接计算法,这种方法广泛应用于施工项目的成本预算编制,定额法在施工企业的运用中还分为平均先进定额、企业内部定额。平均先进定额就是在正常的生产条件下,大多数的施工人员经过努力就能达到或者超过的水平,此种消耗定额代表行业的平均先进水平,能够更好地激发员工努力达成生产目标的积极性。不过,对于成本预算管控水平低下的公司来说,选用平均先进定额在提高成本预算控制要求的同时也会造成更大的压力。企业内部定额,顾名思义就是企业在以往完成的施工项目的实际消耗的基础上,再综合考虑企业想要达到的消耗定额的水平,设置适用于公司的一个消耗定额。在选用定额法进行成本预算编制时,注意要结合企业的特性充分考虑,选取的定额要适用于企业。

2. 经验预测法

经验预测法就是根据以往的经验进行成本预测的一种方法,预算编制人员在进行成本预算编制时,很多情况会涉及需要主观判断的地方。该方法的优点为预算过程迅速,且成本较低;缺点则是主观性大,准确性不稳定。因为利用经验预测成本的准确性很大程度取决于预算编制人员在此类项目所积累经验的丰富和优劣程度,同时也需要其有较好的专业知识和判断能力。

3. 工程类比法

工程类比法是利用结构特征和建设条件基本相同的已建工程的相关指标数据,以此为依据估算出施工总成本,其优点是得到相类似工程的指标数据之后进行成本测算比较简单、快捷,但此种计算编制方法是以工程主体的工程量为编制依据,并没有充分结合工程施工的具体设计方案,由于不同工程的结构特点和建设条件始终会有区别,所以,直接套用其他工程的指标数据计算出来的施工成本精确度较低,此种编制方法比较适用于工程施工成本概算或可行性研究阶段的投资估算。

4. 实物量法

实物量法是根据待建工程的结构特点、施工环境等各项因素来进行预算编制的一种方法。先按照施工图纸与现场施工条件计算各分部分项工程的工程量,然后根据相应的预算定额,分别计算出各分部分项工程的人工、材料和机械台班耗用量,并按单位工程加以汇总,得到完成该单位工程所需的人工、材料和机械台班的总耗用量,再各自乘以相应的工时费、材料单价和机械台班使用费,其总和即该单位工程的直接定额费。实物量法相较其他的编制方法准确性更高,但它的缺点是需要对施工条件、设计要求等相关情况进行深度了解,编制内容繁多,计算工作量大。

4.5.3.2 项目成本预算控制的方法

1. 帕累托分类法

帕累托分类法是项目管理中常用的一种分析方法,又被称为 ABC 分类法。该方法将研究对象按重要程度进行分类,对重点因素和一般因素有区别地进行监督管理。该方法一般将研究对象划分为 A、B、C 三类,A 类重要程度最高,其次是 B 类和 C 类。在管理上应当对重要程度最高的 A 类进行重点关注,而对于 B 类和 C 类可视情况适当放松标准,运用帕累托分类法进行项目管理可以合理地配置企业资源,将重点放在 A 类对象上,使得管理工作更加有针对性,能够在保证工作的质量的情况下提高工作效率。

2. 挣值法

挣值法是将项目成本与进度结合考虑,用于分析项目预算执行与项目预算目标之间的差异,挣值法相较于简单的成本分析方法,可以更加明确地反映实际成本支出相较预算节省或超支的原因。利用挣值法对施工项目进行动态的成本分析,便于让项目管理人员更准确地了解施工过程进展以及在成本预算管理上存在的问题,有助于其及时采取改进措施以保障施工项目成本预算目标的成功完成,该种方法的优点是分析结果更加准确,但是对于成本核算的要求比较高,耗时耗力。

挣值法主要利用三个基本参数、五个评价指标对项目成本支出进行分析控制。

三大基本参数见表 4.1。

表 4.1 挣值法三大基本参数

三大基本参数	计算公式	定义
BCWS 计算工作量的预算成本	计算工作量×预算成本	根据一段时期内计划完成的工作量与预算 定额计算得出当期的预算数额

续表

三大基本参数	计算公式	定义
BCWP 已完成工作量的预算成本	已完成工作量×预算成本	即挣得值,根据某阶段实际完成的工作量与预算定额计算得出当期的已完工工作量的预算成本
ACWP 已完成工作量的实际成本	已完成工作量×实际成本	在工作实施过程中,某阶段实际消耗的费用

以 BCWS、BCWP、ACWP 三大基本参数,可以计算出五个评价指标,具体见表 4.2。

表 4.2 挣值法五大评价指标

五大评价指标	计算公式	指标分析
CV 成本偏差	BCWP−ACWP	(1)CV>0,实际支出少于预算 (2)CV=0,实际支出等于预算 (3)CV<0,实际支出超出预算
SV 进度偏差	BCWP−BCWS	(1)SV>0,进度提前 (2)SV=0,进度按计划进行 (3)SV<0,进度延误
CPI 成本绩效指标	BCWP/ACWP	(1)CPI>1,实际支出少于预算 (2)CPI=1,实际支出等于预算 (3)CPI<1,实际支出超出预算
SPI 进度绩效指标	BCWP/BCWS	(1)SPI>1,进度提前 (2)SPI=1,进度按计划进行 (3)SPI<1,进度延误
CSI 成本进度指数	CPI×SPI	(1)CSI>1,执行效率高,存在进度超前或者实际成本有节余的情况 (2)CSI<1,执行效果不佳,存在进度延误或者实际成本超支的情况

4.5.3.3 项目成本预算考核的方法

1. 目标考核法

目标考核法,就是预先设定目标值,根据考核指标来评价员工的相关工作完成情况,并且根据考核结果给予相应的惩戒或奖励。这种方法是在考核对象进行相关工作之前预先设定工作需要完成的指标和各种考核要求,并建立考核评价结果相对应的奖惩制度,工作进行中需要对相关指标进行客观记录,在工作完成之后,将完成情况与之前设定的考核指标进行对比分析,并依据考评结果给予考核对象奖励和惩罚。考核指标有可能是单一的,也可能需要根据工作复杂程度进行多项指标的设定,最终需要对多项指标进行综合考量评价,一般较多采取加权平均的定量分析方法。要想有效起到监督激励的作用,设定合理的目标至关重要,目标过高或者过低都不利于激发考核对象的工作积极性。

2. 责任矩阵法

责任矩阵法是项目管理中明确各成员工作责任的一个十分重要的工具,利用责任矩阵法可以明确每一项工作由谁负责,同时也会明确在同一项工作,不同员工在该项工作中担任的不同角色,通常包括负责、执行、辅助、顾问和通知等角色分类。在执行具体工作之前,通过责任矩阵法可以清楚地看出每项工作涉及的相关责任主体,也更能够保证每一项工作都有人负责,避免在执行工作中出现问题而责任不清或无人负责的情况,有助于企业进行日常工作的分工与人员考核。

4.6　营业收入与利润管理

收入与利润是施工企业的生产经营成果,综合且直接地反映出企业行为的最终状况,是企业在生产经营中的两项根本性的经济指标。

施工企业的收入主要是指营业收入,而利润是指营业收入总额扣减成本、费用总额及税金之后的余额,也称为企业的纯收入。

4.6.1　营业收入管理

4.6.1.1　营业收入的概念和构成

建筑企业的营业收入是企业因工程施工、提供劳务、作业、房地产开发,以及销售产品等所取得的收入,是企业经营成果的价值表现。

建筑施工企业营业收入包括工程价款收入,劳务收入、作业收入,产品销售收入,材料销售收入,多种经营收入,设备租赁收入以及其他业务收入。建筑施工企业的基本营业收入主要是工程价款收入,包括工程价款结算收入、工程索赔收入、向发包单位收取的临时设施基金、劳动保险基金、施工机构调遣费等。工程价款结算收入包括直接工程费、间接费、利润及税金等。

4.6.1.2 建筑施工企业的营业收入管理

1. 企业营业收入的确认

企业营业收入的确认是以营业收入的实现或成立为依据的。确认工程价款收入的总原则是,施工企业出具工程价款结算账单,经发包单位签证后确认为销售收入的实现。因此,工程价款收入的实现依赖于施工企业工程价款的结算办法。目前,施工企业工程价款的结算方式主要如下。

(1)按月结算。即实行旬末或月中预支、月终结算、竣工后清算的办法。对于跨年工程,年终进行工程盘点,办理年度结算。该办法的结算对象为分部、分项工程。对这类结算工程,应分期确认合同价款的实现,即月终承包与发包双方进行已完工程价款结算时,确认为承包合同已完部分的工程收入实现。

(2)分段结算。对于工期超过1年的工程,可以按工程阶段或形象进度,划分不同阶段进行结算。分段结算可以按月预支工程款。分段结算总额不超过总造价的90%,其余留待工程竣工后结算。因此实行分阶段结算的工程,应按合同规定的形象进度分次确定已完阶段工程收入的实现。

(3)竣工后一次结算。如果承、发包双方实行合同完成后一次结算工程价款,则在合同完成后所进行的工程价款的结算,确认为收入的实现。该结算办法适用于建设项目或单项工程全部建筑安装工程建设期在1年以后,或工程承包合同在100万元以下的工程,可以按月中预支工程款,竣工后一次结算。

(4)其他结算办法。除了以上三种方式,承、发包双方还可以签订其他的结算方式。实行其他结算方式的工程,其合同收益应按合同规定的结算方式和结算时间,在与发包单位结算工程价款时,确认收入是一次实现或分次实现。本期实现的收入额,是本期结算的已完工程价款或竣工一次结算的全部合同价款。

施工企业除了工程价款收入外,还有其他营业收入。其他营业收入的确认,是施工企业销售产品或商品、租赁设备、销售材料或半成品、提供劳务时,以收到货款或取得了收取货款凭证确认为营业收入的实现。

2. 施工企业营业收入的实现过程

(1)预付备料款。工程开工前,发包单位向承包单位预付备料款数额,由工程承包合同根据工程主要材料占产值的比重、工期长短、承包方式(包工包料还是部分包料或不包料)等情况经承、发包双方议定。一般应按当年计划完成建筑安装工作量计算。建筑工程(包括水、暖、电等房屋设备安装工程)按年工作量的25%~30%计算,外购预制构件、多层钢结构等主要材料占产值比重大的工程还可以提高到40%。安装工程按年安装工作量的10%(若材料用量较多的可以提高到15%)计算。此外,工期短的工程预付款要高些,包料比重大的要高些,包工不包料的则可以不预付备料款。收取备料款的限额见式(4.13):

$$预付备料款的限额 = \frac{全年施工产值 \times 主要材料所占比重}{年度施工天数} \times 材料储备天数$$

(4.13)

预付备料款在工程中后期随着所需材料和结构件储备量的减少,以抵冲工程进度款的方式,陆续从每月应付给施工企业的工程价款中扣回。

一般当未施工工程所需材料费与预付备料款相等时,开始扣预付备料款,即

未施工工程工作量(Q)×材料费占工作量的比重(P)=预付备料款数额(M)

(4.14)

设工程承包合同价款总额为T,预付备料款的起扣点为K(即开始扣预付备料款时各月已完工作量累计所达到的金额)。上式可以简写为:

$$Q \times P = M \tag{4.15}$$

由于$Q = T - K$,经代换上式变为:

$$(T - K) \times P = M \tag{4.16}$$

因此,预付备料款的起扣点为:

$$K = T - M/P \tag{4.17}$$

(2)中间结算。中间结算的一般做法是,月初(或月中)由承包企业按当月计划向发包单位提出预支工程款账单,同意后由经办银行支付上半个月的工程款。月末,再提出本月实际完成工程月报表和工程款结算账单,经发包单位或委托的工程监理单位进行质量、数量和价款审核,对确认的款额通知经办银行办理当月结算,扣除本月预支款后支付结算的余额。

当工程款拨付累计达到预付备料款时,开始在当月结算额中按比例扣还预付备料款,然后支付其余额。当工程款拨付累计达到合同造价的95%时,拨付即停止。预留的5%作为工程尾款,在工程竣工办完竣工结算后或保修期完成后拨付。

(3)竣工结算。竣工结算在工程竣工验收后进行。施工企业完成承包合同

所规定的全部工程内容,办理完竣工验收手续后,办理工程价款的竣工结算。竣工结算的计算公式为:

竣工结算工程价款＝合同价款±施工过程中合同价款调整数额
　　　　　　　－预付及已结算工程价款　　　　　　　　　　　　　(4.18)

4.6.2　利润与利润分配管理

建筑施工企业的利润是建筑施工企业在一定时期内经营活动所取得的财务成果,该成果由营业利润、投资净收益、营业外收支金额组成,即

利润总额＝营业利润＋投资净收益＋营业外收支净额　　(4.19)

4.6.2.1　施工企业的营业利润和税收

施工企业的营业利润,由工程结算利润和其他业务利润组成,其结算公式为:

营业利润＝工程结算利润＋其他业务利润－管理费用－财务费用(4.20)

1. 工程结算利润

建筑施工企业的工程结算利润是指建筑施工企业(含其内部独立核算的施工单位)已向工程发包单位(或总包单位)办理工程价款结算而形成的利润。其计算公式为:

工程结算利润＝工程价款收入－工程实际成本－工程结算税金及附加

(4.21)

2. 其他业务利润

建筑施工企业的其他业务利润,是指除工程价款收入以外的其他业务收入扣除其他业务成本及应负担的费用、流转税金及附加后所得的利润。建筑施工企业主要有以下几种其他业务利润。

(1)产品销售利润,是指企业内部独立核算的工业企业销售产品所形成的利润。其计算公式为:

产品销售利润＝产品销售净收入－产品制造成本－产品销售税金及附加

(4.22)

其中,

产品销售净收入＝销售收入－(销售退回、折让、折扣)　　(4.23)

产品销售税金及附加包括产品销售税、消费税、城市维护建设税、教育经费

附加等。企业收到出口产品退税及减免税退回的税金,作为减少产品销售税金处理。

(2)材料销售利润,是指企业及其内部独立核算的材料供应部门销售材料所实现的利润。

(3)其他销售利润,是指除上述各销售利润以外的其他销售利润。如企业内部非独立核算的辅助生产部门、对外单位或企业内部其他独立核算单位提供产品和劳务所实现的利润等。

(4)多种经营利润,是指企业举办一些与工程施工无直接联系的其他行业的经营业务,其营业收入减营业成本、营业税金等后形成的利润。

(5)机械设备租赁利润,是指企业对外单位或企业内部其他独立核算单位出租工、机具和生产设备的租金收入,减租赁成本和营业税金后形成的利润。

(6)其他利润,包括无形资产转账利润,联合承包节省投资分成收入,提前竣工投产利润分成收入等。

3. 管理费用和财务费用

由于这两部分属期间费用,按《企业财务通则》规定,应直接计入当期损益。

4. 流转税及附加税

流转税是对商品生产、流通和提供劳务的销售额或营业额征税的各个税种的统称。流转税的税源大,收入及时稳定,国家可以通过调整流转税调节生产和流通,建筑施工企业应缴纳的流转税及附加税有营业税、城市维护建设税及教育费附加等。

4.6.2.2 投资净收益

投资净收益是投资收益和投资损失的差值,是企业利润总额的构成部分。

1. 企业对外投资收益

企业对外投资收益包括以下内容。

(1)对外投资分得的利润,是指企业以现金、实物、无形资产等进行对外投资或联营合作分得的利润。

(2)股利,是指企业以股票形式投资分得的股息和红利收入。

(3)债券利息,是指企业以购买债券形式投资获得的利息收入。

(4)企业对外投资到期收回或中途转让取得的超账面差额,以及按"权益法"核算股权投资在被投资单位增加的净资产中所拥有的数额。

2. 企业对外投资损失

企业对外投资损失包括对外投资分摊的亏损,投资到期收回或中途转让取得的低于账面价值的差额,按"权益法"核算的股权投资被投资单位减少的净资产中所分担的数额等。

4.6.2.3 营业外收支净额

营业外收支净额是营业外收入与营业外支出的差额,是企业利润总额的组成部分。

1. 营业外收入

营业外收入是指与企业生产经营活动虽无直接因果关系,但与企业有一定联系的收入。营业外收入包括以下内容。

(1)固定资产的盘盈和出售(报废清理)净收益。盘盈的固定资产净收益是按原价减估计折旧后的差额。出售固定资产净收益是指变卖固定资产所取得的价款减清理费后的数额与固定资产账面净值的差额。

(2)罚款收入,包括罚款、索赔款、赔偿金、违约金等。

(3)因债权人单位变更或撤销等原因而无法支付的应付款项。

(4)教育费附加返还款,是指教育部门返还教育经费附加给企业补贴办学经费款。

2. 营业外支出

营业外支出是指与企业生产经营没有直接关系,但却是企业必须负担的各项支出,包括以下内容。

(1)固定资产毁损、盘亏、报废和出售的净损失。

(2)非季节性和非大修理期间的停工损失。

(3)职工子弟学校和技工学校经费支出与收入差额。

(4)非常损失,是指自然灾害造成的企业全部损失扣除保险赔偿款及残值等的净损失,及由此造成的停工损失和善后清理费用。

(5)公益救济性捐赠。

(6)未履行经济合同支付的赔偿金、违约金、罚款等。

以下支出不得列入营业外支出,应从收益总额中扣除:违法经营的罚款和被没收的财务损失;税收滞纳金、罚金和罚款,自然灾害或意外事故损失应赔偿的部分;超过国家规定允许扣除的公益、救济性捐赠以及非公益、救济性的捐赠,各种非广告性质的赞助支出；与取得收入无关的其他各项支出等。

2.6.2.4 利润的分配

按现行财务制度规定，企业所获利润总额，按照国家规定作相应调整后，按规定的所得税率上缴所得税。企业发生的年度亏损，可以用下一年度的税前利润弥补。下一年度利润不足弥补的，可以在5年内延续续补，5年内不足弥补的，用税后利润弥补。企业在缴纳所得税后的净利润，加上上一年度未分配的利润，即企业内可供分配的利润。该净利润应当首先按照相关规定或相关协议，提取各种盈余公积，其余额可以再划分为两部分：一是向投资者分配利润；二是留作下一年度进行分配的利润。上述分配过程可以归纳如下。

1. 缴纳所得税

我国现行企业所得税基本税率为25%。同时在《企业所得税法》中设定了低税率和优惠税率。非居民企业在中国境内未设立机构、场所的，或者虽设立机构、场所但取得的所得与其所设机构、场所没有实际联系的，应当就其来源于中国境内的所得缴纳企业所得税，适用税率为20%，但实际征收时适用税率为10%。符合条件的小型微利企业，适用税率为20%；国家需要重点扶持的高新技术企业，适用税率为15%。

所得税按年计征，分期预交。企业应从全局利益出发，正确计算和缴纳所得税。其计算公式如下：

$$应纳所得税税额 = 应纳税所得额 \times 所得税税率 \tag{4.24}$$

所得税税率是由国家税法规定的，企业必须严格执行，不得随意改变，正确计算应纳所得税税额的关键是正确计算应税所得额。应税所得额是根据国家规定，在企业实现的利润总额的基础上增加或扣减有关收支项目的办法加以计算的，其计算公式如下：

$$应纳税所得额 = 实现利润总额 + 经批准增加的收入项目$$
$$- 经批准减少的支出项目 \tag{4.25}$$

2. 提取盈余公积

企业盈余公积包括法定盈余公积、任意盈余公积和公积金。法定盈余公积提取额为可供分配利润乘以10%。若企业法定盈余公积超过注册资金的50%，则不再提取，法定盈余公积可以用于弥补亏损和转增资本金。对于转增，应以转增后公积金不少于注册资金的25%为限。任意盈余公积根据企业实际需要提取,其中形成的固定资产可转入为企业的固定资产。公积金的提取额通常为可供分配利润的 5%。

3. 应分配利润

应分配利润主要是指向企业投资者分配的那一部分利润,其分配依据是投资份额或事前协议。

4. 未分配利润

未分配利润是指企业决定留待以后年度再行分配的利润。

第5章 财务预决算管理与财务分析

5.1 财务预决算概述

财务预决算是财务预算和财务决算的合称。财务预算是一系列专门反映企业未来一定期限内预计财务状况和经营成果,以及现金收支等价值指标的各种预算的总称;财务决算是国家机关、企事业单位及其他经济组织某一年度或某一建设项目预算执行结果的书面总结。

财务预算使决策目标具体化、系统化和定量化,有助于财务目标的顺利实现;财务决算有利于总结经验、改善企业经营管理。预算与决算工作相辅相成,通过决算工作可以对预算经费的执行情况进行认真分析,促进预算的合理编制,从而提高财政经费的使用效益。

5.1.1 财务预算管理概述

预算管理是利用预算对企业内部各部门、各单位的各种财务及非财务资源进行分配、考核、控制,以便有效地组织和协调企业的生产经营活动,完成既定的经营目标。

5.1.1.1 建筑施工企业预算管理

1. 概念及基本特征

对于建筑施工企业而言,预算管理是从建筑施工企业的战略目标出发,落实顶层决策,细化企业的战略目标,推动和促进企业的精细化管理的一种管理模式。预算管理是利用预算对企业内部各部门、各环节,尤其是工程项目的各种资源进行分配、考核、控制,以有效组织和协调企业的生产经营活动,完成既定的经营目标。对于建筑施工企业而言,做好财务预算管理,首先是能够促进建筑施工企业内部财务资源得到合理配置,避免浪费,从而实现良好的成本增值效应;其次是通过对财务预算的科学编制和细化落实,促进各部门和关键岗位员工形成降本增效的意识,使内部形成更加高效节约的运转体系;再次是通过对财务预算的科学控制,使成本得到有效管理和控制在合理的范围内,防止因成本超支所出现的偷工减料、以次充好等现象,保障建筑工程项目的品质;最后是做好预算控制,有效规避一些不合理的资金使用甚至挪用行为,使企业形成更加高效透明的内部控制体系。

预算管理的基本特征有以下四个。

(1)全局性特征。预算管理的范围涉及企业经营管理的各个方面。企业预算管理主要通过战略目标、事前控制、市场导向、业务流程、人才引进等方面,对企业经营发展目标和未来发展规划起到引导、监控、考核作用。企业预算管理的流程主要有预算目标与编制、预算执行与控制、预算分析与考核等,对企业经营管理形成循环往复的整体监控。

(2)融合性特征。预算管理通过事前、事中、事后控制将企业的管理准则和发展机制融合在一起,并充分发挥预算管理的监督、控制职能,对企业决策管理、项目实施流程、员工考核机制具有一定的指导意义。预算管理是企业管理控制体系中的一种机制,企业管理层可以将预算与企业生产经营活动紧密联系,发挥预算在企业内部控制中的作用。

(3)整体性特征。企业的全体员工都需要参与预算管理的流程,通过预算管理的监管、反馈机制,企业管理者可以对企业每名员工的行为举止了如指掌,从而影响预算执行与控制,预算分析与考核的结果。预算管理将企业的内部控制和制度管理融合为一个具有系统性的整体,形成具有企业特色的体系,反映各部门人员相对应的职责和权利。

(4)互动性特征。无论是企业上下级的沟通,还是董事会与部门领导间的沟通,都是企业管理中重要的组成部分,相比其他的企业管理模式,预算管理可以较好地成为企业员工之间沟通的桥梁。在企业经营管理过程和实践应用中,企业高层、中层、基层之间,财务部门和其他部门之间都可能面临多向沟通与协调的处境,预算管理可以将各级责任中心和部门紧密联系到一起,并建立相应的奖惩机制,让企业的内部合作纽带更加牢固。

2. 预算管理内容

(1)预算目标。预算目标是落实企业战略目标的重要保障,将企业战略目标精细化、具体化。具有明确企业管理方向、协调企业各级工作、控制生产经营活动,提供企业考评依据等作用。

(2)预算编制。预算编制主要包括预算编制内容及方法,预算编制内容主要有财务预算、经营预算和投资预算。财务预算是在企业未来规划的某个期间,反映企业财务状况、经营情况的预算;经营预算是根据企业生产和销售计划,通过实物指标和价值指标反映出企业收支情况;投资预算是指企业为了获得更多报酬而做出的财务支出计划,它是反映企业资金运营的预算,常见于企业的经济建设环节。预算编制方法可分为以下三类。

①按业务量基础的数量特征。固定预算法是以某一期间内的产品销量或销售额水平为基础,通过此基础来确定预算指标的编制方法。此类方法适用于产品销量或销售额较为稳定的企业或非营利组织。弹性预算法是以某个预算期间内的不同种类的产品销量或销售额水平为基础,根据不同类别的情况预算的编制方法。此类方法在理论上适用于预算中所有与业务量有关的预算,在实践应用中适用于成本弹性预算和利润弹性预算。

②按编制出发点的特征。增量预算法是以基期成本费用水平为基础,通过分析预算期间内的产品销量或销售额的水平及其影响因素,对基期成本项目及其费用进行预算的编制方法。零基预算法是指在进行费用预算时,编制数额不会因基期成本项目和费用情况而受到影响,以预算支出是零为基础,所有关于预算的费用都需要与实际需求产生联系,同时在预算期间内需要判断费用的支出是否合理来综合调整的预算编制方法。

③按预算期的时间特征。定期预算法是以某一个固定的预算期间作为从预算开始到结束的预算编制方法。滚动预算法是指在进行预算的过程中,随着时间不断地推移,预算时间和内容也会发生变化,从而实现预算期间逐渐延后、永续滚动的预算编制方法。

(3)预算执行与控制。预算执行是指在预算目标与编制的前提下,企业进行预算的实施过程,在此过程中需要营造一个有利于预算的环境。预算执行是实现预算目标的重要环节,在整个预算管理流程中也处于举足轻重的地位。预算执行不仅仅是帮助企业实现战略目标的过程,也是对业务流和资金流监控的过程,执行状况不仅可以反映预算编制的科学性与合理性,而且决定着企业的各项经济活动结果能否达到预期目标。

预算控制是一种需要根据企业制订的预算目标和预算编制的内容及方法,对费用收支和各部门经营活动管控的行为。预算控制将实现企业战略发展目标、优化企业资源合理配置,加强企业员工综合素质作为首要考虑因素,通过预算执行,预算分析与考核等方法对企业在预算期间内的生产经营过程进行全方位的控制,来确保各部门能够完成预算指标、达到预算目标。

(4)预算分析与考核。预算分析是根据企业制订的预算目标与编制、预算执行与控制的具体情况,采用差异分析法、对比分析法、因素分析法等方法对预算管理结果进行剖析。预算分析的主要任务是找出预算管理结果与预算目标之间的差异,从而分析差异原因,进行预算调整。预算考核是企业对各级责任中心和各部门预算管理结果考评的常用方法,主要是通过一定的预算考核办法和评分标准对预算执行者进行约束或鼓励。预算考核是预算管理的最后步骤,也是改善企业管理的重要环节,预算管理中不能没有预算考核,缺少此环节不仅无法调动企业员工的积极性,也会使预算执行流于形式。通过预算考核充分发挥预算管理的作用,推动企业实现战略发展目标。

3. 建筑施工企业提高预算管理水平的对策

(1)强化对预算影响因素的全面把握。建筑施工企业在编制预算的过程中,应当进一步加强对各种影响预算的不确定因素的研判,为此,首先要积极和上级主管部门保持良好的关系,对可能出现的政策变动、行业标准变化等,尽可能掌握最前沿的信息,以进一步控制和防范政策风险;其次要通过积极深入市场进行调研走访,以及关注财经资讯、行业资讯,把握一些建筑施工原材料成本、人工成本可能出现的波动变化趋向,从而准确把握由于市场波动所带来的影响因素;再次要加强与设计单位和业主单位的沟通,对施工过程中可能会遭遇的一些不可控的自然因素进行分析论证,并共同商讨防范和应对的策略;最后在编制预算的过程中,还要针对一些不确定、不可控的因素预留一定的专项风险预算,使得一旦发生意外情况,能够有所准备。

(2)强化预算管理过程中的全面协作。首先,在预算编制阶段,建筑施工企业应当摒弃闭门造车的做法,要积极和技术部门、物资设备部门、安全部门、后勤部门、计划合同部门等进行交流研讨,对于地理距离较远的项目部,可以采用视频会议的方式进行。总之,要联合各部门就各个环节应当拟定的预算类目和预算展开必要而充分的分析论证,确保预算编制的结果能够契合工程项目发展的实际需要。其次,在预算确定以后,应当对预算按照相关归属进行进一步的细化,对各部门、各关键岗位进行分解落实,使每一项预算都能够具体到相应责任人,从而提高预算的精细化管理程度。同时要做好持续的沟通交流,确保在预算管理周期内,能够对预算管理的效果及相关信息持续把握。最后,如果发生追加预算的情况,也应当积极组织相关方面开展研究论证工作,并在此基础上做出是否追加的决定。

(3)提高预算管理方式先进性。首先,要进一步强化授权管理,通过突击检查或者定期检查台账痕迹的方式,对部门或者项目部在运行过程中的财务支出,进行严格的授权流程执行把控,确保符合授权要求的财务支出都按流程进行,以防出现不合规的财务支出行为。其次,要进一步提高预算管理的动态调整,在预算控制过程中,应根据不同季度的工程量、业务量,持续做好预算的阶段性调整,使得预算管理能够适应工程施工实际。

5.1.1.2 全面预算管理

1. 全面预算管理的概念及特征

预算是站在现有历史数据的基础之上对于未来的一种预期,通常是将企业在未来一段时间内的生产计划和经营活动量化成货币、实物等形式呈现。通常认为,企业的预算就是财务预算,是在一定时期内进行预测和选择,对企业拥有或控制的各项资源进行合理配置规划等行为列出的详细规划,本质上是一种通过合理分配企业有限的资源来达成自身经营目标的资源配置行为,最终瞄准的是企业制订的战略目标。

预算管理是在前期所制订的预算的基础上,对企业内部各部门的全部资源进行控制、考核、评价和反馈的一系列管理活动。全面预算管理则主要是由企业的高层管理人员通过量化企业内部的各项活动,制订出的以数值形式直观呈现的、针对未来一定时期内企业经营活动所追求的具体目标,对企业内部各部门实施监督控制的重要工具。除企业的高层管理人员可以参与预算制订外,通常基层单位也会拥有一定的建议权,以确保可以规划出更具有可行性的预算计划,同时有利于调动员工积极性,提高企业整体运行效率。

全面预算管理有以下几个较为显著的特征。

(1)全面性。全面预算管理中的"全面"二字包含着三层含义,分别是全局、全程和全员。全局是指制订的预算表中需要包含企业以量化形式呈现的所有生产经营活动。全程是指预算管理需要贯彻在企业生产经营活动的全部流程中,而不仅局限于某个单一的环节。全员则又可以从两个方面理解,一方面是在预算制订时,不仅仅要由高层管理者来制订,也要让一线的管理者和员工参与其中,从而增加预算目标的可行性;另一方面则是制订的预算目标要落实在公司的每位员工身上,让员工逐步培养成本效益意识。

(2)目的性。全面预算管理确立的目标必须要符合公司整体的战略目标,才能起到支撑企业战略发展的目的;同时,企业的每位员工、每个部门都需要围绕着制订的预算目标开展生产经营活动。

(3)系统性。从横向看,各部门间的工作彼此关联,任何一个部门没有完成自身的预计目标任务,都会影响到其他部门的预算执行情况;从纵向看,全面预算管理有预算编制、预算执行与监督、预算调整、预算考评等环节,自身能够形成一套完整有效的管理体系。

2. 全面预算管理的内容与流程

全面预算管理的流程包含预算编制、预算执行与监督、预算调整和预算考评四个主要环节的封闭循环系统。

(1)预算编制是整个闭环的起点,也是后续执行、监督和考评的依据。自下而上式、自上而下式和上下结合式是现在公司普遍使用的三种预算编制模式,三者最根本的区别在于公司普通员工的参与程度不同。而在预算编制方法方面,常用的有增量预算编制法、滚动预算编制法和零基预算编制法。预算编制的内容主要包含三方面,分别是经营预算、财务预算和资本支出预算。经营预算是与公司日常生产经营活动相关的各项预算,例如生产预算、直接材料预算、制造费用预算等;财务预算是与公司财务状况相关的各种预算,是企业做出合理的未来财务状况预期和资源配置工作的基础,包含现金预算、预计资产负债表、预计损益表等项目;资本支出预算主要是对企业非日常发生的,但也与企业长期发展密切相关的事项制订的预算,通常会在企业购置大额固定资产时进行规划制订。上述三项内容彼此区分又互相支撑,形成了全面预算这一整体。

(2)预算执行是让先前制订的预算真正落实的环节,是预算管理体系的中心环节;监督则是为了让被执行的预算能够真正成为对于企业发展有意义的成果,避免形式主义,通常是由专门设立的预算监督机构来负起监督的职能。

(3)预算调整则需企业既要多关注自身内部变革,也要广泛关注公司外部行业整体的环境。一旦二者中的任何一个方面发生了重大变革,都需要对原本的预算进行修改调整。同时,预算的调整也应该防范内部管理人员为刻意营造预算目标完成的假象而进行恶意的调整。

(4)预算考评是整个闭环循环的终点,目的是约束和激励员工向着企业制订的战略目标不断努力前行,因而对于预算与实际业绩之间的差距要客观、理性地分析判断,找出产生差距的原因,而不能简单地以好坏论处,否则容易造成员工急功近利的心理,从而损害公司整体利益。常用的考评方法有趋势考评法、指标考评法、目标考评法、等级考评法等,企业通常在实际运用中会将几种方法进行有机结合,从而提升考评结果自身真实性和可靠性。

3. 全面预算管理在建筑施工企业中应用的保障措施

(1)实现预算目标与战略目标的统一。对于我国各个建筑施工企业来说,在使用全面预算管理体系的时候,都应该充分关注预算目标与战略目标的相互统一。事实上,全面预算管理体系本身就是一项战略事务,可以给企业成本管理活动提供较好的战略支撑,立足于长远目光实现成本管控。因此对于各个建筑施工企业来说,应该充分重视全面预算管理体系的战略价值,同时还要着力于分析自身未来发展的战略业务方向,将其细化为具体的业务内容。对于预算人员来说,也应该在充分了解企业历史发展成效和未来发展方向的基础上,提高预算编制内容的预测性。在这个过程中,预算人员可以考虑积极使用大数据分析、云计算等现代信息工具,分析企业海量内外部信息,保证预算目标设计的合理性,提高预算目标和战略目标的协调统一性。

(2)全面融入精细化预算控制理念。我国各个建筑施工企业在后续开展全面预算管理体系的时候,应该全面融入精细化控制理念。这主要是因为全面预算管理体系本身就是涉及企业内部业务内容的事务活动,如果能够贯彻精细化理念,就可以促使预算管理体系真正延伸到企业内部各个细节模块中,取得更好的效果。一方面,建筑施工企业应该立足于精细化控制理念,做好预算目标的分解,同时还要促使预算分解目标跟具体业务内容联动在一起,形成明确清晰的目标指引。另一方面,建筑施工企业还要结合内部管理环境的实际情况,实现预算控制制度的精细化调整。特别是在当前信息化技术快速应用的背景下,很多企业的内部预算管理环境已经发生了变化。因此企业也应该借助于信息管理技术内容,积极推动预算管理制度的优化与管理流程的再造,使得预算管理制度可以实现信息化转变,充分提高管理成效。

(3)切实强化预算体系执行效果。对于建筑施工企业来说,预算方案设计再科学,但如果无法得到充分执行,最终也很难取得较好的预算控制效果。因此我国建筑施工企业应该立足于多个层面,切实强化预算体系执行效果。第一,企业应该结合全面预算管理体系的具体实施环节,针对内部员工形成预算控制的岗位责任控制,以及预算偏差追溯模式。这也需要企业充分明确不同岗位在预算控制方面的职责,同时还要探索预算偏差的责任人,通过这些内容来约束内部管理人员,保证预算执行效果。第二,企业在进行预算管理控制的时候,可以考虑积极融入PDCA循环理论。事实上,这套理论的内部流程与全面预算管理体系非常相似,可以构建预算编制、预算执行、预算反思、预算调整、预算再执行的闭环体系,最终实现全面预算管理体系的不断优化与调整。

(4)增强预算人员的综合素质水平。全面预算管理体系本身就是一项复杂的事务活动,需要得到高素质人才的支撑才能够取得较好效果。因此我国建筑施工企业也应该全面贯彻人才战略的相关理念,不断提高预算人员的综合素质水平。这也需要企业在平时充分做好全面预算管理体系的宣传和教育工作,保证各个预算人员都可以清楚明确全面预算管理体系的细节内容。在此基础上,培训教育活动也应该立足于预算人员自身工作内容展开,整理预算人员平时工作中遇到的难题,并进行专项讲解。这样以后,预算人员的综合素质水平就可以在参与工作过程中得到潜移默化的提升,给全面预算管理工作的开展提供较好的人力支撑。

5.1.2 财务决算概述

财务决算作为财务管理的重要组成部分,不仅能够将项目自建设开始直至竣工的一切资金来源与用途有效反映出来,还能够起到核定建设项目的目的。只有加强财务决算才能够最大限度地发挥项目的经济效益。

5.1.2.1 财务决算的重要性

了解施工项目前期报批阶段的具体情况,做好项目成本的归集核算。建造任何工程项目,都要经过项目各个阶段的审批,而在各审批阶段的工作中,作为财务人员要了解基本建设项目的具体情况,如可研报告、可研批复、安全评价报告、环境评价报告、工程概算、项目合同等内容,以便做好财务核算中的成本归集。

把握好工程招标过程中的投标报价管理,做好工程总造价控制工作。在工程招标阶段,施工企业的投标报价对建设单位来说,"科学合理的中标价格"这一含义尤为重要。因为,随着市场经济的发展,就建筑行业而言,企业间的产品质量竞争已过渡到价格竞争,而且竞争愈演愈烈,目前由于建筑市场的不健全、不规范性,以及招标采用"工程量清单报价"的形式,使得企业在工程项目竞标中会采取所有可能降低工程造价的方式(如低报材料价格等)来达到中标的目的。

随工程进度及时做好项目投资情况的汇报工作,确保财务报表的及时准确性。财务工作人员每月需提供财务报表,作为基本建设会计也不例外,每月编制项目报表时除了提供必要的资金平衡表和投资费用明细表,还要进行实际投资与概算投资的比较,分析建设资金来源与资金占用情况,以便在会计核算环节把好预算关,做好资金的运作管理,并能及时有效准确地向上级汇报工程投资情况。

对基本施工项目的预付账款,分级核算,做到账务一目了然。施工单位按照工程合同中规定的工程价款结算办法和约定事项,与工程承包企业办理工程价款结算应付的工程价款,可以通过"在建工程"核算,即在"在建工程"二级明细科目下,分不同单位、不同材料再设置下一级科目。这样有利于掌控各工程项目的资金使用情况,便于准确核算预付款,也便于在工程较多、付款周期长、承包商较多情况下能与施工企业及时便捷地核对账款。

5.1.2.2 施工企业财务决算的基本要求

及时、准确、真实、完整地反映企业年度经营成果和企业资产状况,不断提高会计信息质量和企业财务管理水平,更好地为企业生产经营管理服务,就要加强企业财务决算。

企业财务决算应依据《企业会计准则》和国家相关经济法律、法规。一是施工企业要加强财务决算工作的组织领导,对货币资金、有价证券、债权债务、库存物资、固定资产的清查盘点必须建立以主管领导为第一责任人,以各项财产物资管理部门为主,相关部门积极配合清查领导小组,全面彻底清查盘点企业各项资产,真实反映企业资产状况。二是完善财务决算工作中的基础资料。认真填报各项资产清查盘点基础表,做到完整、准确,完善相关责任人的签字认证,落实清查责任。三是严格执行国家财经纪律,并认真履行公司关于财务决算相关报批程序,对清查盘点出的盘盈、盘亏、损毁、待报废等必须按规定程序报批,未经批准不得擅自处理。

5.1.2.3 施工企业财务决算的具体要求

1. 加强对货币资金和各种有价证券的清查、核对和管理

(1)库存现金的管理。认真盘点库存现金,做到账实相符。严格遵守库存现金限额管理和现金适用范围的规定。不得接收白条来冲抵现金;不得私设小金库;现金收入要及时存入银行。

(2)银行存款的管理。认真核对银行存款日记账,保证企业银行存款日记账的期末余额与银行对账单的余额核对相符,如有未达款项,要编制银行存款余额调节表。杜绝出现人为调账现象,银行存款对账单及余额调节表附在每月最后一张凭证后装订留存。严格按照要求开设和使用银行账户,定期对银行账户的开立及使用情况进行检查、清理;企业取得的各种银行结算票据要及时存入银行;严禁收入不入账、严禁公款私存、严禁挪用公款。不允许为外单位借用账户,不允许借用外单位账户存储资金。

(3)票据、有价证券等的管理。备用金、票据、有价证券等,除按规定定期清查盘点外,年终时,应由财务部门会同经管部门共同盘点,保证账实相符。

2. 固定资产的清查盘点

以某建筑施工企业为例,该企业固定资产清查以10月末账面数为准进行实物盘点。重点强调以下几点。

(1)固定资产清查,要做到账账相符、账物相符。如确实出现有物无账或有账无物,视为盘盈或盘亏,一律填报"固定资产盘盈、盘亏表",待报废固定资产,需填报"固定资产待废明细表"。对固定资产盘点出的盘盈、盈亏、毁损和待报废须经单位设备部门和主管领导签字认可,并且附情况说明。

(2)认真清理由个人保管的计算机、照相摄像器材以及其他单位价值较高的设备器具,对有账无物的要落实责任,对因个人造成的资产损失,企业一律不得承担,由相关责任人赔偿,如不按规定办理,一经查出,追究当事人责任。

(3)认真清理分期付款、抹账、租赁等方式购入的设备、车辆。核实每台设备、车辆的账实、账卡情况及相关手续的完整性。对出租、出借给外单位的固定资产填报"出租、出借资产登记表""无偿使用资产登记表"。对外出租资产在出租前要报经施工企业主管部门批准,对合同期满继续出租或出借的单位,应确认实物后方可办理手续。闲置、封存资产的,也要认真填报"闲置、封存资产登记表"。

(4)认真清理、统计已提足折旧的固定资产。在准确计提本年固定资产折旧的基础上,按照固定资产的分类,认真统计截至本年12月末已提足折旧的固定资产,填报"提足折旧固定资产统计表"。认真做好本年度固定资产折旧计提工作。按照关于计提折旧的相关文件要求,应将单项固定资产准确划分类别,在留足残值的前提下,按规定的标准折旧年限、折旧率、残值率逐项计算折旧额,并按类别汇总填报"固定资产计提折旧表",不允许多提或少提折旧。不计提折旧的固定资产(土地、已提足折旧的资产)应如实填报,并建立备查明细账。

3. 存货的清查盘点

以某建筑施工企业为例,该企业要求存货清查以10月末账面数为准进行清查盘点。存货中备品备件的清查盘点由设备处及各单位设备部门负责,主、辅材料由供销公司及各单位供应部门负责,未完施工挂账的清查盘点由经营计划处及各单位计划部门负责,财务处和各单位财务部门配合。盘点结果的审批程序、权限、盈亏、毁损的处理按企业文件执行,同时根据企业情况,强调以下几点。

(1)各单位相关负责部门要按工区、工程队对库存实物进行认真盘查,各工区库存盘查结果须经相关负责部门及主管领导签字认可。各单位应对清理出的虚挂库存按"未完施工"挂账要求转入"未完施工"科目核算,对不符合"未完施工"挂账条件的已耗材料转入完工工程成本。对清查出实物已入库,但发票未开的材料必须办理估价入账,按品名汇总估价入账的,要按债权单位建立备查账,并及时索取发票,冲减估价入账。对清查出工区以领代耗形成的账外材料,要及时办理退库手续,从工程成本中冲减出来。

(2)对周转料具、低值易耗品等的清查盘点。要按周转料具及低值易耗品明细到存放地认真盘点。对出租、出借的周转料具要到所租借单位清查盘点,并在清查盘点表中予以说明,对有账无物的出租、出借存货要查明原因,落实相关责任人的责任。对清理出来的周转料具、低值易耗品要查明原因,落实相关责任人,严禁清查出的盘亏不上报、不处理。

(3)对备件的清查盘点。备品备件的清查盘点由各单位设备部门负责,对查处的盘盈、盘亏、报废和毁损备件,首先经单位管理部门和财务部门共同查明原因,无论价值大小都要如实地填报盈、亏、报废及损毁报表(一式五份)。严禁瞒报、漏报。对查出的盘盈、盘亏、报废和毁损物资,特别是各单位在清产核资中清查出的各项存货损失,首先经单位物资管理部门和财务部门共同查明原因,无论价值大小都要如实地填报盈、亏、报废及毁损报表(一式五份)。报上级归口部门,严禁瞒报漏报。

(4)各部门在汇总各单位盘点情况后按财务决算文件规定的报批处理。未完施工清查盘点。明确决算销号的工程项目,在收入纳入当年决算的同时,实际成本费用必须全部进入当年损益核算,任何单位或部门不得以任何理由将销号工程的成本支出在"未完施工科目"停留。对转年施工的工程项目,确实存在未完工程成本转年的,要以工程计划部门主管领导签署的转年工程量认证手续为依据,财务部门审核、确定挂账额度,挂账额不得高于应结算额的75%。无工程计划部门提供合同、预算的工程挂账及审批手续不全的,财务部门不得擅自挂账。对工程已完工,未办理决算,预算待审批形成的直接成本挂账,其实际成本挂账额度不得高于甲方签证或待批预算的60%;同时任何单位不得将未完工程发生材料等费用挂入"其他应收款"或虚列库存。

4. 债权债务的核实及清理

以某建筑施工企业为例,该企业要求在前期清理债权债务的基础上继续开展对债权债务的核实、清理和分析工作,建立常态化的工作机制。对债权债务要做到五个明确,即明确债权债务的客商主体、形成时间、金额、用途和偿还责任;要加大对债权债务,特别是对债权的清理力度,对暂时无法收回的债权也要注意证据的收集和法律的时效性;同时要加强对债权债务的分析,防范债务风险和债权损失。具体措施如下:对集团外部单位的债权进行询证、对账、清理,确保债权真实、可靠;集团内部单位应收、应付往来款项要互相询证,询证以债权方为主,按要求填写认证函;彻底清理债权债务中的虚假挂账款项;不允许单方挂账,杜绝债权债务不实现象发生,不允许利用虚假挂账调整效益;内部单位的往来款项不允许出现往来挂账;采购部门要加强对预付账款的清理;应严格依据本钢集团公司确定的预付款原则和合同条款预付货款,并及时加强对预付款的结算。具体规定按预付款清理及考核实施办法执行;认真清理暂付款(采购借款)和职工欠借款,不能在规定时间偿还的,要有书面材料说明和还款计划,对逾期未归还的个人借款,财务部门要依据还款计划履行扣款义务;根据账龄认真编制"应收款项账龄分析表",按应收账款及其他应收款(外部)计提坏账准备。(计提标准:一年内的不计提;一至两年按5%计提;两至三年按20%计提;三年以上按70%计提);对于在债权债务清理过程中已经核实清楚,属于本单位错记、漏记、不合理的单方挂账等,要补充完善相关手续后及时进行账务处理;对于清理并确认的无法支付债务,应完善相关认定手续和情况说明,按规定履行审批(备案)程序后转为营业外收入。

5.2 财务分析方法

财务分析是一个覆盖企业从决策到生产经营、利润分配全过程的重要管理方法;是利用财务报表的数据,并结合经营资料的补充,对企业的财务状况、经营成果和现金流量进行综合比较与评价的一种工作;是企业财务管理的重要环节。它既是对已完成财务活动的总结,也是进行财务预测、开展日常管理活动的前提。财务分析的作用是评价企业的财务状况和经营成果,揭示企业经营管理活动中的风险和问题,为改善经营管理提供方向和线索。预测企业未来的风险和报酬,为投资人、债权人和经营者的决策提供帮助。检查企业预算完成情况,考核管理人员业绩。从企业层面讲,财务分析是主导内部控制过程,把企业战略、领导层意图深入企业生产经营全过程的有效手段。市场竞争的加剧,供给侧改革的深化,高质量的绿色发展是企业的发展目标。企业需要加强内部的管理改革,完善内控制度,不断提高管理人员的专业水平和工作能力。财务部门高度的责任心、丰富的工作经验,将在内部控制中起着重要的作用,这一作用最终也将通过财务分析和全面预算来体现。一个企业的所有经营情况都会在财务记录中体现,财务数据可以准确表达出企业经营情况、管理者水平。全面、深入的财务分析又反过来为企业经营管理提供依据,为经营决策提供数据支持。企业财务分析水平在一定程度上决定了能为企业经营决策提供依据的能力。

5.2.1 财务分析的目的、工作内容及步骤

财务分析的目的是进行财务分析的最终目标,财务分析的最终目标是为财务报表使用者做出相关决策提供可靠的依据。财务分析的目的受财务分析主体制约,不同的财务分析主体进行财务分析的目的是不同的。

财务分析工作内容包括五个方面。①资金运作分析:根据公司业务战略与财务制度,预测并监督公司现金流和各项资金使用情况,为公司的资金运作、调度与统筹提供信息与决策支持。②财务政策分析:根据各种财务报表,分析并预测公司的财务收益和风险,为公司的业务发展、财务管理政策制度的建立及调整提供建议。③经营管理分析:参与销售、生产的财务预测、预算执行分析、业绩分析,并提出专业的分析建议,为业务决策提供专业的财务支持。④投融资管理分析:参与投资和融资项目的财务测算、成本分析、敏感性分析等活动,配合上级制订投资和融资方案,防范风险,并实现公司利益的最大化。⑤财务分析报告:根据财务管理政策与业务发展需求,撰写财务分析报告、投资财务调研报告、可行性研究报告等,为公司财务决策提供分析支持。

企业有效财务分析是难度高、涉及面广、不确定性大且很有艺术性的工作。在进行有效的财务分析时,不仅要充分认识经济和产业分析在预测企业未来发展前景中的重要地位,而且要认识到财务报表的意义和局限性,不能盲目地使用财务比率和相关分析指标。经研究,企业有效的财务分析步骤如下。

(1)确定财务分析目标。企业财务分析是一个庞大的工程,位于不同的角色,所需分析目标不同,采用的分析方法和使用财务数据也不相同。因此有效财务分析的第一步是明确财务分析的主体和分析动机,然后确定财务分析目标。

(2)确定企业所处行业的经济特征。分析人员确定财务分析目标后,需要了

解企业所处行业的经济特征。行业经济特征是企业财务分析的基础,只有了解和把握企业所处行业的经济特征,才有可能真正理解财务报表的经济意义,并发挥财务分析在企业管理决策中的作用。

(3)采集、理解、净化财务数据。根据财务分析的目标和对行业经济特征的理解采集财务数据,采集的数据主要来自财务报表。财务报表是用于管理决策的,但是财务报表编制的目的与财务分析的目的有很大的差别,不能盲目采集。财务分析人员收集相关财务报表的过程就是对财务报表理解的过程,在这个过程中需掌握财务报表的局限性。根据掌握的报表情况,财务分析人员对财务报表中的关键项目做出适当调整,增强其真实性、可靠性和公允性。

(4)使用适当的财务分析方法和参照标准分析和评估财务数据。财务分析方法是财务分析的重要手段,针对不同的环境、不同的分析数据需要采用相对应的分析方法,才能真实、准确地反映企业的状态。因此,为不同的财务数据选择适当的分析方法非常重要。企业的财务分析结果需要和参照标准进行比较,检查企业的优势和不足,但是参照标准的选择不仅要参考行业的标准指标体系,还要考虑竞争对手绩效值、平均资本成本值乃至股东期望值等,这样的参照系才能更好地体现企业在行业中所处的状态。

(5)做出相应的管理决策评价。财务分析的主要目的是做出相应的管理决策评价。管理决策是一个范围很广的概念,就财务分析而言,管理决策主要包括两个类别:一是投资决策;二是信贷决策。两种决策都涉及企业估价问题,又可归结到盈利能力和风险的评估,对企业过去以及当前的盈利和风险的研究,结合对未来一般经济状况、特定行业状况以及公司能力和战略等方面的判断来预测企业未来的收益和风险,并将这些预测转换成一套预计财务分析报表数据。

5.2.2　财务分析的方法

企业财务工作中的财务分析有着很强的综合性,需要运用到多个方面的知识与技能,包括数学、经济、金融、管理、运筹等方面,具体运用的方法包括因素分析法、比较分析法、比率分析法,只有综合运用这些方法,才能更好地对经济活动进行分析,从而准确地反映出企业经营结果。企业发展、经济利益与企业财务分析有着一定关系,所以,企业需要吸引更多高素质的财务分析人员,及时发现财务分析工作中存在的问题,并采取对应措施解决问题,促进企业发展,为企业获得更多经济效益奠定基础。

5.2.2.1 比率分析法

此种方法的具体运用为,把财务报表中处于同一时间的不同项目之下的数据整理出来,然后进行对比分析,从而分析和评价出本企业在该段时间内的经营情况与成果。财务分析工作中,此种方式的应用非常广泛,具有一定优势,但是也有一些不足的地方。比如,此方式适合针对数据做静态化分析,很难有效地进行动态化对比分析;另外,此种分析方法的分析对象为已经发生的历史性数据,所以预测性结果的可靠性不是很高;此种方法以历史账面成本为基础,因此很难将物价变动而形成的影响有效地反映出来。由于这些不足的存在,使用此种分析方法时,要将全部种类的比率结合在一起,全面地综合化比较数据,然后进行分析,并且不可以进行单独化比率分析。

比率分析法是通过计算各种比率指标来确定财务活动变动程度的方法。比率指标的类型主要有构成比率、效率比率和相关比率三类。构成比率又称结构比率,是某项财务指标的各组成部分数值占总体数值的百分比,反映部分与总体的关系。效率比率,是某项财务活动中所费与所得的比率,反映投入与产出的关系。相关比率是以某个项目和与其有关但又不同的项目加以对比所得的比率,反映有关经济活动的相互关系。比如,将流动资产与流动负债进行对比,计算出流动比率,可以判断企业的短期偿债能力。

采用比率分析法时,应当注意以下几点:对比项目的相关性;对比口径的一致性;衡量标准的科学性。

5.2.2.2 比较分析法

此种方法下,有两个不同的比较法方式:一种是纵向的比较,另一种是横向的比较。纵向具体比较方法,是将企业某一段时间内的财务状况同前一时间段内的财务状况进行对比,得出对比结果,然后分析整段时间内企业财务变化情况以及发展趋势。横向具体比较方法,是收集并整理一段时间内企业的财务数据以及同行业其他企业的财务数据,具体比较各项数据平均值或者其他数值,以分析整个行业的财务数据情况,进而分析企业存在的财务问题。通常需要使用计算公式计算出差异额,差异额=分析对象数值-判断标准数值。

采用比较分析法时,应当注意以下问题:用于对比的各个时期的指标,其计算口径必须保持一致;应剔除偶发性项目的影响,使分析所利用的数据能反映正常的生产经营状况;应运用例外原则对某项有显著变动的指标做重点分析。

5.2.2.3 因素分析法

此种方法以分析指标和影响因素间存在的关系为基础,从数量角度对其中的变动因素作用在指标上的影响情况进行分析。企业是有机整体,各个会计指标数值均可能受到不同因素影响。从数量角度进行因素影响分析,有助于财务人员找出财务状况的矛盾,对于企业经营情况进行评价,得出的结果也更具说服力。因素分析使用的过程中,连环替代法使用的次数最多,主要就是分析多种变化因素影响时,可以先假设其他因素不会产生影响,逐一对每一种因素的影响做分析。财务分析过程中,连环替代法简便化,就得到差额分析法。

采用因素分析法时,必须注意以下问题:因素分解的关联性;因素替代的顺序性;顺序替代的连环性;计算结果的假定性。

5.2.3 建筑施工企业财务分析中存在的问题及建议

5.2.3.1 存在的问题

目前,我国建筑施工企业财务分析中存在着不少的问题,这些都需要企业足够地重视。

1. 企业管理层重视生产管理和营销管理,忽视了企业的财务分析管理

目前看来,我国建筑施工企业在指导思想方面还是存在着较大的认识误区,建筑施工企业的管理层还没有充分意识到财务分析的功能及其在企业管理和决策中的重要作用,缺乏现代财务管理的意识和先进科学的方法。由于建筑企业具有生产周期长、流动性、涉及面广等的特点,建筑施工企业财务分析涉及的内容及步骤与其他企业有所不同,会牵扯多个环节。受传统管理观念的影响,企业许多管理人员,特别是国营建筑施工企业的管理人员只重视生产管理及营销管理,对财务管理认识不足,使很多环节的生产经营活动出现问题,降低了建筑企业运营水平并给企业带来不可估量的损失。

2. 财务分析所依赖的信息资料存在一定的不足

企业采用的会计处理方法不同会使不同企业同类报表数据缺乏可比性,从而使财务分析结果有差异。例如,根据现行企业制度的规定,企业的存货发出计价方法、坏账的处理方法、固定资产折旧方法、对外投资的核算方法、所得税会计中的核算方法、外币报表折算汇率等,企业都可以有不同的选择。存货发出计价方法有先进先出法、后进先出法、加权平均法、分批实际法等多种方法。即使单个企业实际经营情况完全相同,不同的方法对期末存货及其销售成本水平也有不同的影响。因此,财务报表中的有关数据会有所不同,加上建筑施工企业在二级核算中的一些偏差,都会导致最终企业进行财务分析的不准确。

3. 财务分析的方法具有较大的局限性

建筑施工企业不同于一般的企业,其财务分析除了采用一般企业采用的财务分析指标,还必须结合建筑施工企业的特点补充完善企业的财务分析体系。建筑施工企业中缺乏一定的行业标准,在财务人员进行财务分析时,由于企业自身的局限性,就很难进行更加客观和准确的分析。另外,财务分析必须是全面而系统的,不能只是片面的理解,或是以简单的预算分析和经济分析替代整体财务分析。而这些应该当作财务分析的一部分,纳入财务分析体系。但以此代替财务分析,必然会犯以偏概全的错误。会计报表较难揭示翔实的资料,因而使会计报表使用者较难取得诸如存货结构、批量大小、资产结构、季节性生产变化等信息。

4. 企业财务分析人员素质不高

建筑施工企业中很多财务分析人员对财务报告使用者的信息需求缺乏必要与重组的认识,这就容易导致分析财务信息时违背客观和公正的原则,使分析结果脱离企业的实际情况,所以说,企业财务人员的素质还有待进一步提高。财务会计人员几乎不参与企业的经营管理,只会基础的账目核算,财务部门的财务管理只能是"理而不管",财务监督只是事后总结。加之由于企业管理层中许多思想上的误区,财务人员在企业管理中的地位也不高,这样也就造成了分析人员的工作积极性不高,工作效率不高,使财务分析的效果大打折扣。近几年的会计改革加强了企业对财务人员的继续教育,使一大批财务人员可以顺应企业的要求做好相关财务工作,但是对于企业财务分析等相对要求较高的管理类工作还是存在着许多的不足。

5.2.3.2 完善建筑施工企业财务分析的建议

具体来说,建筑施工企业可以通过以下几个方面对财务分析工作进行改善。

1. 管理层对企业财务分析要有足够的重视

建筑施工企业要让企业的管理层人员和财务人员从思想上重视财务分析,必须了解财务分析对企业发展和企业决策的重要性,使其对财务分析的认识提高到一个更高的层次,从而为会计信息使用者提供可靠的会计信息,充分发挥财务分析在企业财务管理中的作用,为改善企业经营管理、提高企业经济效益提供科学的依据。

2. 保证会计信息资料的完整

完整和高质量的财务会计资料是保障财务分析效果的基础,因而,施工企业应当进一步拓展财务报告披露的信息,提高财务会计报告的时效性,强化会计信息披露监管,才能最大限度提高财务分析所依据资料的质量。企业应将经营情况与财务指标结合起来进行分析,单一从财务指标数值上分析是无法看出企业经营的具体情况的,报表中的数据表达的信息也是有限的。只有详细分析董事会报告及其他信息来源中与该企业的经营情况有关的所有信息之后,并把企业的经营情况与财务指标相互结合起来分析,才能对财务报表数据做出更深层次的理解,也才能对建筑施工企业的经营状况有个全面的了解。

3. 建立科学的财务分析体系

建筑施工企业的财务分析主要内容:企业获利能力、偿债能力及营运能力的分析,企业投资与筹资能力分析,以及企业扩张能力分析。建筑施工企业进行各项财务分析,不仅要对企业的成本费用、营业收入、利润进行分析,还要对企业的偿债能力、资产管理比率、每股收益及财务会计报表附注等的经营状况进行分析,企业财务分析人员应结合各自建筑施工企业的特点和具体情况,采取多种不同手段和方法进行分析,并运用具体的措施来改进建筑施工企业的财务分析状况。例如,某企业在改革财务分析体系时,经过分析在预算执行能力、盈利能力、偿债能力、现金流量等方面均建立了完整的独立分析体系,这样也使得企业能够更全面地了解自身的情况,为以后的决策提供有效的依据。

4. 提高财务分析人员的素质

作为企业的财务工作人员,最重要和关键的是必须具有高尚的品质和职业道德,并有较强的综合分析能力。应进一步提升财务分析人员的素质,使得财务分析人员能够使用更为高质量的专业知识和综合分析能力来提高施工企业的经营能力和市场竞争力,为建筑施工企业的宏观决策提供科学依据。

5.3　财务指标分析

在建筑施工企业中,企业的战略决策的制订关系着企业未来发展的命运,企业的任何决策的制订都需要科学合理,基于数据分析的基础上,结合企业的实际情况来制订企业的决策。目前,建筑施工中,在制订发展决策时,财务指标分析法是常用的方法,也是企业财务分析中十分重要的环节。财务指标分析能够揭示企业在经营活动中所出现的问题,也能够为企业的发展决策提供有效的指导性建议。分析财务指标中的四个分指标,财务人员能够了解企业的盈利能力和资金状况,同时还能够了解企业的发展潜力等,这有利于企业的管理者对企业的发展做出正确的决策。企业进行财务指标分析的目的不仅仅是发现问题,更重要的是从问题中发现解决问题的方法,了解企业的优势和劣势,扬长避短,提高企业的经营管理水平和经济效益。

5.3.1 财务指标分析的内容

5.3.1.1 企业偿债能力指标

企业偿债能力体现企业的财务状况,是指企业用自有资产偿还短、长期债务的能力。企业偿债能力的指标包括流动比率、速动比率、现金比率、资本周转率、利息支付倍数等。

(1)流动比率指标值越大,说明企业的短期偿债能力越好。流动资产中变现能力较差的存货规模占比一般都比较大,而且周转速度较慢、变现能力差。在这种情况下,流动比率指标值虽然比较高,但其实企业的短期偿债能力并没有流动指标值体现出来的那么高。

(2)速动比率指标值越大,说明企业的短期偿债能力越好。应收账款、其他应收款的规模大,周转和变现能力差,速动比率指标值虽然比较高,但实际企业的短期偿债能力并没有流动指标值体现出来的那么高。

(3)现金比率指标值越大,说明企业的变现能力强,短期偿债能力越好。现金比率大小,与货币需求量大小成正比。银行存款利息下降,存款收益减少,会导致现金持有量增加,银行存款减少。如果企业现金持有量过大,无法充分投入生产经营,将造成企业盈利能力下降。

(4)资本周转率指标值越大,说明企业的长期偿债能力越好。具体结合企业未来现金流入量、获利能力、盈利规模等因素分析。如果企业的发展前景不乐观,未来现金流入量明显减少,获利能力和盈利规模明显下降,那么企业的长期偿债能力将会变差。

(5)利息支付倍数指标值越大,说明企业的盈利能力越强,长期偿债能力越好。企业通常是负债经营,对银行贷款的依赖性比较大,企业能否顺利融资来支撑企业的正常经营,往往是企业成败的关键。企业资本机构合理,经营状况好,容易融资,就可以借新还旧,相应的融资成本都会降低。

5.3.1.2 企业运营能力指标

企业营运能力指的是企业用自有各项资产赚取利润的能力。企业营运能力的指标包括存货周转率、应收账款周转率、流动资产周转率、总资产周转率和营业周期等。

(1)存货周转率指标值越大,说明企业销售能力越强。存货周转率越大,说明企业销售能力强,产品销售数量增长,存货的变现能力强,存货占用的资金周转速度快。

(2)应收账款周转率指标值越大,说明企业的短期偿债能力越好。应收账款周转率指标值越大,企业的账款回收速度越快,资产流动性越强,可以减少坏账的损失。如果是企业计提减值准备过多,导致企业应收账款的减少,这并不代表应收账款周转率快,反而反映企业在应收账款的管理上存在问题。同时也要注意以下几种情况,应收账款周转率指标不能反映企业真实情况:年末大量销售或销售大减、现金业务比重较大、分期收款结算比重较大和季节性经营等。

(3)流动资产周转率指标值越大,说明企业的销售能力强、资产利用率高。流动资产周转率指标值越大,流动资产在生产、销售等各个阶段占用时间少,周转越快,流动资产利用充分,企业盈利能力增强。

(4)总资产周转率指标值越大,说明企业销售能力越强,资产投资的效益越好。应结合销售利润来分析。企业通过促销,加速资产的周转,使利润得到增长,尽量减少经营资金的占用,提高使用效率,提升企业管理水平。

(5)营业周期指标值越短,说明企业的资产周转效率越高,其盈利能力就越强。营业周期是指企业采购原材料、生产产品、销售产品、货款回收这几个环节。这些环节花费的周期越短,那说明企业相应的存货周转和应收账款周转就越快,企业流动比率就越好。

5.3.1.3 企业盈利能力指标

企业盈利能力是体现企业获取利润的能力。企业盈利能力通常包括销售利润率、成本费用利润率、总资产利润率、净资产收益率和资本收益率等指标。

(1)销售利润率指标值越高,说明企业的盈利能力越强。在产品价格不变情况下,利润高低受到产品成本和结构的影响,产品成本低,利润率高的产品比重大,销售利润率则高。反之,利润率低的产品比重大,销售利润率则低,企业利润水平下降。

(2)成本费用利润率指标值越高,说明企业的盈利能力越强。企业销售量增加,成本费用节约,企业的利润就会增加,企业的活力能力相应就会提高,企业的经济效益就越好。

(3)总资产利润率指标值越高,说明企业全部资产的盈利能力越强。生产同等数量产品情况下,企业投入的劳动成本越少,投入产出水平越高,获得的利润就越多,企业盈利能力强。同时,经营管理水平高,效益自然就越好。

(4)净资产收益率指标值越高,说明投资带给股东的收益就越高。企业不仅要合理利用自有资产,提高投资收益,体现企业自有资本的获利能力;还可以运用财务杠杆,充分利用企业借入资金和暂时占用资金来提高盈利,增加收益。

(5)资本收益率指标值越高,说明企业盈利能力越强,投资者的回报越高,风险越低。企业通过资本的组合和流动,以达到资本增值。企业通过对资本的运营,优化资本结构,降低资本成本,提高资本的周转效率,防止资本的闲置、浪费、滥用资金等情况出现,让资本在经营当中效益最大化。

5.3.1.4 企业发展能力指标

企业发展能力指标,体现企业通过持续地生产经营,形成的发展潜质。企业发展能力指标通常包括营业收入增长率、总资产增长率、营业利润增长率、技术投入比率和资本保值率等指标值。

(1)营业收入增长率指标值越高,说明企业经营状况好、产品市场占有率高。结合产品的生命周期,在产品的成长期、稳定期、衰退期要区别看待、分析。要不断开发新产品,不断更新迭代,保持较强的增长势头。

(2)总资产增长率指标值越高,说明企业在一定生产经营时期内资产经营规模扩张越快。应考虑资产扩大规模的质与量,避免盲目扩张,以免影响企业的后续发展能力。

(3)营业利润增长率指标值越高,说明企业盈利能力越强。影响公司利润的主要因素:产品销售数量、单价、成本以及期间费用的控制。企业利润主要来源是主营业务,企业的经营效率越高,主营业务盈利能力越强,获利能力就越好,经营风险就越小。

(4)技术投入比率指标值越高,说明企业研发的投入越大,对本企业的技术创新重视程度越高。考虑研发项目在市场的竞争优势,对于有优势的项目研发投入有适当的偏向性,避免盲目投入。

(5)资本保值率指标值越高,说明企业的资本运营情况、安全状况越好,债权人的权益也越有保障,同时资本保值率也是反映企业经营效益的辅助指标,说明企业未来的发展情况会越好。将资产负债表中的所有者权益和利润表中的净利润两者相结合起来分析,这样可以避免单纯从资产负债表取数直接分析资本保值率的片面性,可以更加全面体现企业经济效益。

5.3.2 财务指标分析在企业决策中的应用

5.3.2.1 财务指标分析在企业营销决策中的应用

企业的销售是企业的主要业务部门,通过财务指标分析来指导企业的营销决策也是企业实务工作中的常态。在获利能力指标中,企业了解销售利润率能够帮助企业合理地对产品进行组合,从而确定企业产品的最佳组合。例如,某企业前10%的产品盈利占总盈利的80%,而后90%的产品盈利占总盈利的20%,其中后80%的产品亏损了1千万元。在此情况下,企业根据销售利润率指标来重新配置企业资源,以调整企业的产品结构,从而通过产品的最佳组合来使得企业实现最优利润。另外,了解企业的营销费用率能够了解企业在销售过程中的成本费用的管理情况,其高低可以反映企业营销的效率,营销的效率可以帮助企业确定销售人员的工作效率,从而确定销售人员的队伍数量等,进而帮助企业制订更加科学、合理的营销决策。

5.1.2.2 财务指标分析在企业信用评价体系中的应用

企业在与其供应商或战略合作伙伴进行合作时,需要了解对方的信用状况,以避免与信用评级较差的企业合作出现应收账款无法及时收回的问题。财务指标分析在企业的信用评价体系中则占有十分重要的成分。企业在评价合作企业的信用状况时,可以通过财务指标分析中的相关指标信息来判断该企业的财务状况,从而确定是否需要和该企业进行合作。首先,企业可以通过财务指标分析中的偿债能力指标来分析判断,偿债能力指标所包含的主要要素有速动比率、资产负债率、利息保障倍数等,能够帮助企业评判该企业信用风险的大小和该企业是否健康发展,从而确定该企业的债务压力和偿债能力是否处在健康水平。其次,企业可以通过财务指标分析中的盈利能力指标来分析判断,企业可以通过了解净资产收益率、主营业务利润和总资产报酬率等信息来了解该企业是否具备充足且稳定的收益来开拓市场。最后,企业可以通过了解发展能力指标来了解合作企业的发展潜力,例如了解该企业三年主营业务的收入平均增长率、三年资本平均增长率等信息,来了解企业在中长期发展中的盈利潜力和盈利空间。从而判断该企业的信用评级是否符合合作要求。

5.3.2.3 财务指标分析在战略决策中的应用

企业在制订战略决策时必然需要参考企业的财务指标信息,市场环境瞬息万变,公司需要根据实际情况对企业战略进行合理的规划。企业的财务指标分析一方面可以帮助企业了解企业的盈利能力和资金状况,帮助企业及时合理地调整战略方向,另一方面,企业的财务指标分析能够帮助企业预测未来的发展趋势和经营前景,例如企业在开展相关投资业务时,需要了解企业的资产情况和现金流情况,便于企业高层管理人员做出合理的投资和融资计划,对于目前企业的现金流不足和所投资的项目回报周期较长的情况,企业可以放缓该投资计划或取消该投资计划,以保障企业具备足够的现金流来经营企业的日常业务。

5.3.2.4 财务指标分析在税收管理决策中的应用

财务指标分析在税收管理的决策中也有十分重要的参考作用。通常情况下,企业在税收征管中应用财务分析方法,是通过对企业的四个方面的财务指标进行分析,通过这些指标所分析的信息,来为税收征管工作提供可参考性信息。第一,从偿债能力方面进行分析,了解财务报表中的资产结构和负债结构,了解企业资金的结构是否合理,是否存在资本弱化的现象。第二,从营运能力方面进行分析,资产运营效率的高低与企业的盈利能力直接相关,在进行税收分析时,可以判断收益的真实性。第三,从获利能力的方面进行分析,了解主营业务收入增长率与应纳税所得额增长率,了解企业的获利能力与企业的纳税能力是否匹配。第四,从发展能力的方面进行分析,了解财务指标,能够合理规划税收计划,进行税收预测,从而帮助企业更好地开展税收管理工作。

5.3.3 实例分析

建筑业在国民经济增长中一直占据重要地位,推动经济发展,改变人们的日常生活。2020年,国内生产总值101.60万亿元,同比增长2.3%,而建造业总产值却高达26.4万亿元,同比增长6.2%,占国内生产总值的25.98%。中

国建筑股份有限公司作为我国规模最大的建筑企业,拥有强大的经济实力与技术实力。中国建筑股份有限公司(以下简称中国建筑)主要业务有房屋建筑、房产投资开发和基础设施建设投资,以及勘察设计。其业务遍布海内外多个国家,是中国目前综合实力排名第一的建筑公司,旗下控股上百家子公司和多家上市公司。随着我国"供给侧结构性改革"和"一带一路"国策的稳步推进,中国建筑在国际舞台上大放异彩。但中国建筑2020年财务报表的发布,在网上却引起了轩然大波,很多人认为这是中国建筑自上市以来业绩最差的一年。因此,分析中国建筑财务指标,对中国建筑行业健康发展具有重要的理论价值和实践意义。

5.3.3.1 财务指标分析与比较

财务指标分析作为财务报表分析的核心内容,通过科学、合理的财务指标分析,能够发现企业存在的问题,为企业的可持续发展提供有力依据。此处对中国建筑近五年的偿债能力、盈利能力、营运能力、发展能力进行分析,并将中国建筑与其他三大建筑公司(中国中铁、中国铁建、中国交建)2020年的各项财务指标进行对比分析,发现中国建筑近年来发展中存在的不足,并提出合理确定短期贷款规模、提高盈利能力、加强存货管理、提高发展能力的具体措施。

1. 偿债能力分析

偿债能力分为短期偿债能力和长期偿债能力,主要选取流动比率、速动比率两个指标来分析短期偿债能力,选取资产负债率、已获利息倍数两个指标来分析长期偿债能力,如表5.1和表5.2所示。

表5.1 中国建筑近5年偿债能力指标分析表

指标名称	年份				
	2016年	2017年	2018年	2019年	2020年
流动比率	1.39	1.29	1.28	1.28	1.32
速动比率	0.77	0.68	0.68	0.77	0.75
资产负债率	79.0	77.97	76.94	75.33	73.63
已获利息倍数	4.65	4.63	4.96	4.89	5.24

数据来源:东方财富网。

表 5.2　2022 年中国四大建筑公司偿债能力指标分析表

指标名称	建筑公司				平均值
	中国建筑	中国中铁	中国铁建	中国交建	
流动比率	1.32	1.05	1.12	1.00	1.12
速动比率	0.75	0.78	0.82	0.88	0.80
资产负债率	73.63	73.91	74.76	72.56	73.72
已获利息倍数	5.24	4.40	4.26	4.01	4.47

数据来源:东方财富网。

由表 5.1 和表 5.2 的数据可以得出:中国建筑近 5 年流动比率整体上处于缓慢下降的趋势;速动比率上下波动,但基本稳定,说明中国建筑自身流动资产变现能力整体上有弱化的趋势。相比于其他三家建筑公司而言,2020 年中国建筑流动比率最高,最接近 2 这一合理均值。速动比率低于四大建筑公司的平均值,说明中国建筑在四家建筑公司中资产变现能力处于比较强的状态,但其存货量可能高于其他三大建筑企业,导致其出现流动比率高而速动比率较低的现象。中国建筑近 5 年资产负债率处于平稳下降的趋势,已获利息倍数处于稳定上升的状态,2020 年资产负债率与其他三家建筑公司相比处于平均水平之下,已获利息倍数最高,说明中国建筑的经营能力不断加强,资金充足,在四大建筑公司中长期偿债能力较强。

2. 盈利能力分析

盈利能力就是企业获取利润的能力,主要选取销售毛利率、净资产收益率、总资产报酬率三个指标进行分析,对中国建筑的盈利情况进行评价,如表 5.3 和表 5.4 所示。

表 5.3　中国建筑近 5 年盈利能力指标分析表

指标名称	年份				
	2016 年	2017 年	2018 年	2019 年	2020 年
销售毛利率/(%)	10.10	10.49	11.89	11.10	9.94
净资产收益率/(%)	16.67	16.26	16.67	16.07	15.56
总资产报酬率/(%)	4.75	4.47	4.63	4.53	4.87

数据来源:东方财富网。

表 5.4　2020 年中国四大建筑公司盈利能力指标分析表

指标名称	建筑公司				平均值
	中国建筑	中国中铁	中国铁建	中国交建	
销售毛利率/(%)	9.94	9.27	8.89	12.82	10.23
净资产收益率/(%)	15.56	10.57	9.65	6.93	10.68
总资产报酬率/(%)	4.87	3.28	2.88	2.57	3.40

数据来源：东方财富网。

由表 5.3 和表 5.4 的数据可以得出：中国建筑近 5 年销售毛利率和净资产收益率，都处于缓慢下降的趋势。总资产报酬率在 2016—2019 年也处于下降趋势，但 2020 年却有了大幅度提高，说明中国建筑近年来总体盈利能力有所下降，但 2020 年在加强资金管理和固定资产管理等方面取得了良好的效果，中国建筑的资产利用效率有所提高。与其他三大建筑公司相比，2020 年中国建筑净资产收益率和总资产报酬率都远高于其他三大建筑公司，销售毛利率虽然低于中国交建，但也高于中国中铁和中国铁建，说明中国建筑的盈利能力整体上处于领先地位。

3.营运能力分析

营运能力是企业运用各项资产获取利润的能力，本节选取存货周转率、应收账款周转率和总资产周转率三个指标进行分析，对中国建筑的管理经营、资金运转、销售业绩等进行评价，如表 5.5 和表 5.6 所示。

表 5.5　中国建筑近 5 年营运能力指标分析表

指标名称	年份				
	2016 年	2017 年	2018 年	2019 年	2020 年
存货周转率/次	1.96	1.83	1.80	2.08	2.30
应收账款周转率/次	7.55	7.63	7.86	8.83	8.57
总资产周转率/次	0.78	0.72	0.70	0.73	0.76

数据来源：东方财富网。

表 5.6　2020 年中国四大建筑公司营运能力指标分析表

指标名称	建筑公司				平均值
	中国建筑	中国中铁	中国铁建	中国交建	
存货周转率/次	2.30	4.52	3.87	8.07	4.69

指标名称	建筑公司				平均值
	中国建筑	中国中铁	中国铁建	中国交建	
应收账款周转率/次	8.57	6.54	6.81	6.06	6.99
总资产周转率/次	0.76	0.86	0.78	0.52	0.73

数据来源：东方财富网。

由表5.5和表5.6的数据可以得出：中国建筑近5年的存货周转率、应收账款周转率基本处于曲折上升的趋势，总资产周转率有增有减，但幅度不大，基本处于稳定状态，说明中国建筑的存货周转速度和收账速度不断提高。2020年中国建筑与同行业三大建筑公司相比，总资产周转率略高于平均水平，应收账款周转率高于其他三大建筑公司，但是存货周转率却是最低的，说明中国建筑在四大建筑公司中，虽然平均收款期最短，但很可能有存货积压的情况，导致其存货管理效率低于其他三大建筑公司。

4. 发展能力分析

发展能力是对企业发展前景的判断。本节主要选取营业收入同比增长率、净利润同比增长率和总资产同比增长率三个指标进行分析，通过指标变化对中国建筑的发展状况进行评价。

由表5.7和表5.8的数据可以得出：中国建筑近5年来营业收入同比增长率在2020年之前呈稳步增长趋势，但2020年呈下降趋势；净利润同比增长率和总资产同比增长率波动起伏比较大，但2018年之后主要呈下降趋势。说明近年来中国建筑虽然实力不断扩大，但在国家政策和社会大环境的影响下，发展不稳定。与其他三家建筑公司相比，2020年中国建筑营业收入同比增长率和净利润同比增长率高于平均值，但总资产同比增长率却垫底，说明中国建筑虽然作为我国龙头建筑企业，但其发展还是存在一定的问题。

表5.7 中国建筑近5年营运能力指标分析表

指标名称	年份				
	2016年	2017年	2018年	2019年	2020年
营业收入同比增长率/(%)	8.99	9.83	13.78	18.39	13.75
净利润同比增长率/(%)	14.55	10.28	16.09	9.52	7.31
总资产同比增长率/(%)	29.50	11.42	20.04	9.27	7.75

数据来源：东方财富网。

表 5.8　2020 年中国四大建筑公司营运能力指标分析表

指标名称	建筑公司				平均值
	中国建筑	中国中铁	中国铁建	中国交建	
营业收入同比增长率/(%)	13.75	14.49	9.62	12.99	12.71
净利润同比增长率/(%)	7.31	6.38	10.87	−18.01	1.64
总资产同比增长率/(%)	7.75	13.63	14.94	16.40	13.18

数据来源:东方财富网。

5.3.3.2　存在的问题及原因

1. 短期偿债能力降低

流动比率降低意味着企业的短期偿债能力降低,影响流动比率的主要因素是流动资产合计和流动负债合计,而造成流动比率下降主要有以下几种情况:一是在流动负债合计不变的情况下,流动资产合计下降;二是在流动资产合计不变的情况下,流动负债合计增加;三是流动负债合计增加比例大于流动资产合计增加比例。由表 5.9 可以看出,中国建筑近 5 年来流动资产合计和流动负债合计都持续增长,但中国建筑的流动比率却持续走低。主要原因是流动负债合计增加比例大于流动资产合计增加比例,中国建筑的流动资产合计近 5 年增加了 1.4 倍,而流动负债合计增加了 1.5 倍。因此,中国建筑流动比率降低主要原因是流动负债合计不断增加,且增速较快,也就是说中国建筑的短期债务规模不断扩大,导致其短期偿债能力降低。

表 5.9　中国建筑近 5 年资产负债统计分析表

指标名称	年份				
	2016 年	2017 年	2018 年	2019 年	2020 年
流动资产合计/亿元	11099.46	11401.51	13620.08	14615.06	15776.30
流动负债合计/亿元	7996.18	8864.13	10665.74	11457.28	11960.15

数据来源:东方财富网。

2. 盈利能力降低

中国建筑近 5 年来总体盈利能力降低,主要有以下几方面的原因。一是因为建筑业的发展过分依赖宏观经济政策,而近年来国家为稳定国内房地产的发展,对建筑业实施了各种限制政策。二是随着"一带一路"倡议的深入发展,中国建筑参与的PPP项目不断增加,而PPP项目前期投入资金量较大,只有项目进入运营期,才能逐渐收回资金并盈利。据2020年年报统计,中国建筑新中标PPP项目18个,总投资478亿元;2020年末,公司投资PPP项目共387个,项目总投资1.3万亿元。三是中国建筑作为建筑领域综合技术最领先的企业,每年投入的科研费用巨大,但对研发投入全部费用化而没有资本化,保守的财务造成中国建筑财务报表上的盈利能力降低。

3. 存货周转率较低

中国建筑2020年的存货周转率远低于其他三大建筑公司,主要是因为在四大建筑公司中,中国建筑以房地产开发业务为主,而近几年国家为了让房子回归"住"的属性,各地政府对房地产市场的流动性采取封仓的措施,实施了严格的房产交易限制政策,再加上疫情的影响,居民的购房意愿下降,而导致其存货过多,周转速度下降。中国建筑合并资产负债表显示:2020年12月31日,中国建筑流动资产合计15776亿元,存货6751亿元,存货占流动资产合计的42.8%。而存货中占比最大的便是土地储备量,2020年年报显示中国建筑现拥有1.16亿平方米土地储量,这在一定程度上加大了存货管理的难度。

4. 发展能力不稳定

中国建筑净利润同比增长率和总资产同比增长率在2016年和2018年增速较快,但2017年、2019和2020年却增速下降。出现这种情况主要有两方面原因:一方面是国家的宏观经济政策和社会环境影响;另一方面是中国建筑的战略规划和经营规划变化。2016年的高增长可能由于"一带一路"倡议顺利进行,中国建筑战略规划外移步伐加快,在国际舞台上多次崭露头角,比如签约埃及新首都等大型项目都为中国建筑的利润增长奠定了基础。2017年增速下降离不开中央工作会议对"房住不炒"这一目标的政策实施,各地政府纷纷响应中央,对商品房利润率做出强制规定,避免商品房利润率虚高。2018年随着供给侧结构性改革的深入推进,在经济可持续发展的基础上,人民生活水平不断提高,再加上我国城市化建设进入快速发展期,中国房地产行业在国家各种政策限制下依旧繁荣,这为中国建筑带来了较好的经济效益。但是2019和2020年全球经济增速不升反降,中国经济虽然有一定幅度增长,但增速较慢,中国楼市进入疲软期,外国多处房建项目不能顺利进行,这也对中国建筑利润同比增长率和总资产同比增长率产生影响。

5.3.3.3 对策及建议

1. 合理确定短期贷款规模

对于建筑行业来说,资金链的稳定性非常重要,各个项目的建设与实施都离不开资金的支持,贷款恰好可以使企业短缺的资金得到补充,但也意味着一定程度的债务风险。鉴于中国建筑的偿债能力分析,一是在确定贷款规模时要结合自身发展情况和战略规划,制订合理的债务计划,结合企业往年的债务比例,将短期负债率控制在合理的范围内,既不能过低,影响短期偿债能力,也不能过高,降低企业的获利能力。二是合理配置债务结构,适当增加长期借款,减少短期借款,可以使债务比例更加合理,降低财务风险。建筑企业可根据自身的债务情况,调整债务比例,控制债务风险,推动企业更好地发展。

2. 提高盈利能力

中国建筑应该从以下几个方面提高盈利能力。一是提高综合毛利率,比如利用中国建筑的技术优势研发具有高毛利率的新型材料代替老材料,或者提高在建楼盘的经济附加值,加强房建绿化、住宅区幼儿园的建设。二是减少企业坏账的发生,建筑行业独特的经营方式决定其存在大量的应收账款,中国建筑应该加强公司内部对于应收账款的管理,制订员工催收奖惩制度,尽早收回欠款,减少坏账率,提高利润率。三是加强成本控制管理,严格执行企业预算计划,确保成本归集的及时性,对成本发生的各个环节严格把关,保证成本发生的真实性,最大程度节约成本,从而达到提高企业盈利能力的目的。

3. 加强存货管理

建筑业作为国民经济中带动能力最强的产业,每一个建筑项目的完工都离不开数十个产业。因此,建筑行业的存货管理一直是企业管理的一个难题。中国建筑作为全球大型上市建筑公司,要想提高存货周转率,必须加强存货精细化管理。一是要加强项目结算管理工作,对于已经完工但未结算的项目,实施专人跟进,尽可能简化结算流程,加强监督管理,减少经营风险。二是要科学制订存货采购计划,就其土地储备来说,中国建筑应该根据自身战略规划合理储备土地,将土地储备控制在合理范围内,避免土地储备量大而引起的资金链风险。三是要时刻做好存货盘点工作,加强存货在流通中的记录与监督,利用信息化管理系统管理存货,做好存货的供需平衡,定期对存货进行盘点。

4. 提高发展能力

在国民经济中,作为支柱产业的建筑业,不可避免受宏观经济政策和社会环境的影响,在外部条件无法改变的情况下,中国建筑可以通过以下两方面提高企业发展能力。一是中国建筑应该制订符合自身情况的总体战略规划,作为大型国企,中国建筑应该将稳中求进作为规划的基本点,在此基础上利用自身的技术优势将重心向国内外高端建筑倾斜,提升高端建筑比重,避免低层次的重复建设使自己陷入被动的恶性竞争之中。二是中国建筑应该不断革新生产技术,提高研发能力,使自己始终站在行业领先的地位,利用核心技术提高建筑速度和工程质量。抓住建筑业转型的机会,不断研究新型、绿色、低廉材料,降低成本,提高市场竞争力。

5.4　财务综合分析

企业的财务状况、经营成果是企业系统综合运营的结果,因此在分析企业经营情况好坏、偿债能力多寡的时候,单一分析任何一项或者一类指标,都是不完善的。为了综合分析企业整体,必须采用综合分析方法。现如今理论界和实务界比较流行并认可的财务综合分析方法主要有沃尔评分法和杜邦分析法。

5.4.1　财务综合分析方法

5.4.1.1　沃尔评分法

沃尔评分法是由美国的一位研究人员亚历山大·沃尔(Alexander Wole)经过实践得到的一种评价企业综合财务状况的分析方法,其实质就是将若干选中的评价指标(即各财务指标),以线性关系结合起来,给予评价指标各自权重(权重总和为100),然后将行业的平均财务指标值作为标准值,将企业财务指标实际值与标准值相比较,将二者的比值与财务指标所占的权重相乘,得到每项指标的得分,并经加总后得出企业综合财务状况所得到的总分。示例见表5.10。

表5.10　沃尔评分法

财务指标	权重	标准值	实际值	相对值	得分
	①	②	③	④=③÷②	⑤=①×④

续表

财务指标	权重	标准值	实际值	相对值	得分
流动比率	25				
净资产/负债	25				
资产/固定资产	15				
销售成本/存货	10				
销售额/应收账款	10				
销售额/固定资产	10				
销售额/净资产	5				
合计	100				

沃尔评分法也叫财务比率综合评分法,通过选取特定的财务比率,人为赋予相应的权重,最终计算出综合得分,根据该得分评价企业的综合财务状况。沃尔评分法的具体程序如下。

(1)选取特定的财务比率。该财务比率主要用于评价企业财务状况。一般应使方向变化具有一致性,选取指标具有代表性以及全面性和综合性。

(2)确定财务比率的权重即标准评分值。各个财务比率的权重应根据该财务分析的目标、企业的经营活动性质以及指标本身决定,且权重之和等于100。

(3)确定财务比率评分值的上限和下限。通过上下限来约束个别比率的异常情况。

(4)确定财务比率的标准值。通常可参考同行业的平均水平,并根据自身状况进行调整。

(5)计算关系比率。通过财务数据计算各财务比率;将实际值与标准值相除得出比率即关系比率。

(6)计算出各项财务比率的实际得分。将第二步计算出的评分值与第五步计算出的关系比率相乘。在此要注意与第三步计算出的评分值上限和下限比较,不能超过上限和下限。最终实际得分相加之后的结果就是企业的财务状况综合得分。

综合得分最终结果有三种情况:一是最终得分大于100分,说明财务状况良好;二是最终得分等于或者约等于100分,说明财务状况可以接受;三是最终得分小于100分,说明财务状况欠佳,需要具体分析产生的原因。

沃尔评分法主要运用于企业信用评价和企业财务状况评价,由于它是通过企业的真实数据进行多方面、多角度的综合统计分析的评价方法,具有评价客观准确、综合性强、简单实用、操作便捷的优势,其评价结果是以得分形式呈现出来,容易进行企业间的横向比较。

沃尔评分法的弊端也较明显。首先,其选取的财务指标比较单一,并不可以充分体现企业所真实具有的财务状况;其次,对于各个财务指标权重的确定带着很强的个人主观判断,不能切实贴合每一个被评价企业;最后,由于评价指标得分的计算是直接通过将实际值与标准值的比较获得具体得分,当某项财务指标的数值远高于或者远小于制订的标准值时,其最后的综合得分就会整体偏高或偏低,但财务指标的数值并不是越大,企业的财务状况就越好,比如当流动资产占比越高时,代表着企业的短期偿债能力越强,但相应地,企业对于资金也没有充分利用起来,使得机会成本升高,企业价值并没有完全体现。因此这种评价指标的得分计算方法无法针对异常情况企业进行合理财务状况评价。

5.4.1.2 杜邦分析法

1. 杜邦分析法的基本内容

杜邦分析法最早是在美国企业中诞生的,其与传统财务分析方法相比具有诸多优势,所以迅速受到众多企业的青睐,并逐渐被全球众多企业借鉴。杜邦分析法是一种专门针对企业财务状况进行分析的方法,其以净资产收益率作为核心分析指标,然后结合企业资产盈利能力、资产运营能力、偿债能力等进行综合分析评定,从而全面揭示出企业的财务运营状况。该财务分析方法强调对各项财务指标间关系的分析,通过对各项指标参数数据的乘积运算,再对比企业经营业绩,最终找到企业经营中存在的问题。杜邦分析法突破性地将评价企业经营效率、财务状况的比率依照一定内在联系相互结合起来,从而形成了一个完整的指标体系,最终以权益收益率对企业经济状况进行综合反映,使企业管理者可以更准确地掌握权益基本收益的相关决定因素。

杜邦分析法中所涉及的财务指标主要包含权益报酬率(ROE)、总资产净利率(ROA)、权益乘数、销售净利率以及总资产周转率。而各项指标又各自反映了一定的指标关系。

2. 杜邦分析法中各项财务指标的具体作用

(1)权益报酬率。

权益报酬率由总资产净利率与权益乘数的乘积得出,其主要用以反映企业利用资产获取经济利益的能力。该指标是杜邦分析法中用以对企业财务进行分析评估的最核心指标,对财务分析工作起着关键作用。这是因为体现一个企业的发展能力的核心就在于其能够利用有限资源获取最大收益,因此对企业权益报酬率进行分析能够准确反映企业的盈利能力,进而对其经营能力加以评估。同时,该指标还可以反映企业在筹资与投资中的工作效率。而提升企业的权益报酬率即是帮助企业实现利益最大化的有效途径。

(2)总资产净利率。

总资产净利率是销售净利率与总资产周转率的乘积,也可以用公司净利润与平均资产总额的百分比表示。总资产净利率反映了利用自身所有资产所获取到的利润水平,即企业每使用1元可以获得多少利润。从其所反映的内容可以发现,一个企业总资产净利率值与其投入产出水平成正比例关系,即总资产净利率值越高,投入产出水平则越高,进而说明该企业拥有更强的运营能力。而进一步透过该指标对企业经营进行深入分析,则可以评估出企业管理的具体水平,并帮助企业发现自身经营中存在的不足,进而对其经营管理的调整提供有力指导。

(3)权益乘数。

权益乘数是资产总额与所有者权益间的倍数。其具体公式如下:

权益乘数=1÷(1-资产负债率)=资产总额÷所有者权益销售净利率
　　　　=净利润÷销售收入

该指标能够反映企业负债程度,即指标数值越高,表明企业所有者所投入的资本在企业全部资产中的占比越小,企业的负债就相对较高。进一步分析即可得到企业在财务杠杆上拥有较高杠杆率,有可能面临较高财务风险,因此企业就需要对现有的财务结构进行调整,以降低财务风险,提升自身经济利益。但如果该指标数值较小,则说明企业所有者投入资本在企业全部资本中占比较大,其财务风险较小,负债较低,整体运营趋于良好。此外,该指标也可以被企业合理利用来发挥负债经营手段对企业经营发展的刺激作用,从而为企业发展增添新动能。

(4)销售净利率。

销售净利率是企业净利润与销售收入的比值,主要用以反映企业一定时期内获取销售收入的能力高低,即企业是否能在销售收入不变的情况下获得更多的净利润。依据这一指标,企业就可以发现自身经营过程中在销售成本、销售手段等方面存在的不足,进而采取一定调整策略来不断提升自身销售的净利润。

(5)总资产周转率。

总资产周转率是企业销售收入与资产总额的比值,其反映的是企业总资产在一定时期内的周转次数,并能够对企业总资产的经营质量与利用率进行衡量。如果该指标数值较大,则说明企业总资产周转较快,其资产利用率较高,经营销售能力则更强,反之,则说明企业资产周转慢,经营销售能力则较弱。因此,企业可以根据这一指标来设定相应的经营策略如薄利多销等来提升资产周转率,从而使资产可以在固定时间内获取到更多的销售利润。

3. 杜邦分析法的应用价值

从杜邦分析法的各项指标功能不难看出,其对于现代企业财务分析具有极其重要的指导性价值。

首先,随着现代经济发展,企业财务管理目标已经变成了以服务股东财富最大化为核心,因此杜邦分析法的各项指标围绕股东利益最大化来对企业财务运行情况进行分析,有助于有效监测股东财富变化,调整企业经营策略并维持财富持续增长。所以该财务分析方法更符合现代企业财务管理目标的需求。

其次,杜邦分析法中每一项分析指标都从一个侧面反映了企业在某一方面所存在的现实问题,进而依据指标关系帮助企业找到解决问题的途径,从而保证企业经营获利能力的提升,因此杜邦分析法更能够满足现代企业解决现实问题的要求。

最后,杜邦分析法作为一种先进的分析理论,其对财务分析工作的健全和完善具有重要指导性作用,可以使财务分析更为具体化、科学化、全面化,从而促进财务分析水平的提高,因此对现代财务分析的发展也具有重要的推动价值。

4. 企业财务分析中杜邦分析法的具体应用

(1)明确财务分析中的应用指标。

在财务分析工作中,不同企业所选择的分析指标也是各不相同的。如国外一些知名企业以经济增加值和现金回报率作为分析指标,并将这些指标在日常工作中与企业考核挂钩,从而使企业经营围绕这些指标开展。

而在我国,企业多重视企业利润、毛利率、销售收入等指标。但随着现代企业的不断发展以及经营方式的不断变化,这些指标并不能对企业经营和管理起到指导性作用。因此,在杜邦分析法运用过程中,首先就要求国内企业调整财务分析的指标选用方向,将净资产回报率作为财务分析核心,然后围绕该核心指标对企业管理进行调整,强化内部管理、优化管理流程,并改革财务分析与管理模式,从而为杜邦分析法的应用创造基础性条件。可以说,杜邦分析法的应用过程中明确应用指标是十分关键的一环。

(2)对财务指标进行分解。

杜邦分析法的应用,还需要财务分析人员能够针对其相关指标做好层层分解工作,从而在分解过程中找到企业经营过程中存在的问题。对于企业财务分析工作而言,其涉及内容众多,同时企业日常经营的业务也十分繁杂,而运用杜邦分析法对财务指标进行层层分解能够有效解决烦琐的分析事项,从中梳理出企业在财务分析方面的一套完整思路。

根据杜邦分析法的各项财务指标及其背后的指标关系,实际工作中企业可以参照其中的具体内容进行财务指标分解工作,这是杜邦分析法为企业财务分析提供的一个有效思路。基于此,企业应利用数值分析方法定期或不定期对企业开展财务分析,找到企业资产回报率的影响因素及其各种因素内在的逻辑关系,做出全面科学的评定。同时,根据杜邦分析法所提供的分析思路,财务人员能够确保分析的逻辑性、全面性,再结合企业预算管理就能够发现企业实际经营中在财务状况与财务预算方面存在的差异,然后从中找到问题所在。而根据企业财务核心指标所做出的企业业绩情况的判定,更具有科学性和指导性意义,企业可以依据其利用平衡积分卡等其他新的方法进一步对业绩管理加以优化,从而使企业业绩管理更为科学,业绩管理效益更为显著。

(3)根据分析结果对净资产回报率加以控制。

在经过财务指标分解与分析后,企业需要做的就是依据分析结果对企业净资产回报率加以控制,这是杜邦分析法应用价值得以最终实现的重要一环。

具体而言,净资产回报率的影响因素主要有销售利率以及产品盈利能力。而净资产回报率的波动则由多方面原因所致,如产品进入衰败期或市场处于低迷状态、产品生产成本未得到有效控制、企业利润水平较低等。这些问题在实际经营中要求企业根据实际情况对自身财务杠杆合理加以应用,并提升自身资产管理水平,以促进内部管理能力的提高。这些方法都是提升企业净资产回报率的有效措施。而对于企业盈利能力低下的问题,每个企业的具体情况不同,这时就需要依靠杜邦分析法进一步找到问题的具体原因,然后针对性地采取应对措施。要切实做好此项工作,净资产回报率管理中就需要格外关注指标利用与发展,以联系的眼光、发展的眼光看待企业经营中的财务指标数据,然后通过分析来动态化管理净资产回报率,以达到对它的有效控制。

5.4.2 基于杜邦分析法的建筑施工企业财务分析

建筑施工行业是关系国计民生的重要行业。该行业具有资金回收周期长、资金需求量大、工程项目分散以及经营风险高等特点。Q公司业务范围覆盖城市轨道交通、市政、公路等基础设施工程建设,采用杜邦分析法对Q公司进行财务分析并以点带面,为建筑施工企业提出财务方面的对策及建议。

杜邦分析法是通过各种财务指标及其内在联系,对企业的整体效益加以综合分析研究的一项系统评估方法。杜邦分析法把若干反映企业财务状况的指标根据其内在联系有机地组合起来,构成一个全面的指标体系框架,并采用企业净资产收益率这一核心指标综合表现。

5.4.2.1 净资产收益率的驱动因素分解

由表5.11可知2020年企业的净利润、销售收入、资产总额与所有者权益比前两年均有不同程度的提高,取得了一定的业绩成果,说明企业近年来的基本财务经营状况良好。近三年来,各项财务指标在一定范围内呈波浪式变动。2020年公司净资产收益率、资产净利率与销售净利率与上年相比均有所降低,说明虽然各项基本财务数据较上年有所提高,但提升幅度放缓。总资产周转率也比上年提升,表明公司对全部固定资产的利用效益有所提高。权益乘数较上年减小,说明企业负债比率减少,企业取得的杠杆收益减少,相应承担的风险也有所减轻。

表5.11 Q公司基本财务数据及主要财务指标(单位:元)

项目	年份		
	2018年	2019年	2020年
净利润	40614400	78928200	91799700
销售收入	2260240000	3480440000	5450720000
资产总额	2000840000	3855060000	4861170000
平均资产总额	1715812674	2924739496	4360576000
所有者权益	618945000	867486000	1633510000
营业成本	2135800000	3249550000	5119210000
销售费用	21059800	31960800	35837000
管理费用	24378200	34312500	61785000

续表

项目	年份		
	2018年	2019年	2020年
财务费用	26759500	73945400	144327000
净资产收益率	7.59%	11.90%	6.23%
资产净利率	2.35%	2.68%	2.09%
销售净利率	1.78%	2.25%	1.67%
总资产周转率	132%	119%	125%
权益乘数	323%	444%	298%
资产负债率	69.07%	77.50%	66.40%
产权比率	223%	344%	198%

2020年公司净资产收益率相较于2019年降低了5.67个百分点,通过杜邦分析的理论框架图得出,净资产收益率＝销售净利率×总资产周转率×权益乘数,可使用连环替代法对影响净资产收益率的驱动因素加以剖析分解,以便于深入研究净资产收益率变化的动因。

第一,销售净利率驱动因素:依据2020年的销售净利率计算2019年净资产收益率,则净资产收益率＝1.67%×1.19×4.44＝8.82%,销售净利率的变动影响为8.82%－11.90%＝－3.08%。

第二,总资产周转率驱动因素:依据2020年的销售净利率、总资产周转率计算2019年的净资产收益率,则净资产收益率＝1.67%×1.25×4.44＝9.27%,同理则可得出总资产周转率的变动影响为9.27%－8.82%＝0.45%。

第三,权益乘数驱动因素:依照上述计算方法,可以得出权益乘数的变动影响为6.23%－9.27%＝－3.04%。

通过上述分析可知,销售净利率的下降使得净资产收益率下降了3.08%,总资产周转率的提高使得净资产收益率提高了0.45%,权益乘数的下降使净资产周转率下降了3.04%,因此综合表现为净资产收益率下降了5.67%。

5.4.2.2 净资产收益率的驱动因素变动分析

1. 销售净利率变动分析

近三年来公司的成本费用呈现逐渐增加态势,2020年公司各项期间费用的比重均较上年有不同程度的上升,其中除去销售费用占销售收入的比例下降了

0.45个百分点,营业成本及期间费用占营业收入的比重均有所提升。营业成本较上年提升了57.54个百分点,主要是企业拓展了经营规模所致;销售费用比上年提升了12.13个百分点,主要原因是企业经营规模的拓展带动了相关人力成本和办公费用的增加;管理费用比上年提高了80.07个百分点,主要原因是企业开拓市场导致相应业务费用、资本性摊销与折旧的增加;财务费用较上年提高了95.18个百分点,主要原因是企业更加注重经营性融资,造成公司利息支出的大幅度提升;销售收入增长了56.61%,主要是企业依据市场行情进行战略调整所致。

销售净利率三年来呈波浪式变动。虽然2020年销售净利率比上年下降,但净利润与销售收入逐年增长,说明企业仍具备一定的获利能力。

2. 总资产周转率变动分析

近三年企业总资产周转率基本稳定在125%左右,企业2020年的总资产周转率比上年提高了6个百分点,周转天数减少14.52天。

由上述总资产周转率相关的比率趋势变动情况,分析如下。

第一,近三年存货周转率分别为5.34%、3.35%、4.34%,呈现先降后增的态势,但2019年的存货周转率却较上年减少,主要原因是企业的产销计划还不成熟。2020年存货周转率较上年增加0.99个百分点,说明企业适应市场需求,存货中残次品比率降低,投资于存货的资金适当,存货管理效率较高。

第二,近三年的企业应收账款周转率分别为12.54%、13.35%、25.68%,呈现逐渐增加态势。其中2020年的应收账款周转率较上年增长12.33个百分点,表明公司应收账款的资金周转速率显著提高,应收账款年均收账期明显减少,坏账损失也有所减少,流动资产的投资收益明显提高,从而可以更好地评价客户的信用等级。

第三,近三年的企业流动资产周转率分别为1.94%、1.58%、1.72%,呈现先降后增态势,2019年流动资产周转率较上年减少,主要原因是企业出现一些未有效利用的资金。2020年流动资产周转率比上年提升了0.14个百分点,说明公司进一步完善了财务内控制度,合理调动闲散资金,有效提升了流动资产的综合运用效益,保持了相当的盈利能力。

第四,近三年的企业固定资产周转率分别为8.37%、9.18%、6.43%,呈现了前增后减的态势,2020年固定资产周转率比上年减少了2.75个百分点,说明企业未来需要在固定资产的合理利用方面多加留意,以强化固定资产管理。

综上可得2020年总资产回转速度的增加主要是由于存货周转率,与应收账款周转率和流动资产周转率的增加有关,说明公司全部固定资产的利用效益提高。

3. 权益乘数变动分析

权益乘数由原始公式进行变形可得:权益乘数＝1/(1－资产负债率)＝1＋产权比率。因此可通过对资产负债率与产权比率的分析深入剖析权益乘数变动原因。

(1)资产负债率分析。

企业近三年来的资产负债率呈先增后减趋势。2019年企业资产负债率较上年上升,主要原因是企业试图扩大规模,提升举债经营的比重。企业资产负债率2020年比2019年下跌了11.10%,2020年是企业战略转型关键的一年,在全球经济疲软,受新冠肺炎疫情影响的背景下,企业积极开拓国内市场,相应资产与负债总额也有所提升。企业加强了资产管理,提升了各项资产的周转率,增加了现金流,合理调整负债与资产结构,促使资产负债率下降到66.40%,接近资产负债率的合理水平。综合来看,企业的长期负债能力良好。

(2)产权比率分析。

企业三年的产权比率均大于100%,说明举借债务是资金的主要来源,企业负债经营风险较大。2020年的产权比率与2019年相比逐渐向企业标准值靠拢,说明企业的财务结构趋于稳健。2020年权益乘数较上年下降,主要受资产结构情况的影响。资产负债率和产权比率均较上年有所降低,尽管资产、负债和所有者权益的比例均有所增加,但负债增长速度仍小于资产和所有者权益的增速。说明公司调整了资产结构,增加了通过自有资本筹集资金的比重,相对缩小了举债经营的规模。

5.4.2.3 对策及建议

1. 加强项目成本管理、管控施工费用

首先,企业应进一步细化工程项目的成本管理。技术人员应发挥专业优势对施工图进行审核、对项目进行勘察与成本测算,以便选取最优方案、做好事前控制。保证对投标、报价、合同谈判、计量计价、收回并划拨工程款以及完工结算等全部流程进行全程把控,以提高企业经营水平,降低期间费用的开支。项目在完工决算时通常预留了5%～10%的质保金,但通常在验收合格一年之后才可支付。在此期间公司应对生产经营活动中累积的现金进行统筹规划。

其次，应从以下几方面对施工过程中产生的费用进行管控。第一，对材料费进行管控。通常材料费在项目总成本中的比重在60%左右，因而对材料费的控制应当引起足够的重视。采购材料应多方议价、公开招标、分批购买，领用材料时要做好台账详细登记、做到专料专用且使用过程中不能超过限额。对施工现场的材料进行统筹，减少材料损耗。第二，对机械费进行管控。项目设备应加强定期保养、维修并合理调配。如需购入新设备，应在此之前对其公允价值进行了解，结合行业动态选取合适价位，必要时采取融资租赁形式减少资金支出。此外，发挥机械设备的多种功能，提升设备利用效率。第三，对人工费进行管控。企业应健全项目考核机制、实施虚拟股份激励机制、提升员工工作积极性、进行全员成本控制。对施工现场的工作人员进行定岗定编，确保责任到人。对职能接近的下属机构进行合并削减、对招待费等间接费用的支出要严格管控。财务、内审部门要加强监督功能，严格按财务制度和公司章程走报销流程，以便对非生产性支出进行合理控制。

2. 加强资金集中管理、优化融资渠道

企业可以通过引入资金池模式统筹财务收支，从集团层面统一管理、集中开户，形成收支两条线，通过公司网银对银行账户余额实时监控，合理调配资金，确保收支平衡。公司通过总部设立的结算中心统一进行资金归集，对下属分公司的现金流进行动态监管，利用闲散资金购买各项理财产品，盘活沉淀资金，提前归还部分利息。同时设立内部资金管控制度，财务人员应加强与业务部门的沟通，利用业财一体化大数据平台对资金管控中出现的问题进行及时反馈。对大额资金的使用务必要经过分层审批、逐级核实。财务人员应严格按照签字齐全的付款计划支付，杜绝超计划付款。制订合理的资金计划，确保工资、保险等刚性支出可按时支付。当资金相对紧张时，零星支出等费用可适当延期支付。

同时，加强与银行合作，合理利用各项优惠政策，提升授信额度，推广线上供应链金融业务，搭建银企直联大数据平台，提升资金利用率。此外，加强与非银行金融机构的合作，通过发行债券、债转股、内保外贷等多种融资渠道获取资金支持。建议企业适当减少通过自有资本筹资的比重，酌情扩大举债经营的规模。企业应当利用贷款利率差，灵活结合长短期贷款，还高贷低，减少利息支出。通过银行承兑汇票延期付款，利用履约保函等形式避免资金占用。引入战略投资者，发展BOT项目、PPP项目，实施混合所有制改革，与科研机构、民营资本、工程行业翘楚合作，以便优化产权结构、扩大净资产规模。

3. 加强应收账款管理、缩减回收周期

企业管理层应当重视对应收账款的回收工作。签合同时一定要由财务部、法务部、工管部、经营部等部门多方把控,权衡利弊、明确风险。对合同的关键条款如违约金、工程款的结算等事项要加以重视,对有歧义的条款要及时纠正、完善。对于合同范畴之外的新项目应及时签署补充协议,同时应提升工程项目的施工质量、合理安排工期,依据收款进度及时提交收工程款申请表和累计工作量情况相关证明资料,有助于业主及时拨付资金。

企业应做好应收账款台账登记工作,通过账龄分析加强对长账龄应收账款的回收力度。企业可以开展应收账款保理业务,将部分应收款项进行转让,优先得到银行垫付的资金,将融资压力转嫁。企业应进一步完善催账流程、通过E-mail、邮寄询证函等多种方式与客户进行对账,必要时可利用法律武器降低坏账风险。企业需要对业主的盈利能力、经营规模等状况进行背调,对其进行相关信用等级评估,应以调查结果为依据,按照业主的资产状况的优劣、信用程度的高低分别划分为A、B、C级。企业应积极与A级优质业主进行合作,对业主的信用级别也要及时动态掌控,根据其具体财务情况随时调整评级。

企业可以细化应收账款的回收流程,应建立有针对性的清收清欠小组,根据企业自身状况制订合理的应收账款回收目标,对长期拖欠的棘手工程款项进行集中清理回收。小组成员需要明确岗位职责,催收工作要落实到个人,把回收比率作为主要业绩考核指标之一。依据款项金额、时间的不同状况,通过对相关责任人和业主制订相应的奖惩机制提升流动资金使用率,缩减应收账款回收周期。

第6章 财务安全管理

6.1 构建财务风险预警模型

6.1.1 财务风险的相关概念

6.1.1.1 财务风险的概念

财务风险指的是企业在各种经营活动中由于一些不确定因素可能带来的不可控结果,以至于造成最后的财务结果与预期有所偏差,结果有好有坏,可能会导致盈利或亏损。但是如今的财务风险一般多含贬义,多指企业经济产生损失。严重情况下,造成企业资金链断裂,以至于资金无法运转,使企业负债而无法正常经营,直至倒闭。

6.1.1.2 财务风险的特征

(1)客观性。

客观是财务风险主要特征。在一般情况下财务风险是不可能绝对去除的,因此我们应当尽可能地将财务风险降到最低,减少财务的损失。所以对于财务风险管理来说,首先,我们要知道财务风险具有必然性,而且财务活动无处不在,使得发生财务风险的可能性也在一定程度上提升了,这些因素可能导致企业经济损失和经营出现一定问题,因此我们必须在财务风险发生前做好相应的预防措施;其二,许多企业盲目追求的财务风险彻底消除是压根不符合实际的,我们应当努力将财务损失降到最低,使风险达到可控水平。

(2)不确定性。

就目前情况而言,财务风险是必然存在的,可财务风险的表现形式和对企业的危害程度却具有不确定性,受风险的发生过程以及轻重程度等相关因素影响。由此看来,想要降低财务风险的伤害性,应从影响财务风险切实的方方面面考虑并采取措施。

(3)损失性。

当下企业的生产经营活动、企业的健康稳定发展都有被财务风险影响的可能性,甚至会威胁到企业的利益。

(4)系统性。

企业的一系列财务活动会导致财务风险的出现,通过各项财务指标反馈出来,最后会在财务报表中呈现出结果。

(5)进步性。

任何事物都存在一定的两面性,比如在一场竞标中有公司赢得竞标必然就会有公司输掉竞标。相同地,在市场之下风险与竞争也是共同存在的。正因如此,各生产经营主体为了在市场上占有一席之地,只能通过提高成品质量、制订一定的管理体系、提升经营水平等方式来实现。想要在整个市场中脱颖而出,就要与时俱进,不断进步。

6.1.1.3 财务风险的类型

企业在进行日常经营活动时,首先需要进行资金的筹融资,之后是运用所筹得的资金进行生产运营,或者是将多余的货币资金进行投资活动,追求资产的保值和增值,而企业最终的目的则是获得盈利,扩大企业生产规模。以上企业各个阶段的财务活动之间相互较为独立,但也会存在一定程度上的关联。各个期间的财务活动共同构成了企业的核心运营流程。下面介绍各个阶段的具体活动。

(1)筹资风险。

筹资风险是指企业难以偿还筹集资金的风险,当公司偿债能力与债务规模不匹配时就容易产生筹资风险。企业筹得较大规模的债务,但企业流动资产和非流动资产储备不足,使得负债与资产的比例失调,筹资风险发生的可能性加大,对公司产生严重的影响。

(2)投资风险。

企业的投资活动是企业将暂时没有使用计划的资金进行运作,以实现资金价值的增加,包括对内投资和对外投资。企业在投资前需要编制详细的投资计划以应对各种投资风险,企业的投资活动会对企业正常生产经营产生重大的影响。

(3)营运风险。

公司的运营风险主要发生在存货的积压和应收账款的回收困难。存货的积压会导致公司经营资金周转不畅,企业前期投入资金无法收回,只能以存货方式存在。应收账款导致企业无法收回资金,经营活动难以开展。以上两种情况都会给公司运营活动带来风险。

(4)盈利风险。

一个公司的盈利能力是外界最为看重的,也是评价公司好坏的重要指标。一般来说,如果公司产品缺乏竞争力或者公司日常生产、费用控制不到位就会产生盈利风险,主要表现为公司成本费用逐年增长,反映公司利润的指标严重下降。

6.1.2 财务风险预警的相关理论

6.1.2.1 财务风险预警的含义

从表面来看,预警就是提前报警的意思。财务风险预警贯穿企业经营活动始终,它借助于企业的信息化基础,实时监控企业经营管理活动中的潜在风险,企业财务部门相关人员依据企业财务报表及其他相关的经营资料,利用财会统计进行金融企业管理、市场经营和财务活动,进而发现企业管理活动中潜在的经营和财务风险,并预先告知企业经营者和其他利益关系人企业所面临的风险情况,督促公司管理者采取有效措施提早预防,避免给企业带来更大的损失。目前,由于经济一体化的影响,企业之间的竞争日趋激烈,在这种情况下,任何企业都不可避免地会出现不同程度的财务问题,这种现象将会给企业及其利益相关者造成一定程度的影响和损失。因此,如何对企业的财务风险进行预测也就成为股东、债权人、政府管理部门、金融机构、供应商及企业员工关心的主要问题。所以,企业很有必要构建一套科学、合理的财务预警系统,使企业的管理者和财务人员能及时分析了解企业的财务状况,发现异常情况及时采取有效的措施进行补救,防患于未然,不仅企业自身避免了损失,其他利益相关者如股东债权人、政府管理部门、金融机构、供应商可以根据企业发出的财务预警进行有效的决策,从而避免了损失的发生。

6.1.2.2 财务风险预警系统的功能

当企业生产经营活动中可能出现危害企业财务状况的关键因素时,财务风险预警系统可以进行预先报警,使管理和利益关者针对警报提前实施相应的对策。企业财务风险预警系统具有监测功能、诊断功能、防御功能和保健功能。

1. 监测功能

财务风险预警系统可以预测在企业生产经营过程中突发的异常事件,通过对照企业出现异常时各种财务指标的实际值和企业处于正常时的财务指标值,发现两者之间的差异。如果两者之间确实存在差异,预警系统就会发出警报,使管理者针对差异采取相应的措施。

2. 诊断功能

在财务活动中,当企业某方面出现财务异常状况时,监测信息就会立即显示出来,功能良好的财务风险预警系统可以通过对相应财务指标测试,同时进行及时有效的识别诊断,确定企业财务风险出现环节以及风险的程度并进一步寻找引起风险的原因,从而使管理者能针对所诊断出的财务风险采取相对应的有效措施,积极进行防范,避免风险进一步加大。

3. 防御功能

对现有的和潜在的风险都能进行预测才是真正有效的财务风险预警系统。企业对于已经出现过的财务风险,都要进行详细的记录、分析并采取有效的防范措施,这些都要进行备案,成为企业的教学案例,为以后发生类似情况提供借鉴,不断总结教训,不断完善自身,增强防御风险的能力。

4. 保健功能

企业有些财务风险是潜在的,通过运用风险预警系统对企业的财务状况进行分析,有些潜在风险是能够被发现的,一旦管理者发现了潜在的风险,那就必须采取措施,防患于未然,以防这些潜在的风险进一步演变为现有的风险,给企业带来损失,影响企业的生产经营。

6.1.2.3 财务风险预警研究的相关理论依据

对于财务风险预警的深入探索和研究,要以与之相关的成熟理论作为研究的理论基础和指导,这些理论主要有经济周期理论、企业预警理论、内部控制理论和风险价值理论等。

1. 经济周期理论

经济周期,也被称为商业周期或商业循环,是指在经济运行中经济扩张和经济紧缩交替出现、一段时间内进行一次往复的现象。一个完整的经济周期包含四个阶段,即经济繁荣期、经济衰退期、经济萧条期和经济复苏期。需要注意的是经济周期并非始终呈现出机械的周而复始的完整形态,但每一个经济周期都经历了大致相同的过程,这是经济周期表现出的规律性;同时,每一个周期又有其各自的特点,例如一个周期能够持续多长时间、周期的波动程度有多大却不会完全相同,这是经济周期表现出的特殊性。但周期性的经济波动是一种客观经济现象,非人的主观能动性所能左右。经济的周期性波动会导致各经济实体出现周期性的风险,那么对周期性财务风险进行预警就显得重要且必要。

2. 企业预警理论

在国内对企业预警理论进行研究的学者中,佘廉是对其较早进行研究的学者之一,是他第一次提出了企业逆境管理理论,并构建了企业预警管理体系。他指出为了更好地实现企业制订的战略目标,企业预警管理和其他管理同样重要。对企业预警理论进行总结梳理可知,企业预警理论主要包含危机管理理论、策略震撼管理理论、企业逆境管理理论和企业诊断理论。

危机管理是指企业随着经营环境的变化,各种预想不到的突发性事件会对企业产生极大的破坏作用,企业通过计划和控制等手段对这些危害经营的突发事件进行管理,从而有效地预防和应对这些危机事件,保证企业的经营安全。

策略震撼管理亦称不可预期环境中的管理,是企业为了应对不可预期的震撼而产生的,目的是将源于震撼的威胁降至最低而特别建立的一套策略管理系统。

企业逆境管理是在企业出现效益急剧下降、经营亏损等严重现象时,注重对产生此严重情况进行分析和研究的情况下提出的。企业逆境管理理论就是要研究企业经营失利、管理失误的成因、机理以及运动规律,帮助企业避免或摆脱企业逆境,从而保持企业顺境的管理理论。

企业诊断属于企业管理中的一种咨询服务活动,是由非企业人员进行的一种职业性咨询行为。其仍以一般意义的企业管理原理、原则为理论依据,主要采用专业的诊断分析模式或技术方法对企业的经营管理状况进行全面的分析,发现存在的问题。

3. 内部控制理论

内部控制,是指企业为实现控制目标,通过设置和实施各种相互制约的组织、程序和方法,对企业经济管理活动的风险进行管理和控制,以保证经营活动的效率和效果。企业内部控制的目标主要包括合理保证单位经济活动的合法合规、资产的安全完整和使用有效、财务信息的真实可靠、经营方针的贯彻执行等。内部控制的要素主要有控制环境、风险评估、控制活动、信息与沟通以及监督与控制。内部控制理论的逻辑起点是防范风险,该理论能为企业在防范风险的同时扩大企业的经营绩效提供理论指导,完善的内部控制制度能为企业财务风险预警打好基石,并能为采取措施处理企业预警发现的问题提供制度保障。

4.风险价值理论

风险价值(VaR,Value-at-Risk)用于评估金融资产在既定置信度和特定持有期间的预期最大损失。风险管理的基本内涵在于构造证券组合价值变化的概率分布,其本质就是运用现代统计技术来构建度量风险的模型,将风险转化为可计量、可比较的数据,将隐性的风险显性化,从而可以更方便地对财务风险进行分析、管理和预警。该理论将财务风险预警视为一种风险的控制机制,并认为如果企业是一个具备较高管理水平、稳定发展趋势的大规模企业,就需要建立有效的财务风险预警,通过预警实现对风险的识别和警示。

6.1.3 财务风险预警模型

6.1.3.1 Logistic 回归

Logistic 回归最早起源于 19 世纪的人口数量增长研究,但当时的模型存在一些缺陷,因为人口不会再以指数型的方式无限制地增长下去,后由比利时学者阿道夫·凯特勒注意到这个问题,结合数学、统计学、社会学知识以后,他为模型增加了一个阻力项从而得到了如今的 Logistic 函数。后在研究果蝇繁殖时被美国学者使用慢慢又进入人们的视野,最早被奥尔森(Ohlson)用在企业风险预警上。

Logistic 回归适用性较强,其解释变量不仅可以是连续性变量,同时也可以是分类变量,但对于被解释变量来说只能是分类变量或者概率变量。Logistic 回归虽然叫做回归,但本质是用于解决分类问题的,因此和普通回归函数存在区别,常见的多元线性回归形式为:

$$g(x) = \beta_0 + \beta_1 x_1 + \cdots + \beta_n x_n \qquad (6.1)$$

Logistic 回归为了增加非线性能力,在原始多元线性回归的基础上增加了一个非线性的激活函数 Sigmoid。Sigmoid 函数表达式为：

$$\sigma(x) = \frac{1}{1+e^{-x}} \tag{6.2}$$

其函数图像如图 6.1 所示：

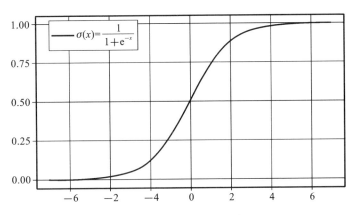

图 6.1 Sigmoid 函数图像

通过 Sigmoid 函数图像可以看到这是一个非线性函数，其函数值在 x 趋向于 $+\infty$ 时以极快的速度趋向于 1，而在 x 趋向于 $-\infty$ 时函数值又以极快的速度趋向于 0。使用 Sigmoid 函数作为一个激活函数主要是想借助其非线性部分使模型获得一个非线性能力。多元线性回归作为 Sigmoid 函数的输入以后可以得到函数表达式为：

$$f(x) = \frac{1}{1+e^{-g(x)}} = \sigma(g(x)) \tag{6.3}$$

对于此函数我们使用极大似然估计的方法进行求解，由于 $f(x)$ 是一个分类函数，因此我们可以得到在给定 X 的条件下 $Y=1$ 的概率为 $P = P(Y=1|X)$ 和 $Y=0$ 的概率为 $P = P(Y=0|X)$，二者所发生的概率形式是相同的，两者概率都可以写成 $P(Y) = P_i^{Y_i}(1-P_i)^{1-Y_i}$，对于每一个抽取的样本 Y_i 来说 $P(Y_i)$ 都是相互独立的，所有样本的联合分布也就可以表示成单个样本的边际分布的乘积 $L(\theta)$：

$$L(\theta) = \prod_i^n P^{Y_i}(1-P)^{1-Y_i} \tag{6.4}$$

对于每一个样本 Y_i，它的概率函数可以表示为：

$$P_i = f(x_i) = \frac{1}{1+e^{-g(x_i)}} = \frac{1}{1+e^{\beta_0+\beta_1 x_1+\cdots+\beta_n x_n}} \tag{6.5}$$

为方便求极大似然函数对其进行取对数操作，并将概率函数代入可得：

$$\ln(L(\theta)) = \ln\Big[\prod_i^n P^{Y_i}(1-P)^{1-Y_i}\Big]$$

$$= \sum_i^n [Y_i \ln(P_i) + (1-Y_i)\ln(1-P_i)] \quad (6.6)$$

$$= \sum_i^n \Big[Y_i\Big(\beta_0 + \sum_j^p \beta_j X_{ij}\Big) - \ln\Big(1 + e^{\beta_0 + \sum_j^p \beta_j X_{ij}}\Big)\Big]$$

为使得对数似然函数最大,分别对 β_0 和 β_j 求导可得:

$$\frac{\partial[\ln(L(\theta))]}{\partial \beta_0} = \sum_i^n \left(Y_i - \frac{e^{\beta_0 + \sum_j^p \beta_j X_{ij}}}{1 + e^{\beta_0 + \sum_j^p \beta_j X_{ij}}}\right) \quad (6.7)$$

$$\frac{\partial[\ln(L(\theta))]}{\partial \beta_j} = \sum_i^n \left(Y_i - \frac{e^{\beta_0 + \sum_j^p \beta_j X_{ij}}}{1 + e^{\beta_0 + \sum_j^p \beta_j X_{ij}}}\right) X_{ij} = 0, j = 1, \cdots, p \quad (6.8)$$

通过上述的两个式子即可求得 $\hat{\beta}_0$ 和 $\hat{\beta}_j$ 的极大似然估计,条件概率的估计值为 $\hat{P}_i$,也就是在给定 X_i 条件下 $Y_i = 1$ 的估计概率,即模型最终的预测值。

6.1.3.2 随机森林

随机森林是决策树在结合 Bagging 集成学习的思想后发展起来的一种算法模型。要介绍随机森林就必须介绍一下决策树。决策树(CART)是 Breiman 在1984 年提出的一种非参数方法,其优势在于不需要数据的分布满足任何前提假设,尤其对于解释变量是离散或定性时普通的回归模型无法处理这种问题。决策树的思想是通过对特定的解释变量进行递归二分类,利用不同的解释变量,对样本所属空间进行多维划分,直到满足停止条件。这种多维的空间划分方法能够较好地对样本进行判别。

为展示决策树的运作过程,我们构造 A、B 两类样本,样本包含特征 a 和特征 b,样本的分布情况如图 6.2 所示:

对于这两类样本,决策树的运行机制如图 6.3 所示。

图 6.2、图 6.3 形象地展示了决策树在二维特征下如何对解释变量进行二分类,从而将在不同样本划分的不同空间中对样本进行判别。而对于解释变量较多的高维情况,决策树用同样的方法进行递归二叉分类,通过对更多的特征做出更详细的空间分割,从而得到所属不同空间的不同样本。对于分类问题,决策树以不纯度作为衡量的标准,不纯度指的是在分叉的叶子节点上真实样本值有

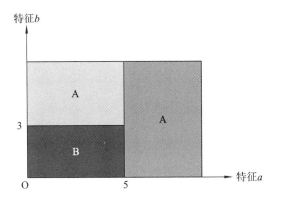

图 6.2　两类样本的分布情况

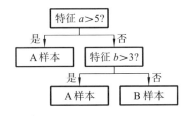

图 6.3　决策树运行机制

多少种。如果只有一种,那么就是非常"纯净"的,而衡量不纯度通常有以下三种方法。

1. 信息熵

熵衡量的是随机变量的不确定性:取值越小、越确定,则熵就越小;而取值越多、越不确定(不同取值分布越均匀),则熵越大。其计算公式为:

$$I(G)=-\sum_{j}^{k}p(c_j)\ln(p(c_j)) \tag{6.9}$$

式中,G 代表的是某个分叉节点,而 $p(c_j)$ 则代表第 c_j 分类的样本占总样本的比例,而 $I(G)$ 的值越小,就说明在 G 节点处的纯度越高。对节点进行拆分需要考虑信息增益:

$$I(G,x)=-\sum_{j}^{k}p(c_j)\ln(p(c_j))-\sum_{x\in\{x_1\cdots x_i\}}\sum_{j}^{k}p(c_j|x)\ln(p(c_j|x))$$

$$\tag{6.10}$$

2. 基尼不纯度

基尼不纯度和熵十分类似,其本质是信息熵的泰勒一阶展开,对随机变量的不确定性计算方法有些出入。具体公式如下：

$$I(G) = \sum_{j}^{k} p(c_j)(1-p(c_j)) \qquad (6.11)$$

3. 分类异众比

分类异众比主要反映节点分类的分散程度，也就是对一个变量进行拆分时的信息度量。计算公式如下：

$$S^* = \text{argmax}(I(G) - I(G|s)) \qquad (6.12)$$

式中，S 代表的就是最适合拆分的解释变量所拆分的空间。

随机森林就是随机建立大量的不相同的决策树构成整个"森林"，最后综合这些决策树的结果作为这个"森林"的结果。对于随机和整合主要借鉴了Bagging集成的思想，即在构建每一个决策树的时候通过有放回地随机选择一些样本来构建模型，其余的样本不参与这棵树的构建。同时在构建此决策树的时候也并不是将所有样本特征都用作树的构建，而只是随机地选择部分特征来构建树，最后由不同样本、不同特征构建的不同决策树都会做预测，并将所有树的结果进行等权重投票，最后将得票数量最多的结果作为最终结果。

随机森林的流程如图 6.4 所示。

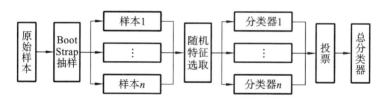

图 6.4 随机森林流程

基于这种 Bagging 集成的方法，随机森林拥有集成学习的许多优点。在训练每一棵决策树的时候都用了不同的样本，所以不同的决策树对不同的样本比较敏感。由于特征也是随机选择的，不同的树关注样本中的不同特征，这样使得每棵树都有针对性地对某些样本、某些特征进行学习，这样减少了模型的复杂度。在训练时不同树之间互相不影响，不容易受到一些极端的样本或异常的指标影响，最后综合所有树的结果，很好地解决了过拟合的问题。同时这种随机性使得解释性不如决策树，以及参数过多使得参数调整较为复杂。

6.1.3.3 XGBoost

XGBoost 和随机森林有一些相似的地方，二者都是以决策树为基础改进发展而来的，但不同的是随机森林在集成的时候使用采样的方式，借助 Bagging 方法得到，而 XGBoost 则是将样本看作是有差异的，不同的样本权重不同，属于 Boosting 方法，同时对算法方面进行了一些优化，以此来将决策树的效率发挥到极致，其中缩写的 X 代表的是 extreme。其特性和随机森林也有些相似，同样也是非参数方法，不需要样本数据具有某些分布的假设前提。但不同的是，随机森林在集成分类器时，每个分类器都是互相独立、可以进行并行计算的并行结构，而 XGBoost 更像一个串行结构。同时在对损失函数进行求导时使用二阶泰勒展开进行二阶函数的求导使得损失更加准确，并且为了弥补串行结构的计算效率方面的不足，优化了在寻找分裂点进行枚举的时候特征排序的优化，使得各个特征增益计算时候可以并行，大大提高了计算效率。

之前已经介绍过决策树的大致原理，这里就不再赘述，下面展示 XGBoost 模型的流程，见图 6.5。

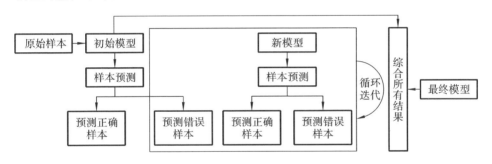

图 6.5　XGBoost 模型的流程

通过 XGBoost 模型的流程图我们可以看到，其在构建模型的时候也一直在训练不同的模型。但它与随机森林的不同之处在于，它不只通过随机样本来构建多个模型，而是根据上一个模型预测结果的残差再次构建模型，使得新模型可以获得比上一个模型更高的性能。虽然对于每一个模型来说分类能力都不强，但通过这种残差预测结构集合所有分类器以后就可以明显提高最终模型的准确性。

在算法上有改进，目标函数由原来的一阶泰勒展开：

$$O^t = \sum_i^n l(y_i, \hat{y}_i^{t-1}) + f_t(x_i) + \Omega(f_t) + c \qquad (6.13)$$

改为二阶泰勒展开：

$$g_i = \partial_{\hat{y}_i^{t-1}} l(y_i, \hat{y}_i^{t-1}) \qquad (6.14)$$

$$h_i = \partial^2_{\hat{y}_i^{t-1}} l(y_i, \hat{y}_i^{t-1}) \qquad (6.15)$$

$$O^t \approx \sum_i^n \left[l(y_i, \hat{y}_i^{t-1}) + g_i f_t(x_i) + \frac{1}{2} h_i f_t^2(x_i) \right] + \Omega(f_t) + c \quad (6.16)$$

其中 $\Omega(f_t)$ 是模型的正则项，c 是常数项。使用二阶的泰勒展开式可以更好地反映模型损失，对于提高模型准确度有着重要的作用。总体来说，XGBoost 通过串行结构的残差训练方式使得模型尽可能彻底地对样本进行学习，同时由于每个模型都是弱分类器，以及在其中加入正则化项来减少模型的过拟合，采用泰勒二阶展开时的损失函数更为精准，在各大数据竞赛中都有优异的表现。但它和随森林一样参数较多，调参过程较为复杂，串行结构虽然在学习能力上较为突出，但计算速度受到一些影响。

6.1.3.4 BP 神经网络

神经元本是生物脑神经中的元素，在科学家对其进行研究分析以后尝试构建简化的神经元来构建模型处理问题，BP 神经网络就是在神经元的基础上发展而来的。其最早由以 Runmelhart 为首的科学小组提出，是目前为止最成功的神经网络学习算法，在 1990 年首次被用在财务危机的预警研究当中。神经网络中每个节点都代表着一种特定的输出函数（即激励函数），神经元之间互相的关联结构构成整个神经网络，借由不同的神经元个数以及连接方式、激励函数的不同而造成神经网络的不同，BP 神经网络主要由输入层、隐藏层、输出层构成，数据由输入层送入网络，由隐藏层进行处理，最终由输出层输出最终结果。

BP 神经网络流程可以简要表示为图 6.6。

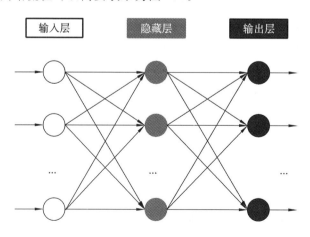

图 6.6 BP 神经网络流程

计算公式为：

$$Y_i = WX_i + b \tag{6.17}$$

$$Z_i = g(Y_i) \tag{6.18}$$

式中,W 为权重,b 为偏置项,$g(x)$ 为激活函数,常见的有 Sigmoid、ReLU、tanh 等。将输入的 X 乘上权重 W 再加上一个偏置项 b,进行这种线性变换以后再加上一个非线性的激活函数,可以极大地增强模型的非线性能力。若没有激活函数,不论神经网络的网络结构有多少层,最终都是拟合一个线性函数,模型过于简单,而在处理现实问题时往往都是一些非线性映射关系,这样模型无法得到一个好的效果。而增加了非线性的激活函数以后,理论上可以逼近任何函数,通过设置不同的输出层节点数,可以实现对数据的升维或者降维。设置合适的网络结构可以解决很多现实中的问题。

BP 神经网络被称为神经网络的原因就是整个模型节点参数不是由任何公式直接计算得到的,而是利用样本信息不断进行反向传播而得到的最优值。BP 神经网络的训练过程如下。

(1)节点参数初始化。在构建好网络结构之后、样本数据输入之前,对神经网络层中的权重 W 和偏置项 b 进行随机初始化。常见的初始化方法有正态分布初始化、高斯分布初始化。而每一层的激活函数和模型整体的学习率这些超参数则事先设定好。关于学习率,也可以不设置成固定值而设置成动态学习率,目前比较流行的是 Adam 动态学习率。计算方法如下。

一阶动量控制:

$$m_t = \beta_1 m_{t-1} + (1-\beta_1)g_t \tag{6.19}$$

二阶动量控制:

$$v_t = \beta_2 v_{t-1} + (1-\beta_2)g_t^2 \tag{6.20}$$

梯度更新方法为:

$$\hat{m}_t = \frac{m_t}{1-\beta_1^t} \tag{6.21}$$

梯度平方的更新方法为:

$$\hat{v}_t = \frac{v_t}{1-\beta_2^t} \tag{6.22}$$

最终学习率更新方式为:

$$\theta_{t+1} = \theta_t - \frac{\eta}{\sqrt{\hat{v}_t}+\varepsilon}\hat{m}_t \tag{6.23}$$

式中,η、β_1、β_2 为提前设置好的参数,控制学习率、梯度、梯度平方的更新力度,设置ε是为了防止分母为0。

(2)隐藏层线性变换。将输入的数据x利用初始化得到的w和b进行线性变换$y=wx+b$,得到隐藏层输出。

(3)神经元激活。将隐藏层计算得到的y通过激活函数得到最终输出$z=g(y)$。

(4)计算损失值。将最终输出$\hat{z}$和实际样本结果z进行损失值计算:

$$L = \frac{1}{n} \sum_{i}^{n} (z - \hat{z})^2 \tag{6.24}$$

(5)权重更新。通过梯队下降的方法对权重w和b进行更新:

$$W'^{l}_{ij} = W^{l}_{ij} - \eta \frac{\partial L}{\partial W^{l}_{ij}} \tag{6.25}$$

$$b'^{l}_{i} = b^{l}_{i} - \eta \frac{\partial L}{\partial b^{l}_{i}} \tag{6.26}$$

式中,η为学习速率,$\frac{\partial L}{\partial W} = \frac{\partial L}{\partial g} \times \frac{\partial g}{\partial y} \times \frac{\partial y}{\partial W}$,$\frac{\partial L}{\partial b} = \frac{\partial L}{\partial g} \times \frac{\partial g}{\partial y} \times \frac{\partial y}{\partial b}$。

(6)循环迭代。采取上述方法对每层神经网络进行权重更新操作,对模型训练中的每一步进行更新,直至算法停止条件。

6.1.3.5 卷积神经网络

卷积神经网络是基于BP神经网络发展而来的,最早是从对猫的视觉系统研究得到启发,生物的脑神经有大量的神经元,但在处理图像问题的时候并不是像BP神经网络那样一个神经元要接触到所有信息后做出反应,而是不同神经元负责不同的区域、功能,每个神经元只保留自己可处理的信息而其余信息直接被此神经元过滤,这样不同的神经细胞就可以得到不同的抽象特征,再将输入集中到一些处理这些信息的神经元就可以对复杂信息进行处理。通过这些研究结论,在结合神经网络的基础上将输入数据从一维改成二维输入,并提出卷积、池化等卷积神经网络中的核心方法后得到了卷积神经网络的雏形,再经过后续学者的不断发展完善,如今卷积神经网络在图像领域大放异彩。

卷积神经网络中最为经典的LeNet模型的流程如图6.7所示。

可以看到其采用了三个卷积层、两个池化层以及两个全连接层,最终输出10个类别的分类结果。卷积层用来提取数据的局部特征,对输入的图像数据(可以看作像素矩阵)局部利用卷积核进行卷积操作可以抽象出一个比原始数据更为复杂的抽象特征,并且这种操作可以使用多次,不断地对原始输入或者卷积

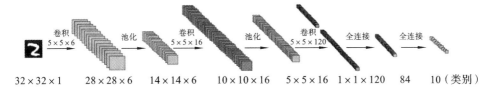

图 6.7　LeNet 模型的流程

后的特征进行提取可以得到数据深层次的信息特征,之后将这些特征输入全连接层通过传统神经网络的方式来学习这些特征之间的关系得到输出。其计算公式与 BP 神经网络类似:

$$x_j^l = f\Big(\sum_{i \in M_j} x_j^{l-1} k_{ij}^l + b_j^l\Big) \tag{6.27}$$

式中,l 为网络层数,M_j 为需要进行操作的矩阵图,k_{ij}^l 是卷积核中的权重系数,b_j^l 是需要加上的偏置项,$f(\cdot)$ 是卷积操作后的激活函数。

卷积神经网络与 BP 神经网络不同的点除了卷积以外还有池化操作,通常对卷积后的特征进行池化操作。其中最为常见的是最大池化,最大池化就是将某个矩阵例如 2×2 中的最大值输出,这样也是遵循了之前研究所得到的结论:单个神经元只对特定信息敏感。这样的池化操作优化了卷积核,可以使得后续计算只对重要特征进行计算,同时也减少了计算量,增加了模型的抗噪能力,也防止了过拟合。在图像中还使得模型获得平移不变形、旋转不变形等能力。计算公式如下:

$$x_j^l = f(\beta_j^l \mathrm{down}(x_j^{l-1}) + b_j^l) \tag{6.28}$$

式中,$\mathrm{down}(\cdot)$ 是指定的下采样函数,最大池化为 $\max(x_j^{l-1})$,平均池化为 $\dfrac{1}{m}\sum_i^m x_i^{l-1}$。

在网络最后会加入全连接层来整合通过卷积层提取、池化层压缩的高度抽象的特征,全连接层可以对这些特征数据进行特征组合,同时可以降低特征位置、维度对实际分类结果的影响。

卷积神经网络的整体流程如图 6.8 所示。图 6.8 展示的是二维卷积神经网络的计算流程,将原始输入通过卷积核进行卷积,之后对抽象的特征进行池化操作提取重要特征,最后通过全连接构建普通的神经网络得到结果。对于一维卷积来说只是输入数据以及卷积核形状的改变,整体流程都是相同的,这里不再赘述。

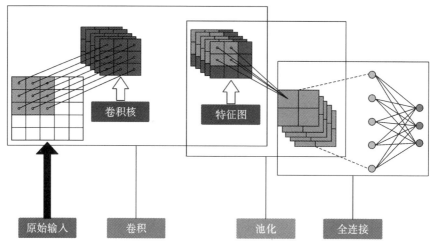

图 6.8　卷积神经网络流程

6.2　财务风险识别、评价与控制

6.2.1　财务风险管理的概述

6.2.1.1　财务风险管理的定义和流程

财务风险管理是指企业为了规避生产经营活动中产生的影响企业利益的财务风险而采取的管理措施,主要包括财务风险的识别、评价和控制。首先对财务风险进行识别,通过财务数据和非财务数据相结合找到企业潜在的财务风险,再对财务风险进行评价,了解财务风险对企业的影响程度,进而在之后的财务风险控制中有所侧重,如图 6.9 所示。

财务风险的管理处于不断变化之中,不同因素的变化会使不同的财务风险变化,因此财务风险识别计量和控制措施也将随之变化。

6.2.1.2　财务风险管理的理论基础

1. 效用理论

18 世纪初期英国著名经济学家边沁提出了效用理论。效用理论是一种定性分析理论,这种理论是在心理学主观概念及经济学效用观念结合下产生的。

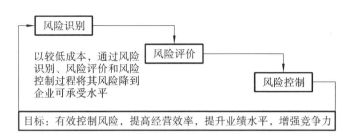

图 6.9 风险管理流程图

在理论研究中他做出了假设,认为规避负效用并追求最大正效用是一切决策的根本目的。关于效用研究,学者贝努利耐提出了自己的观点,他认为预期效用最大化是人们行为决策的根本目的,而不是为了获取最大的金钱期望值。《竞赛论与经济行为》是奥斯卡·摩根斯特恩与约翰·冯·诺伊曼共同发表的著作,前者是经济学家,后者是数学家,在该著作中他们对决策理论问题进行了探讨。19世纪以后,效用理论逐渐融入风险管理理论,并成为风险管理决策的重要理论依据,此后,又有诸多学者对效用理论进行了探究。效用理论的主要观点为,任何决策均存在一定风险,对应的选择方案具有主观效用,这种效用源自决策者主观价值。

在建筑施工企业中,我们根据效用理论认为管理决策者会对备选方案利弊做出衡量,并以自己的主观效用为依据做出判定,选择效用值最高选项,以此作为自己的决策。在具体选择当中,采取线性组合方式,实现了主观效用值与主观概率的有机结合,最终确定最佳决策方案。

2. 投资组合理论

投资组合理论来源于自马科维茨的《资产组合选择》。该理论为投资者提供了衡量不同投资风险的方法,通过用组合投资的方法,来取得收益最大化。该理论认为组合投资的投资风险与收益之间存在一定的规律,投资风险可以通过不同的投资组合进行分散。此理论建立在四个基本假设的前提下。①市场有效,投资者能够得知市场的有效信息。②投资者都追求自身的最大利益,同样不希望自己受到风险影响。但是事实上,风险与收益是成正比的。③投资者都是根据金融资产的预期收益率和标准差来组合投资,并且选取的投资组合都具有高收益率或低风险的特性。④假定金融资产之间的收益都具有相关性,只要了解所有金融之间的相关系数就可以根据相关系数来选择最佳的投资组合。

根据投资组合理论,建筑施工企业在投资活动中也需要注重投资组合,由于建筑施工项目体量大,更不能盲目投入,应该通过最佳的投资分配将投资风险降到最低或者达到最高收益。

3. 精益管理思想理论

精益管理思想起源于 20 世纪 50 年代著名汽车生产企业丰田公司,在丰田的生产管理实践中逐渐形成了精益管理思想。后来这种思想得到发展和传播,渗透到各个领域,使得精益成本管理的思想在当今企业管理中占据了重要地位。精益管理主要是提倡以较少的投入来获得最大的利益,即利益最大化。利益最大化也是当今企业所追求的,因此精益管理思想成为如今的主流。精益成本管理的目标是在不影响生产质量的情况下,降低生产成本,获得最大的利益。在施工项目进行精益成本管理时应遵循以下几个原则:①科学界定价值;②识别价值流;③动态监控价值流的运动方向;④采取需求拉动式的生产模式;⑤实现价值追求。

建筑企业在成本管理中需要结合此理论,在项目施工过程中,对成本进行合理有效的控制,并且注重工程质量,避免不必要的返工,才能实现企业利益最大化,体现企业的价值。

6.2.2 财务风险识别

6.2.2.1 财务风险识别的概念

财务风险识别就是发现企业存在或者提前预判可能存在的风险。财务风险管理以财务风险识别为基础,是财务风险管理中不可或缺的一步。由于财务风险在经营活动过程中不是肉眼可见的,而是需要通过财务风险信息的收集后,对可能的财务风险进行归集和判断,从而识别出经营活动过程中的财务风险。

6.2.2.2 财务风险识别的方法

1. 财务报表分析法

财务报表分析指的是对企业运营过程中的多种财务报表进行分析。企业的生产经营本身就是资金流动的过程,因此现代企业中通过四类财务报表进行全方位的分析,涵盖了资产负债、现金流量、利润和所有者权益变动。结合这四种报表形式,对于公司的收支、利润、成本等可以进行全面的了解,也就掌握了企业在该段时间内的运营情况。可以说对该企业财务报表的分析,可以帮助管理层全面掌握企业的经营状况。这也是进行会计信息披露的重要原因。

2. 指标分析法

从已经获取的财务数据出发,分析还在进行中的财务活动,结合企业财务数据进一步明确企业财务风险指标。从指标数据出发,可以对于企业的偿债能力、运营能力以及盈利能力等多重指标有一个更全面的认识和评判。对相关指标的分析能够帮助管理人员有效地判断企业在运行过程中可能出现的风险,并及时制订相关措施来规避风险。

3. 专家意见调查法

通常情况下,通过采访调查在财务方面具有丰富经验的专家,让专家从内外部角度观察企业的现状,并检查企业在运行过程中出现的漏洞,对于可能出现的财务风险进行预估。在完成相关评测后,这些专家将研究结果交给企业,企业相关负责人会进行一一核查,再把财政方面的数据信息交给企业对接专家小组,相关专家对于企业的新数据信息进行比对分析,然后再次递给企业负责人,负责人进行核对和订正,形成总体建议再交给专家,专家将再次结合实际进行分析,将结果递交企业。在这个过程中,专家组和企业之间达成了共识,并确定为最终结果。专家组成员各自相对独立,并不能进行意见的交流,保证每位专家都能参与其中并提出意见。而且全程专家小组均不透露自己的姓名,保证权威性和公正性。经过反复的推导得出的最终成果,能够最大限度地避免失误,具有较强的科学性。

4. 案例分析法

案例分析法指的是结合已经出现的相似案例,对于其中的解决方法进行分析,积累相关经验。通过多重的案例分析,能够使企业管理人员对导致财务风险产生的因素有一个更为全面的理解,学习其中的经验并获取更多的有效数据,对之后的研究有所帮助。对于可能出现的风险进行分类研究,并引进数据内容进行验证,大大提升结论的可靠性。

6.2.2.3 建筑施工企业的财务风险类型

1. 资金风险

目前,我国建筑企业与建筑业市场存在矛盾。由于相关法律制度不完善,部分企业和商家没有相应的制约措施,导致部分项目资金在完工后无法由施工企业及时收回,同时对建筑产业也造成了应收账款和存货的积累,成为我国建筑企业难以解决的严重问题。因为建筑企业和建筑业需要大量的资金来维持运营，但账户和库存的挤压导致了企业运营能力的严重下降。同时，在应收账款处理过程中，由于施工方缺少流动资金，造成施工款项的付款延迟，就会导致企业的应收账款规模的不断扩大。在这种情况下，存货和应收账款的规模增加，将导致企业的流动资金和施工材料的质量出现问题，进而导致建筑工程无法按照进度施工。

2. 成本风险

我国建筑企业在项目成本管理方面仍存在很大缺陷，这不仅会影响企业的收入，同时还会对建筑施工的质量造成一定的影响。部分施工企业为了加快工程的施工进度，在施工前没有细致地制订施工方案，并且为了追赶施工工期的进度，没有对施工的图纸设计及施工环境等进行勘察，同时也没有对施工资源的供应链进行深入的市场调查，并且施工项目的成本控制管理不科学，导致人力和物力的严重浪费。另外，在日益激烈的建筑企业市场竞争中，很多施工企业为了与其他的企业进行竞争，同时增加自己的收入，会尽可能地为自己布置大量的施工任务。但过多的工作量不仅会导致企业施工的效率无法提高，同时在当前施工成本提高的经济环境中，会导致企业在施工的过程中缺少流动资金，使企业的财务风险也逐渐加大。与此同时，建筑企业的盈利也会降低。在成本管理不完善并且效益降低的情况下，建筑企业只能从建筑材料的质量和施工人员的工资上进行缩减，从而导致建筑存在严重的质量问题，甚至引发安全事故，同时也会降低工人的工作积极性，无法提高建筑施工的效率。

3. 外部因素风险

从企业的外部环境来看，施工企业承担着许多外部风险因素，如自然环境风险、市场风险、政策风险等。随着经济的发展和建筑业的进步，建筑企业在市场上的竞争越来越激烈，因此金融风险的概率也相对提高。首先，目前，我国建筑业虽然取得了很大发展，但发展不规范。相反，市场机制不成熟导致了企业之间的恶性竞争。一些企业甚至为了降低成本而拖欠工时费，这严重增加了企业的财务风险系数。其次，随着市场经济开始走向国际化，大多数建筑不仅面临国内竞争，也面临国际竞争，这也增加了企业的财务风险。建设项目的施工需要在特定的施工区域内进行，区域自然环境中的各种因素可能会严重影响施工的正常进度。而且，随着国家对大环境的政策调控，施工过程内所涉及的水利、电力等方面的使用资金也会随之波动，对企业造成重大影响，给企业带来巨大损失。

6.2.3 财务风险评价

6.2.3.1 财务风险评价的概念

市场中存在各种各样的财务风险,各企业也会有专职人员对这些风险有不同的评判。首先对企业不同时期可能遇到的各种风险和竞争进行预判。再从财务风险中筛选出关键性指示标识,根据实际情况来解析,同时也可以参照一定的方法模型。对于现阶段大部分企业发展来看,财务风险已经是不可避免的,因此财务风险评价必不可少,它是财务风险管理过程中识别与控制的桥梁、财务风险预防的前锋军,而真正准确的防范措施依旧来源于最精确的评判。

6.2.3.2 财务风险评价的原则

(1)全面性原则。引发财务危机的原因绝不仅仅是单纯一种,而是由多种风险因素相互作用引发的,想要完全正确、准确地对财务风险做出评估,看待问题时就要做到全面且准确,准确把握问题之中的主要矛盾,全面且系统地对问题做出深入剖析,仅仅针对某一种风险进行分析是无法准确做出应对的,这就要求我们用全面的、发展的眼光去看待问题。

(2)成本效益原则。为了增加企业的利润,一方面应提高产品的售价,另一方面应减少生产的成本,而在进行风险评估的时候,也需要我们减少评估所消耗的成本,以此来减少成本,否则会给公司带来不利效益。

(3)统筹兼顾原则。企业是一个大的集体,是员工的集合体,涉及公司的方方面面,这就要求在评估企业的时候对每一项因素都做出细致的考量,如果单单从某一方面进行评估那就失去了整体的意义,必然会导致不利的结果。有学者认为,通过分析公司财务数据指标,如运营、偿债、盈利和发展能力这一系列相关指标,计算出指标的变化,并与同行业进行对比分析,才能够对公司财务风险评估到位,更有利于企业控制财务风险。

财务风险管理离不开财务评价,合理的财务评价能够提高财务风险管理的效率,精准施策方能规避风险。如果企业没有及时发现风险的重要性,将会蒙受一定的损失,甚至将会造成企业破产等严重后果。企业需要在日常运营中持续评估其财务风险,及时发现每个阶段存在的或可能潜在的风险,对风险进行快速反应,采取应对措施,保障企业的正常运作。

6.2.3.3　财务风险评价方法

财务风险评价的主要方法有以下几种。

1. 德尔菲法

德尔菲法主要以专家的意见为中心,在进行财务风险评价时,如果影响风险的因素多并且影响范围广或无法判断单一财务比率时,德尔菲方法的作用就十分显著。使用此方法的第一步是需要得到专家支持,发放问卷调查表给相关参与者,问卷调查表中必须包含企业现阶段的财务风险问题、营运情况等资料,帮助专家更好地了解企业的现状。专家对调查表中的问题发表意见,然后收集专家的不同意见并通知每位专家,由专家再次给出意见,直到所有人的意见都统一。但是这种方法的局限性在于专家意见过于主观,并且预测周期比较长。

2. 模糊综合评价法

模糊综合评价法,是基于模糊学的科学理论,经过不断改良创新的综合评价方法,大都被应用在企业的财务风险评价上,重点将财务风险指标目标数值作为研究对象。该方法是在目标值的基础上评估每个财务指标对象,并衡量企业财务风险的等级程度。这种方法是可延展的,可以全面了解企业的财务风险。评估判别得出的结果,使数据使用者知悉企业的财务风险的类型以及每种风险的重要性比重。在实际应用中,许多企业都表示非常有效,而且准确性很高,但是这种方法有一定的缺陷,评价过程中的有些信息多次出现造成工作量大大增加。

3. 层次分析法

层次分析法(简称 AHP 法)是一种区别于其他评价法的分析方法。其使用方法简单,易于学习和掌握,很多人学习起来并不费力,所以受到很多人的认可,使用范围也逐渐扩大。这种分析法通过整体与分层次结合,运用质变量变规律,也就是定性和定量的关系,对复杂的问题也能做出准确的分析,适用范围也很广,其独特的运算方式也为解决诸多复杂的问题提供了便捷可行的方法。运用此方法第一步就是先分析每个影响元素,再采取一定的措施对这些元素进行排序,让大家扫描二维码,填写试卷,让各个调查者打分。然后找一个合适的数学图像,用公式对它建模,最后通过赋值法把这些元素呈现出来。定量分析相对比较科学,但需要高深的数学基础,定性比较容易,但结果又不够精确,而 AHP 法既有定量分析的科学性,又具有定性分析的简便性,用起来方便便捷,将每一个复杂的问题进行分解,提高运算效率。

6.2.4 财务风险控制

6.2.4.1 财务风险控制的概念

财务风险管理的首要目标就是对财务风险进行有效的控制,减少企业损失。财务风险管理的过程就是进行财务风险认识、评析以及控制的过程,有效的财务风险管理能够帮助企业在运营中避开风险,推动企业的长期稳定发展。

6.2.4.2 财务风险控制的方式

财务风险控制按照风险发生的时间可以分为事前控制、事中控制、事后控制三类。事前控制也就是对于可能产生风险的环节进行管理,尽可能地降低风险、保证企业不受到损害,往往通过建立健全风险管控体系以达到较好的效果。事前控制是最有效的同样也是能够将损失降到最小的风险控制方法。事中控制顾名思义就是在风险过程中,及时做出相应策略的调整以达到降低损失的目的。事后控制是指风险已经发生了,损失也已经产生了,需要做的是对本次风险进行分析,找出原因以及相关影响因素,制订具有针对性的措施,在出现类似风险时,能够在事前和事中就进行有效的制止,避免企业遭受过多损失。

另外一种划分方式是将风险控制分为集中控制、分散控制和等级结构控制这三种方法。集中控制是指公司成立专门的风险控制部门,这种方式能够有效地收集相关风险信息,利用风险之间的关联性进行统一管理,但是集中控制也有效率低、传输滞后等缺点。分散控制是指公司各部门独立地对各自部门产生的风险进行管理,这种方式使控制效率更高,但是缺乏统一管理,各部门之间信息存在差异,容易产生分歧和矛盾。等级结构控制是上述方法的结合,因此更加灵活,也更具优势。

6.2.4.3 建筑施工企业财务风险控制的具体措施

1. 切合施工现场实际精准高效使用资金

企业可以合理分配资金,提高资金使用效率,减少企业的财务风险。在签订材料采购合同时,施工企业应更加关注其风险,在签订的合同中,施工企业应划分合同双方应承担的风险和权利,并且要重点关注企业施工的回收工程款、工人工资的支付及保证金的问题,同时要避免因合同条约引起的建筑企业资金回收

困难的问题。同时施工企业应与施工方协商支付工程材料款的责任，使施工企业不必承受施工方的资金压力。此外，施工企业的流动资金可以减少施工项目因长期施工导致企业无法运营的现象。这不仅可以减轻企业资金负担，还可以延长资金周转时间。与此同时，合同中应该具有关于支付资金的条款，该条款应以施工过程的资金和成本使用为基础，避免建设方拒绝以合同支付的现象出现，减少企业资金的困难。

2.加强合同风险管理意识

建设企业的管理层应加强对预防合同风险重要性的认识，加强合同管理。企业要设立专门的合同管理部门，管理层要优化自己的知识储备，对合同内容进行深入研究，同时审查合同内容是否具有违法条约及漏洞，并且企业在签订合约时，要做好合约内容的备份，以免出现签约双方的其中一方对合同内容进行修改，导致另一方的收益受到损害。同时，施工管理人员要提高自身对合同风险的意识，并且要预估到合同会为施工企业带来的负面影响。同时在签订合约时，施工负责人要与管理部门和项目部门进行沟通，明确提出合同内的施工成本和资源使用、施工周期及施工质量的要求。同时，建设工程在签订施工合同时，要反复仔细阅读合同的内容，就合同中可能引发问题的条款与合作方进行有效沟通，这样不仅可以确保双方的利益不受损害，同时也可以加强彼此的信任。

3.标准化控制建筑施工成本

成本管理是建筑施工企业财务管理中不可或缺的一部分，做好成本管理，才能在激烈的市场竞争中处于优势地位，成本管理不仅会影响企业的经济效益，甚至会造成财务风险。为了做好成本管理工作，建筑企业必须重视项目预算管理工作，在预算编制过程中采取现场考察和数据分析相结合的方式，在施工前设计图纸；要根据场地情况等编制成本预算，避免施工过程中浪费资源，减少不必要的成本支出，在合理范围内进行成本控制。此外，根据业务类型选择与算法相结合的方式估计资金，从而实现合理的资金分配。同时，在项目开发过程中，企业应监督招标、采购和库存管理情况，防止资金过度使用或资金沉淀，有效控制材料成本和相关费用支出，完善工程材料建设体系；要严格控制材料的采购、储存和使用，及时清理废物和残留物，加快材料流通速度。同时，相关技术人员应加强业务创新，采用先进的施工方法，通过使用机械设备，实现对机械成本的有效节约；应明确界定分包合同相应的施工范围，加强与安全保证金及施工人员工资保障金相应的协议条款。同时，企业要规范资金使用的审批流程,对于大规模的资金使用,要实行集体审批或共同签字制度,防止任何个人占用。在施工过程中,要有效监测各项施工成本,充分利用施工资源,避免造成浪费。在保证施工安全质量的同时,尽量降低成本,更好地维护企业利益。企业应在项目成本管理工作的基础上,及时反映各种项目支出情况,在实际操作过程中全面监督人力、机械、材料等支出,实行责任成本管理,实行价格调整索赔,实现财务风险防控。

4. 建立财务风险防范常态化机制

为避免因施工周期较长、外部因素出现变动而影响施工的进度和质量,企业要建立对外部环境信息进行预测和分析的防范制度。在建立制度前,企业首先要明确外部因素变化对施工造成的影响,深刻认识到风险对企业造成损失的严重性,从而明确防范外部因素的财务风险管理的重要性。首先,企业要建立有效获取外部环境信息的部门,并且该部门在建立财务风险防范机制的过程中要保证防范理念和体系具有时效性,使施工方案能够应对外部环境的变化,减少外部因素的变化对施工进度产生的不利影响,而且,在制订风险防范机制时,要严格遵守建筑业的规范标准,随时掌握国家的监管政策要求,不断提高施工管理的规范性,促进企业的持续稳定发展。

5. 提高财务人员风险识别能力

建筑施工企业员工的财务风险防范水平对整个企业的生产运营能力有很大影响,在提高财务管理人员的专业能力和专业素质时,要提高管理人员的责任感;同时,要不断提高财务管理者自身的职业素养,建筑企业应根据自己的业务和项目需求,定期为财务管理者组织继续教育活动;要通过培训财务风险管理方法和其他相关知识,加强管理人员应对财务风险的能力,同时为提高财务管理效果打下坚实的人力基础。在招聘财务管理人员的过程中,建筑企业要关注财务管理人才的学历情况,并且通过考察应聘者专业能力和管理能力的方式,来选拔高素质专业人才担任相应职务。为保证财务管理人员对工作的积极性,同时进一步提高建设工程企业内部财务风险防范管理水平,企业要加强建立风险管理评价机制,最大限度地提高财务管理工作人员的积极性和责任感。通过完善的评价机制为业绩突出的员工提供一定的奖励以有效提高员工的工作热情;让财务管理人员明确自己的业绩,激发他们提升自己专业能力的积极性,从而不断提高财务风险防范水平,促进建筑企业的可持续发展。

6.3 建立财务共享服务中心

6.3.1 财务共享服务中心相关概述

6.3.1.1 财务共享服务

1. 财务共享服务的定义

财务共享服务是一种将多个实体企业和集团公司进行财务资源集中化管理的模式,通过信息技术平台,对可实现标准化、重复性较强的业务进行流程的再造,并且集中到财务共享服务中心。财务共享服务中心通过提供专门、统一、标准的服务,提升工作效率、改善服务质量、减少运营成本,达到资源优化配置的目标。

2. 财务共享服务的发展历程

财务共享服务的发展随着我国财务管理模式的变化而改变,在过去一共经历了四个时期:分散、集中、共享、外包,如图 6.10 所示。集团的财务核算保留了最初按照会计主体进行分级核算的方式。财务共享的发展离不开企业自身的经营发展,当集团的财务核算能力与业务量的需求不能匹配时,会招聘更多的财务人员,成立更多的分支机构,形成在大型企业中比较常见的财务分散模式,独立核算、层层递进,最后汇总形成财报。其弊端是管理层较多,增大母公司的工作量、大量资金闲置在子公司的账户上,导致资金的使用效率低下进而降低资金周转率。随着互联网的迅速发展,信息技术的发展为建立财务共享中心提供可能,使财务信息集中化也成为可能。

集中式的财务管理是将分散在各个子公司或者业务单位的资金控制权、人员分配权、资源配置权收回,集中到集团总部。财务的集中管理,简化了管理层次,削减内部交易的金额和数量,加快了企业财务报表的发布进程,规范了企业财务核算的行为,强化了财务监督管理能力,促进了对资金的有效集中和管理。集中的企业财务管理模式大大减少了分散经营模式下可能存在的诸多问题,以"两个相同"为基础和原则,加强了企业对于分支机构的财务信息集中化管理,使得信息及时得以发布和共享。

随着信息全球化的发展,企业要在有限的资源中创造最大化价值,进行资源整合是企业的首要任务,寻求财务管理的变革之路就是企业探索的第一步,在这样的背景下,财务共享服务诞生了。财务共享服务使业务流程更加规范化,人员配置更加专业化,并且形成了一个独立运营的服务单位。相对于集中式的财务管理而言,其工作方式发生了巨大变化,财务人员从复杂的财务工作中解放出来,职能逐渐偏移至管理会计,为企业经营者的决策提供可靠意见。

随着共享服务的充分发展,企业的发展更加靠近市场化,业务处理不仅仅限于集团公司,可以独立运营承担那些尚且不具备能力建立财务共享服务中心的公司的财务核算业务,亦可以将简单核算业务外包给市场里更具有优势的财务公司,而让集团财务部更多地履行财务管理职能。

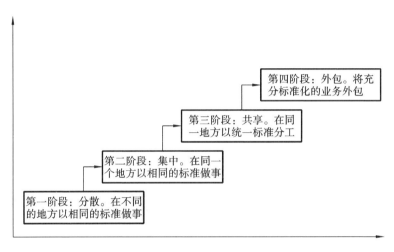

图 6.10　财务共享服务发展历程

6.3.1.2　财务共享中心

1. 财务共享中心的定义

在学术界有一个被普遍认可的定义,即 Bryan Bergeron(2003)提出财务共享中心是将已经存在于不同的单位、部门的相关职能进行集中,成立一个新的、半自主的业务单位。组织架构的设计体现了分工明确的要求,可以为企业客户,包括子公司和外部顾客提供具有高效性、价值性的优质服务。财务共享中心是一个具有法人资格的单位,设置管理机构,还可以提供外包服务,具有独立自负盈亏的能力,既可以增加企业的竞争力,也可以为客户企业创造更多的收益。

2. 财务共享中心的特征

国内外专家学者对于财务共享中心的定义侧重点各不相同,总结起来有以下共同特征。

(1)流程标准化。财务共享中心概念出现之前,企业内部单位因为业务、地域、管理方式的不同,业务流程不统一,财务部门重复建设,不仅成本投入大,而且非标准化的数据难以汇总合并,数据可比性和及时性不足。财务共享模式以流程标准化为根本,将相同的业务折叠整理。流程的标准化提高了业务处理的效率。

(2)核算集中,促成规模经济。共享系统将简单重复的业务整合,打包到共享中心,依托计算机强大的处理能力,大量标准化数据得以迅速处理,颠覆传统的财务核算模式。利用规模效应压缩成本,提高效率,使企业财务人员从烦琐的核算业务中解脱,专注于高附加值的财务管理工作,辅助企业财务决策。

(3)网络技术稳定安全。财务共享中心的安全,得益于稳定安全的硬件系统、先进的信息化技术以及独立的财务信息系统。

(4)流程动态适应,持续优化。以业务为导向,围绕业务需求服务,财务服务延伸至业务前端,业务与财务充分融合,追求系统持续优化,才能保持财务共享中心系统正常发挥作用。

3. 建立财务共享中心的优势

建立财务共享中心的优势主要体现在以下三个方面。第一,降低成本。建立财务共享中心可以提高财务流程效率,降低财务成本,同时可以对外提供财务共享中心服务,提高收益。第二,风险可控。由于建立了财务共享中心,数据集中在财务共享中心平台,推动了数据的透明度,提高了企业监管控制要求的透明度,同时还可以加强企业的内部控制管理,防范内部管理风险。第三,促进财务转型。建立财务共享中心提升了财务部门的能力,也提升了财务部门服务质量,同时将财务人员的职能转向更高价值的工作,不仅如此,还可以提高内部员工和外部客户的满意度,增加公司满足未来财务需求的灵活性。

6.3.2 理论基础

6.3.2.1 委托代理理论

委托代理理论是现代企业治理的逻辑起点,由美国经济学家伯利和米恩斯提出。该理论的核心是企业成熟化、规模化后,企业所有者的经营能力不足以匹配企业的管理需求,会给企业发展埋下隐患。委托代理理论提倡企业所有权和经营权的分离,企业所有人保留剩余索取权,而将企业经营权利让渡给其他能力匹配者代理。

委托代理理论起源于专业化的存在,其弊端在于委托代理关系双方利益的冲突,在信息不对称且无有效管理制度的前提下,代理人的行为很可能使得委托人的利益受到损害。

财务共享中心将企业经营数据集中至财务共享平台,供相关信息需求者查询,信息更加公开透明,促进企业委托人与代理人双方目标的一致。

6.3.2.2 规模经济理论

规模经济理论揭示大批量生产的经济性规模,指出某一特定时期内,规模上升导致单位生产成本的降低,从而提升盈利能力。苏格兰学者亚当·斯密认为劳动分工的细化会催生劳动技巧的产生及判断力的提升,从而提高劳动生产效率,形成规模化生产。美国规模经济学者阿尔弗雷德·马歇尔在《经济学原理》中进一步明确,规模化生产会催生更加详细的分工,从而产生更大规模的利益。

财务共享服务理论是对规模经济的实践,其理论核心就是整合与细化。将简单、重复的业务模式整合,规范业务流程,使分工更加细化、明确。财务共享中心利用数字处理技术的优势,迅速处理相同的业务,降低单位业务处理成本。在信息系统处理能力范围内,处理的业务越多,单位成本越低,这是对规模经济理论的最好解读。

6.3.2.3 经济协同效应理论

经济协同效应理论认为规模经济可以通过横向、纵向或混合并购获得,从而实现经营协同。财务共享模式将集团资源集中,对外可以提升谈判筹码,增加对外融资,担保授信的话语权,争取集团最大利益。对内可以协同各成员单位财务资源,通过对流程、业务、结构的优化或重组,减少重复建设,降低运行成本。财务共享服务中心通过强大的信息网络,解决时间、空间问题,为分布在不同地区的核算单元提供高效率、低成本的共享服务,通过资源的协同为企业创造价值,实现企业整体利益最大化。

6.3.2.4 业务流程再造理论

业务流程再造理论由美国著名经济学者迈克尔·哈默博士所提出。之后哈默博士和钱皮博士首次在《公司重组:企业革命宣言》一书中对业务流程再造给出了明确的定义：通过对企业业务全过程统一分析，对业务控制点重新梳理、分配、再整合，可以提升生产效率和利润空间，使业务流程专业性更强，核心更突出，构建让顾客满意的业务流程。业务流程再造以业务流程为核心，打破企业传统职能部门设置方式，重塑企业管理过程，力求企业整体效益最优。

财务共享中心建设的核心要素，就是按照价值链条重塑财务核算流程，以业务职能分组，打破边界束缚，目的是提高财务核算效率，简化工作流程，突出业务价值链的核心，尽可能压缩共享系统的规模经济、成本，提高效率，从长远的角度解决成本、收益间的平衡问题。

6.3.2.5 扁平化理论

扁平化的组织结构最初兴起于西方企业组织，起因为以亚当·斯密分工理论为核心的科层制的企业组织形式分工过细，随着企业的规模扩大，信息传递效率低下，大企业病盛行。20世纪90年代以来，市场环境迅速变化，商业竞争日益残酷，为适应客户需求及产品更新的快速变化，扁平化的组织管理模式逐渐兴起。同时，信息化技术的发展也为扁平化组织的信息传递提供了更加有效的方式。

扁平化理论指出，为使管理层信息更加灵敏，反映更迅速，信息沟通更通畅，管理更有效率，最好的办法就是缩短底层与管理层之间的相对距离，构建扁平的柔性管理体系，压缩组织结构，转变管理体系中各阶层的相对位置。

在信息化不发达的时代，传统的信息传递方式限制了管理的跨度，扁平化理论的优势并不能完全发挥。而得益于快速传输的数字信息技术的发展，共享财务中心能够高效、准确处理数据，辅助管理层增加管理跨度，使企业的机构设置扁平化，大量缩减企业机构和组织，使管理更加高效。

6.3.2.6 控制论

自从1948年·维纳提出控制论以来，其对自然科学和人文社会经济科学两个研究领域都已经产生了巨大影响。控制发展理论一直是内部控制体系发展的重要理论依据之一，当时的研究对象仅限于生命体、机器和组织，到了后期，才将其应用到经济管理方面。控制论的基本含义是为了让受控对象获得更好的信息，控制者与受控对象之间存在一定的媒介，通过沟通达到制约的目的。

6.3.3 建筑施工企业财务共享中心发展现状

6.3.3.1 发展规模呈增长趋势

据调查统计,国内财务共享中心的建设呈快速增长的趋势。据 A-Share 报告显示,我国 100 亿以上营业收入规模的企业中,建立财务共享中心的比例为 62.1%,其中大多数是近 8 年内建立的,共享服务模式已是大势所趋。年财务共享中心建设情况见图 6.11。

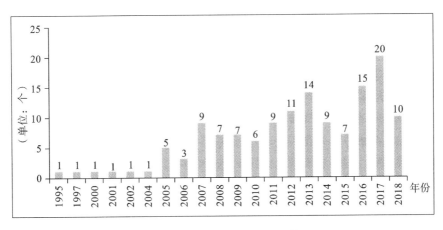

图 6.11 年财务共享中心建设情况

财务共享中心模式在我国大型企业中已经非常普遍,理论基础和实践经验已经非常成熟。但是受到传统的管理观念、企业规模和资金实力等因素影响,国内建筑施工企业已经建立或者计划建立财务共享中心的案例寥寥无几,远低于其他行业水平。绝大多数建筑施工企业仍然采用传统低效率、高成本的人员密集型财务管理模式。近年来,财务共享中心在建筑业典型企业运行成功,积累了较好的实践经验,大大节约了财务管理成本,并给企业后续经营带来巨大管理优势,鼓舞人心。实践证明,建筑施工企业以项目为单位,产业链相对清晰,各业务核算标准虽存在差异,但关键业务节点比较好把握,财务核算可折叠性较强,可以满足共享服务模式对流程重塑的基本要求。财务共享模式在建筑行业的发展已是必然。

6.3.3.2 建设模式多元化

财务共享中心的建设模式的选择主要取决于企业自身管理的要求以及企业

发展的不同阶段。目前来看,建筑施工行业企业主要选择的建设模式有以下几种。

(1)集中模式。财务共享中心集中建设,只有一个中心,不设立分中心,面向集团提供服务,包括业务核算、人员管理、地址选择等的集中。优势是建设成本、人力成本、管理成本较其他模式低,不足之处是无法兼顾地区政策差异,与地方相关组织,如银行、税务等联系较弱,不能及时享受区域性优惠政策,人员迁移成本较高,容易造成人员流失。这种模式适用于业务单一且集中度较高的企业,如中国铁塔,主要从事基站的建设及维护运营,项目周期短,流动性强,总部管理集中。

(2)产业模式。按照集团业务板块建设单独的财务共享中心。这种建设模式的好处在于共享服务中心的建设可以更好地契合产业特点,避免不同产业之间控制要点的差异造成系统漏洞。缺点在于重置成本较高,不顾及地源差异,不同产业数据之间的融合点少,不利于集团整体控制。这种建设模式适用于涉足领域较广,且各领域规模均衡的多元化的产业集团。目前在建设施工行业应用较少,大的综合性产业集团会单独设置基建产业的共享中心模式,如中海油建设板块等。

(3)区域模式。将集团业务划分多个区域,建立区域副中心,服务区域内业务。这种建设模式的好处在于可以兼顾地区差异性政策,保持与地方各外部组织的良好沟通,更好地服务于业务,同时减少人员迁移成本,维护财务队伍稳定性。缺点是重置成本较大。这种建设模式因为可以契合建筑行业覆盖区域广、业务较为单一的特点,被普遍采用,目前中国建筑、中国铁建等都在采用这种模式。

(4)项目模式。以项目为服务对象建立财务共享中心。这种方式建设成本高,对项目的规模要求较高,目前只有特大型项目采取这种方式管理,目的在于封闭运作资金,统筹管理税务。如中国交建总承揽的大型境外交通工程,参与承建的单位众多,采取单一项目模式管理。

6.3.3.3 财务共享中心运行效果明显

无论采取以上哪种财务共享中心建设模式,从已实施企业的运行效果看,财务共享模式在建筑施工类企业中可行,对企业财务管理能力的提升效果显著。

(1)优化队伍结构。从中铁建公布的数据看,中铁建财务共享中心能够同时运行 5000 多个单位的核算,超过八成的低附加值的财务工作被集中至不到两成财务人员的手中,优化了财务队伍结构,将会计核算业务与管理职能彻底分离,使财务系统更侧重于业务支持和财务决策支持。

(2)节约财务人力成本。中铁建某区域财务共享中心共80余人,服务全级次441个在建项目,完成了500多名会计人员的业务工作量,实现了人员集中,财务系统转型,完善财务人员管理机制的目的。

(3)实现业务处理信息化、高效化。原始纸质单据扫描上传,避免了纸质单据的流转时间。业务审核完毕,自动发起制单及付款流程,业务处理更加智能、高效。中交二航局在财务共享中心建成之后,财务人员由原来的900多人减少至520人,效率大大提升的同时,也直接带来了人力资源管理成本的降低,每年节约的成本达到2000多万元。

(4)银行账户集中管控,加强了企业集团的内部管理。集团内部资金集中收付,企业对银行等金融机构资金方面的依赖大大降低。中铁建财务共享系统集中管理6000多个银行账户,控制了财务风险。

(5)财务信息质量的提升。统一的核算标准,提升了数据的可比性、准确性。实时数据传输和生成,提高了财务数据的及时性。

6.3.3.4 财务共享中心运行中存在的问题

财务共享中心模式要达到企业预期的管理目的,首先是系统的高效运行,提供优质的财务基础数据,对于这方面的保障主要是系统的前期构建设计要经过充分的调研,与企业业务链条紧密结合,还有持续不断的运行优化保障。但是,建立财务共享中心,不仅仅是想解决财务核算准确、财务数据及时、可比性、质量等问题,而是希望通过基础数据的夯实,助力业财融合,提高财务决策的准确性。而大多数企业遇到的问题,多与此相关。

(1)人员安置问题。

人员安置包括人员的主动流失和被动失业、转岗。

财务共享中心的运营,带来人员岗位的流动、职责的转变、工作地点的变化,部分人员无法适应职能的转变,主动要求离开财务队伍。先进的信息自动化系统将大量财务人员从基础的会计核算中解放出来,分流为共享财务、业务财务和管理财务。对于传统财务人员,需要重新学习新的劳动技能,包括信息化技术、业务知识、财务分析与决策的能力等,如果财务人员不能适应,可能会面临失业、转岗的风险。

(2)财务系统管理能力的匹配问题。

财务共享中心的运行提供符合要求的财务基础数据,财务系统要提升业务掌控能力和财务分析能力,给予企业更多的业务支持和决策支持。如财务系统不能适应财务职能转型带来的管理要求,将会造成严重的后果。从中交集团2015年3季度公告显示,财务共享中心上线初期,财务费用增加近10亿元,财务共享中心在资金风险控制上存在问题。资金的过分集中挫伤了成员单位的积极性,企业不再积极结算回款,而将资金需求过分依赖集团总部,丧失了自身驱动力。而维护资金链安全的压力全部集中于总部,新形成的财务系统管理能力提升速度不能适应管理方式的变化,资产负债率不降反升。由此可见,财务系统资金管理模式在集权和分权上的把握,需要企业根据具体情况而定。

6.3.4 实例分析——CH集团财务共享中心的构建

6.3.4.1 案例背景

1. 集团介绍

CH集团是大型国有独资公司,集团业务涵盖勘察设计、装备制造、总承包及贸易四大板块,旗下拥有国家级综合甲级设计院5家、综合建筑安装公司7家以及大型置业发展公司。集团自成立以来,参与了有色金属、冶金、交通、电力、建材、军工等十多个行业的规划、设计、科研和工程建设,为我国国民经济建设与社会发展做出了积极贡献,特别是为有色金属工业的发展和技术进步建立了卓越功勋,在业界享有盛誉。截至目前,公司在执行工程项目5000多个,员工两万余人。

未来五年,CH集团将扎根国内,放眼国际,加快全球市场战略布局,跟随国家"外交战略",利用兼并收购等方式快速进入海外目标市场,成为具备国际竞争力的产业技术服务和工程建设集团。根据公司规划,到2025年,公司整体新签和合同量将突破700亿元,其中海外市场开拓突破240亿元,海外营业收入达到180亿元,公司国际化水平进一步提升。

2. 组织架构

CH集团采取传统的总公司、分子公司、项目部三级组织结构管理模式。集团总部治理层下设直属管理部门,直管总部直属项目部、分公司。子公司是独立经营的利润中心和管理中心,拥有较大的企业自治权力,可投资设立下级分、子公司。集团整体组织机构点多线长。

CH集团组织架构如图6.12所示。

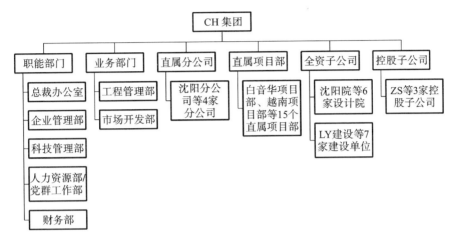

图6.12　CH集团组织架构

6.3.4.2　CH集团现行财务管理模式分析

1. 现行财务管理模式

财务部按照"垂直管理、分级负责"的集权与分权相结合的管理模式对公司财务系统进行管理。规模较大的13家二级子企业拥有较大的财务决策权,公司总部以年度经营考核企业班子成员、派驻财务总监、总部财务部督导的形式对企业进行间接管理,成员单位拥有较大经营、财务自主权,设立单独的财务管理部门。对于业务结构单一的分公司,规模较小的直属项目部采取派驻财务人员的形式,由总部财务部直接管理。

CH集团财务组织架构图如图6.13所示。

2. 现行财务管理模式的弊端

公司持续发展壮大,集权与分权相结合的财务管理模式与集团发展目标之间的矛盾越来越突出,集中表现为以下几点。

(1)财务管理级次众多,财务管控能力亟待提高。

①集团公司缺乏有效监督管理手段,财务管控力差。集团公司对于成员单位的管理多以派驻财务总监、领导班子经营考核等间接方式进行。下属各级子公司独立性较强,为了维护自身利益和完成集团下达的各项特定指标,难免出现与集团整体利益背道而驰的现象。尤其近几年,公司规模急剧扩张,集团公司对

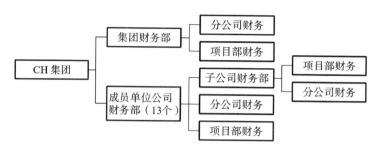

图 6.13　CH 集团财务组织架构图

于成员企业的经营缺乏有效监督管理手段,集团公司管控力差。企业财务决策问题频发,严重影响企业整体利益。

②财务资源未形成规模效应,未能最大化有效运转。成员单位财务资源分别管理,手握资源各自为政,财务资源的过于分散造成集团无法形成整体资源合力,在融资授信、对外采购、市场开拓等方面受到诸多限制,无法发挥规模优势,企业资金成本居高不下。

③部分成员企业资金闲置问题严重,经营困难企业又长期高负债运营,成员企业财务管理高度自治,集团协调调度资金困难,不能发挥资金最大使用效率。

④绩效考核缺乏公平,考核效果差。信息的不对称导致考核指标的下达及对执行结果的评价缺乏公平,集团公司对于下属单位的考核效果差,无法发挥应有的考核监督引领的作用。

⑤财务人员配置问题。以现有的财务管理模式,按照项目部配置财务人员,市场行情较好的时候,财务人员人手紧缺,对外招聘压力大,且缺乏足够的培养时间,导致财务人员专业素质参差不齐。市场行情萎缩时,企业又无法安置大量闲置的财务人员,人浮于事。

(2)财务信息时效性、可比性差,财务数据质量不高。

目前的财务管理模式主要是对经营活动的事后记录,缺乏主动的过程监管。各级财务部门按照会计分期,每月汇总经济数据进行上报。信息缺乏时效性且数据采集范围有限,管理信息量不足,无法满足集团日益增长的管理需求。

管理级次及人员众多,缺乏有效的执行监督,再加上财务人员业务能力和理解能力的差异,规范制度执行不到位,导致财务信息不规范、缺乏可比性,信息质量较差。

(3)财务系统机构臃肿,财务转型困难。

业务与财务分离,财务工作附加值低。整个财务系统的重心仍然是核算,重复简单的核算工作,消耗大量的人力物力。业务、财务联系接口不紧密,造成财务对业务的支持力度不足,财务转型困难。

财务系统重复建设导致集团财务管理成本无法控制。建筑行业的特点、公司财务管理模式决定了公司整体财务系统的臃肿,财务分支机构众多,业务量爆发时期的大量建设和市场行情萎缩时期的人浮于事,致使财务管理成本长期居高不下。

3. 财务管理模式变革

近年来,公司内部对财务管理的要求与财务系统旧有的管理模式之间的矛盾逐渐突出。财务共享模式是目前世界公认的解决大企业财务管理问题的有效手段,且其在中国铁建、中国建筑等优秀建筑施工企业的成功应用,可供CH集团借鉴。为确保集团持续健康发展,集团确定了向市场要效益、向自身要效益的未来五年发展规划,其中的关键一环就是压缩内部管理成本,优化融资结构,降低融资成本。变革财务管理模式,建立财务共享中心,成为CH集团转型升级的必经之路,是未来公司治理的关键一环。

CH集团建立财务共享中心的目标要求如下。

(1)CH集团财务共享平台的目标是构建统一的财务管控平台,满足企业目前与未来管理所需;实现资金集中统一收付,有效进行资金管控;提供便捷、高效的业务处理工具,支持数据集中核算和共享;设置界面友好、操作便捷的标准化数据接口,方便相关部门数据录入、查询及分析。

(2)业务流程再造。梳理现有业务流程,折叠相似业务,打造能够满足业务、财务共同需求的数据接入、处理路径,实现流程标准化、规范化,在此大框架下,对具体业务流程进行充分细分,对不同业务实行控制点差异管理,实现流程与业务的契合。

(3)相关信息化系统集成控制,信息互通。公司现有管理信息系统运行良好,为充分利用现有资源,避免重置浪费,需要对现有多套业务系统进行资源整合,实现从业务申请到资金结算,最终形成财务报表数据的衔接,及时准确地反映集团财务情况。

(4)推进财务对业务的支持能力。财务共享中心作用如下:公司管理层和业务部门能及时、全面、准确地获取相关信息,通过对标准化数据的分析,给企业的战略决策提供更多的支持性反馈;强化信息动态掌握,加快信息反应速度,有效提高公司的风险管控能力,使财务共享服务中心成为集团风险管控的有效防线;财务信息处理更加高效、高质,转变财务管理重心,助力财务职能转型升级。

6.3.4.3 CH集团财务共享中心构建

1. 总体规划

财务共享中心建设采取顶层设计与局部推进、试点运行相结合方式,注重整体协同。

第一,权责不变原则。各级单位原有的权责不变,原有业务节点的审核仍由各单位主管工作人员负责。

第二,制度标准化原则。推行统一的业务管控制度,减少人为干预和理解,提供准确性和可比性较高的、对决策有用的财务信息。

第三,流程统一原则。以业务全流程管理为基本原则,重塑业务条线,各条线关键节点的触发条件标准统一。通过建立与制度契合度较高的标准化工作流程来规范制度的执行。

第四,业财协同原则。财务支持加持到业务发展的最前端,使业务对风险的把控及信息的判断更加精准,促进公司业财融合。

第五,统一与差异化兼顾原则。公司业务分布广,地区差异大,为兼顾各地差异,在不影响整体原则的基础上,通过对业务流程的再细化,允许差异化分支的存在。

2. 建设模式

(1)选择总分中心的区域性财务共享中心模式。

CH集团以建筑施工业务为主要业务支柱,同时也有部分设计与装备制造业务,主要为主业提供服务,并未形成规模。集团施工项目遍布全国各地,结合公司现有管理水平和项目管理特点,选择区域模式构建CH集团财务共享中心,可以缩短与项目部的物理距离,及时与项目部沟通,协调项目部与当地相关组织的关系,避免人员远距离迁移问题,是当前情况下最优选择。财务共享中心选定一个总中心、多个分中心的建设模式。分中心的选址主要权衡与公司总部的沟通联系、人力资源迁移成本、办公地点重置成本、网络安全稳定等因素。

CH集团总部设在北京,在全国各地及海外市场有多家分支机构。总中心的选址设在北京,主要考虑与总部沟通便捷,人力资源迁移成本低,房产置业成本低,配套完善等因素。分中心的选址,从分支机构所在地中选择,主要考虑业务区域、财务人力资源分布、信息系统的相关配置条件等,目前暂定的分中心选址为西安、沈阳、长沙、贵阳、郑州。

(2)财务人员整编为业务财务、战略财务、共享财务。财务共享模式将大量财务人员从基础核算中解脱出来,分为三类人员。

首先,业务财务是保证业财统一不脱节的关键一环。大量财务人员进入业务财务岗位,目标是保证业务数据准确流入共享中心。其次,共享财务主要确保流入业务数据准确转化,经过共享中心处理的财务信息标准统一,可比性强,经过抽取,为财务决策提供有力支持。最后,战略财务精准分析企业经营各种数据,助力企业决策。

(3)系统架构。

基于CH集团对于财务共享中心的顶层设计及整体构架设想,财务共享中心系统架构如图6.14所示。

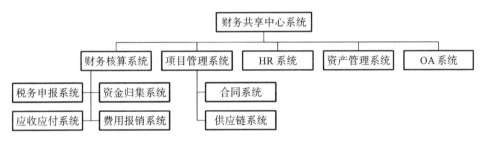

图6.14 财务共享中心系统架构

财务共享中心的定位,是一个数据集成的平台,各个业务信息系统通过业务部门的端口输入信息,经过加工整理后,将有用数据接入相关系统,最终流入财务共享中心系统。财务共享中心将不同系统的接入数据进行加工整合,形成大的数据库集市,供有权限的信息使用者查询。财务共享中心两个最重要的支持系统即财务核算系统和项目管理系统。财务核算系统提供财务数据,项目管理系统提供生产经营信息。

现有信息化系统的整合利用,使之互联互通。将公司现有信息系统进行二次开发,搭建通道将有用数据信息嫁接至新的财务共享平台,满足财务核算系统需求。现有信息系统的基本功能如下。

①财务核算系统:集团公司及下属单位统一使用用友NC65网络版,按照核算单位添加账套。会计科目、会计代码、会计政策的使用由集团统一设定,各级单位账套实现初步统一。

②项目管理系统:记录公司生产经营信息,项目结算情况。其子系统包括合同管理系统及供应链系统,记录合同签订、合同执行、收付款、发票结算等情况。

③资产管理系统:对接财务系统,管理公司所有固定资产情况,包括新增、核销、计提折旧和跌价准备等。

④HR 系统:相对独立,管理公司人员工资、考勤、职级等。

⑤OA 系统:独立办公系统,记录公司重要文件的收发、管理。

(4)系统数据传输路径。

财务共享中心系统由 2 个主系统、6 个子系统、2 个辅助系统组成,系统集成的数据传输路径见图 6.15。

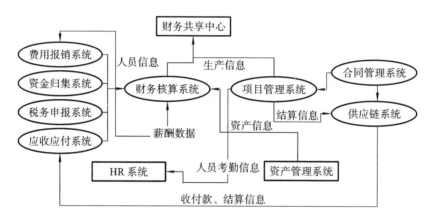

图 6.15 系统集成数据传输路径

①项目管理系统。

a.提供项目进程数据,数据传输至供应链系统。合同管理系统提供合同签订、变更及终止数据信息,传输至供应链系统。供应链系统,整合合同信息,项目进程信息,输出与业主、供应商的结算数据至应收应付系统中进行数据整理,最终输出至财务核算系统。

b.提供人员考勤信息,数据输出至 HR 系统。

c.整合合同信息、执行情况,项目预结算等生产经营信息直接传输至财务共享中心平台。

②财务核算系统:费用报销系统、资金归集系统、税务申报系统、应收应付系统,作为财务核算系统的子系统,直接对接业务,整理数据输出至财务核算系统。核算系统对数据进行加工整合,生成有用信息传输至财务共享中心。

③HR 系统。

a.项目管理系统将考勤信息输入后,经过 HR 系统的整合,将职工薪酬数据输送至财务核算系统。

b.将人员职级信息传输至费用报销系统。

④资产管理系统:记录资产增加/核销、盘盈盘亏、折旧等的信息,生成数据传输至财务核算系统,由财务核算系统进行整合。财务共享中心以业务全流程管控为基本条线,细化工作内部流程,建立标准化操作手册,严格落实以提高系统执行效率。同时,公司内部组织机构的设计与财务共享中心数据流程匹配,保证每个关键节点的分工明确,流程顺畅。

(5)业务处理流程。

财务共享服务的起点是业务,财务共享中心将各种业务流的数据集中至相应的信息化系统,按照具体的系统规则分配操作任务和审核任务,以流水线作业的方式实现数据处理。

财务共享中心各子系统遵循相同的业务处理模式。以简单的费用报销系统为例,其流程见图6.16。

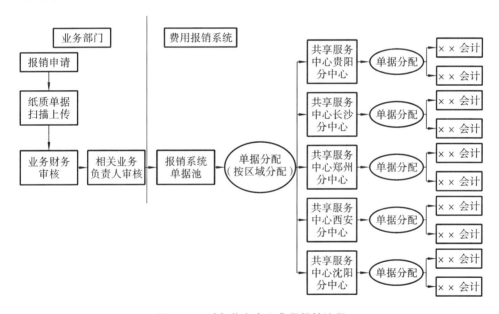

图6.16 财务共享中心费用报销流程

①集团设置统一的报销标准和流程,各成员单位可根据实际情况在集团设置的大框架内细化。即报销审批流程的设置遵循集团统一标准,但在审批权限方面,根据各单位所处的地域消费水平、消费习惯的不同,费用标准和审核权限也不同。系统内相关人员的职级信息与HR系统同步。

以业务招待费为例,业务招待费集团设置的报销标准,按照被招待人员的级别设置报销上限。北京公司因为所处地域消费水平较高,执行集团标准。沈阳、西安等其他公司在集团设置报销标准上限的范围内适当下调,符合业务所在地的消费水平。同时,在人员审批权限上也有区别。按照审批人的级别及所在单位的规模划分,集团总部及二级子公司部门负责人的审批权限是1万元以上、10万以下。主管领导是10万以上、20万以下。超过20万,一律报企业负责人审批。但在规模较小的分公司、三四级子公司、项目部等,部门负责人及主管领导的审批权限就会降低,一些企业主管领导的审批权限也仅为10万元。部分项目部部门经理及主管领导合一,审批流程也会相应地变化。以上即遵循统一与差异性兼顾的原则。

②报销人员通过影像扫描系统,提交业务原始单据,同时提交报销申请。业务财务的审核是关键环节。业务财务的作用在于了解业务实质,把控业务风险,在源头规范相关业务的操作,是业务和财务连接的关键一环,经过业务财务审核之后的单据,进入系统设置好的审批流程,审批通过后进入费用报销系统。此过程根据权责不变的原则由报销人所在单位相关审核人完成。

进入费用报销系统后,系统根据单据量随机分配单据进入有相关权限的管理分中心,随机分配共享财务进行单据审核。审核通过,进入费用支付及制单环节。审核不通过,返还制单人进行修改再上报。

③费用报销系统属于简单、高度标准化的业务流程,但也存在突发事项,为确保服务的效率和质量,系统设置特殊流程以应对突发事项。为确保系统公平,减少人为干预,特殊流程的管理权限设在财务共享中心总部,如需启动特殊流程,须所在单位提出特殊事项申请,逐级审批后方可交至共享中心总部。

6.3.4.4 CH集团财务共享中心运行效果

CH集团财务共享中心从2018年7月开始试运行。目前,财务核算系统已经在集团内部全面运行,运行效果明显,其他系统正在运行调试阶段。

1. 减少财务运营成本

集团财务系统重新整合,避免重复建设,减少运营成本。

(1)降低财务核算成本。四分之一的共享财务人员执行了集团所有的核算任务,大大减少了财务核算的人工成本。迄今为止,财务共享中心的全面运行共减少财务核算人员80余人,按照之前每人每年9万元的人工成本,公司每年可节约财务核算成本720余万元。

(2)降低财务系统监管成本、培训成本。标准化操作减少了人为干预,降低了监管成本。另外财务系统培训内容发生较大变化,由原来的侧重于财务专业培训、制度宣贯等,转移至管理会计、业务能力的培养,培训成本也大大降低。新系统上线以来,2019年节约培训成本120余万元。

(3)单件财务管理成本逐步下降。其随着CH集团财务共享服务覆盖率的逐步提高,单件财务管理成本逐步下降。其计算方法:(运营成本+折旧)/月均业务处理笔数。单件财务管理成本变化见图6.17。

图6.17　单件财务管理成本变化

2.提高工作效率、信息质量及时效性

(1)工作效率提升。

截至2019年12月,财务共享中心已纳入331家核算单位,核算系统上线率达到97.5%,全年核算单据200余万,综合平均每人日处理单据约120笔,费用组单据量最大,占全部业务的40%。除审核工作需要消耗较多人工外,制单、付款、对账等工作全部由系统自动完成,效率大大提高,是传统会计处理效率的3～5倍。

(2)强化财务信息质量及时效性,促进成员企业间经营成果透明。

财务共享系统整合了业务流程,统一了核算方法,细化了核算科目,使相同业务处理方法一致,消除人为判断影响,大大提高了财务数据的一致性和可比性,提升了财务信息质量。财务分析的数据基础更加准确,提高了财务决策的准确性。按照集团管理要求,财务共享中心制订日常管理型报表模板,按日、星期、月度提取相关数据,特殊情况实时提取,能够做到实时监控,迅速反应,使财务分析更加及时,公司对于外部市场环境的反应更加迅速。财务共享中心由公司总部财务部直接管理,成员单位间经营成果公开透明,财务信息的高质量及可比性,促进了成员单位考核公平性,激励成员单位经营积极性,集团共同良性发展。

(3) 促进财务系统转型。

共享中心上线运行,财务系统原有人员整编成业务财务、战略财务和共享财务,从事决策支持的管理财务人员增加至原来的 1.5 倍,业务财务提升至原来的 1.4 倍,共享财务下降明显,较原规模下降了 60%。财务人员角色转换图见图 6.18。

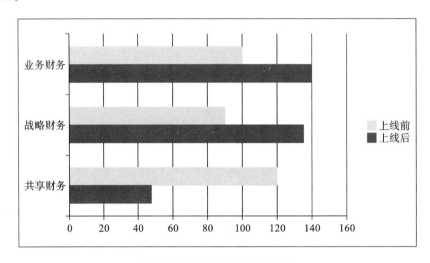

图 6.18　财务人员角色转换图

共享中心的上线运行,将财务人员从大量基础核算工作中解脱出来,但并不会导致财务人员的大量减少,而是职能的转变。从目前的情况看,业务财务作为与业务结合最紧密的一个环节,发挥了业财融合关键作用。按照未来的规划,业务财务人员将进一步渗透到商务谈判、项目结算等业务专业性较强的领域,从源头规范企业的经济行为,成为企业不可或缺的业财融合型人才。

(4) 实现整体财务集权式管理,增强公司内部协同。

首先,财务共享中心对业务资金支付量的管控。业务资金支付执行集团统一标准,根据项目管理系统项目状态自动识别是否达到付款状态,提交财务核算系统进行资金支付。共享中心审核人员的审批经系统直接分配,减少了业务审批流程人为感情因素,保证了审批的公正及规章制度的贯彻执行,有效减少了不合规付款及超额支付的现象,增加了公司日均货币存量。财务共享系统上线后,CH 集团日均货币存量由之前的 28.1 亿元上升到 32.9 亿元,增幅达 17%。

其次,财务共享中心促进集团资金集中。集团总部通过资金归集系统,将集团所有资金账户统一管理,每日上收资金余量,成员单位、项目部付款通过项目管理系统上报资金收支计划,由集团总部统一调配资金,避免资金闲置。经过上述操作,减少了公司整体对金融机构的依赖,同时使资金支付更有计划性,避免存贷双高,避免出现资金链断裂的风险。另外集团资金的集中管理提高了企业的资信等级,对外融资时能够发挥规模优势,增加集团对外融资授信谈判能力,降低整体融资授信成本,争取更优质的外部资金。资金集中管理后,集团年均融资成本较之前的 4.98% 下降至 4.95%,下降了 0.03 个百分点,利息支出下降 350 余万元。需要说明的是,按照 CH 集团财务共享中心设计方案,设计系统最大核算单位数量预计在 600 个左右,年处理单据最大 400 万单(7.5 单/分钟),仅信息系统开发及设备购置一项,初始投入 1.5 亿余元。从成本收益平衡的角度,共享中心固定资产和无形资产的折旧摊销成本仍大于成本节约。目前系统的使用尚未达到最大处理能力,财务系统资金综合管理能力还有待加强,预计随着共享中心业务处理规模的扩大,财务系统管理能力的提升,能够逐步达到成本收益的平衡。另外,财务共享中心对于 CH 集团财务管理能力方面的提升效果显著,对于公司管理决策的支持无法用数字量化,但可以肯定的是,数据分析的准确性和及时性对于企业决策的支持是有积极作用的。

6.3.4.5 完善 CH 集团财务共享中心的对策建议

CH 集团财务共享中心的高效运行可提升工作效率、保证工作质量、节约工作成本、促进财务转型、增加企业价值。但是财务共享中心在运行的过程中,也面临着财务管理能力不足、人员队伍不稳定的问题,应持续改进。

1. 信息系统的日常管理

财务共享中心的系统以标准化、程序化为基本原则,目的是使系统不受人为因素干扰,可以独立自主完成业务流程,提高系统处理效率,提升信息质量。但是系统不能自主适应外部变化,如税法税率变化、会计核算准则变化、特殊事项处理等,因此在系统运行过程中,需要设立系统开发维护部门,全过程跟踪并持续优化设计,辅助系统正常高效运行,以改善长期运营效果。

系统开发维护部门的职责是协调系统开发商提供技术支持及服务,保障服务效率、持续优化提升。

(1)日常运营维护。监控系统运行情况,保证系统的稳定性及数据传输的安全性,强化财务共享中心数据处理能力,持续系统功能开发。监控系统性风险,建立应急机制,一旦出现系统性风险,及时止损,并进行维护修复。建立风险跟踪机制,建立风险档案,由专人负责跟踪服务,直至完全解决完成。重视系统安全,做好数据备份工作。

（2）建立有效的反馈处理机制。服务质量、服务时效和客户满意度是评价共享中心服务水平的主要标准。可以采用固定沟通流程、定期会议和报告机制，及时接收各部门对业务流程意见及反馈，研究并讨论对策，优化系统设置。

（3）特殊流程的权限。系统开发维护办公室拥有财务共享中心的最高权限，可以启动特殊流程。但需要注意的是，特殊流程的启用需要保持谨慎，避免破坏系统的标准与流程统一的原则。

2. 财务系统人才队伍建设

财务共享中心的成功运行，将整个财务系统人员划分为业务会计、共享会计和管理会计，工作内容和方式的转变考验着整个财务系统的适应能力。经过一段时间的运行，财务队伍出现了以下问题：部分业务会计对于业务的了解不足和工作态度转变不到位，业财融合能力不够，导致与业务部门矛盾加深；管理会计能力不足，知识储备、经验不足，不能胜任管理职能，对于财务决策的判断不敢、不会、不做；共享会计没有工作热情，工作简单机械，不主动，人员流失严重。出于以上问题，对于财务系统队伍的管理不能再延续以往的方式，需要激励和调整。

（1）财务人员梯队建设，提供职业上升路径。新进财务员工入职首先进入财务共享中心，夯实财务核算基础知识，熟悉集团业务。集团财务系统定期开展专业性财务人才和复合型管理人才的培养，并实行定期选拔制度，根据员工个人意愿，评估其技能储备和发展潜力，打通财务人员职业发展通道。

（2）注重员工全面性发展，实行定期轮岗制度。财务人员可以申请系统内轮岗，也可以申请轮岗。轮岗制度不仅可扩大员工的知识面，还可以使财务人员找到符合自己能力和兴趣的岗位，进一步拓宽工作选择。财务内部轮岗图例见图6.19。

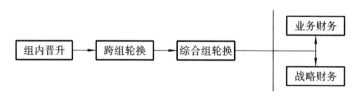

图 6.19 财务内部轮岗图例

（3）鼓励财务人员自主学习，定期组织岗位培训。鼓励自主学习，员工自主学习并取得相应证书的，可提供费用支持。定期组织培训，除财务专业知识的加强、信息化知识的普及外，还要组织与业务部门的定期交流，培养懂信息技术、懂业务又懂财务的复合型人才,为公司可持续发展提供高品质财务人才。

(4)重视考核激励。针对业务会计、共享会计、战略会计,在充分征求相关财务人员意见的基础上,制订有针对性的考核指标,使考核结果更公平,更有效,更易接受。同时考核结果与员工绩效工资挂钩,使员工真正感觉到努力工作带来的好处。这样做既提升工作质量,也能帮助员工实现收入的提高,对离职率的降低有较大的好处。

参 考 文 献

[1] 蔡雪平.浅析建筑施工企业财务成本管理问题与对策[J].环球市场,2018(33):104-105.

[2] 曹晓国.建筑施工企业存货管理问题研究[D].石河子:石河子大学,2017.

[3] 陈四清,包晓岚.财务管理学[M].南京:南京大学出版社,2011.

[4] 陈蔚.浅析财务指标分析在企业决策中的应用[J].中国集体经济,2022(8):131-132.

[5] 程玉萍.企业财务分析与实施步骤研究[J].现代商贸工业,2011,23(24):239-240.

[6] 翟恒.建筑企业财务指标分析及完善对策——以中国建筑股份有限公司为例[J].西部财会,2021(12):39-42.

[7] 翟莹.Z建筑施工企业应收账款管理问题研究[D].太原:太原理工大学,2021.

[8] 丁宁.基于杜邦分析法的建筑施工企业财务分析——以Q公司为例[J].财会学习,2022(8):149-151.

[9] 方晶晶,张思纯.建筑施工企业会计核算实务[M].北京:化学工业出版社,2015.

[10] 付燕.建筑施工企业财务分析的探讨[J].时代金融,2012(06Z):116+120.

[11] 何鹏举.基于数据挖掘的制造业上市公司财务风险预警模型研究[D].昆明:云南财经大学,2022.

[12] 何文.施工企业成本管理机制研究[D].重庆:西南交通大学,2013.

[13] 何小娜.D公司ZJ项目成本预算管理优化研究[D].长沙:湘潭大学,2019.

[14] 何亚伯.建筑工程经济与企业管理[M].武汉:武汉大学出版社,2005.

[15] 李爱华,张思纯.建筑工程财务管理[M].北京:化学工业出版社,2015.

[16] 李君.财务学原理[M].重庆:西南财经大学出版社,2014.

[17] 李水莲.建筑施工企业应收账款管理模式研究——以X公司为例[D].郑

州:河南工业大学,2021.

[18] 李志鑫.浅析施工企业财务成本管理存在的问题及对策[J].中小企业管理与科技,2022(3):74-76.

[19] 梁稳稳,左庆乐,畅泽宇.基于沃尔评分法的价值乘数修正研究[J].中国资产评估,2020(4):56-61.

[20] 刘春丽.CL公司成本预算管理研究[D].西安:西安石油大学,2016.

[21] 刘绍敏,王贵春.建筑施工企业财务管理[M].重庆:重庆大学出版社,2015.

[22] 刘颖.建筑企业管理[M].2版.大连理工出版社,2014.

[23] 卢伟娜.财务分析方法与财务分析中存在的问题探析[J].现代营销,2020(2):215-216.

[24] 鲁华萍.建筑施工企业财务共享中心内部控制研究——以中铁S集团为例[D].武汉:武汉纺织大学,2021.

[25] 潘从魁.建筑施工企业财务风险管控研究[J].行政事业资产与财务,2021(36):80-82.

[26] 秦宇琛.建筑施工企业开展财务预算管理的难点及对策[J].企业改革与管理,2019(6):146-147.

[27] 任岚兰.建筑施工企业应收账款管理研究[D].南昌:华东交通大学,2017.

[28] 王静,黄琳,尹海艳,等.财务管理学[M].重庆:重庆大学出版社,2019.

[29] 王娟娟.建筑施工企业财务风险预警及防范研究[D].西安:西安建筑科技大学,2012.

[30] 王禹心.全面预算管理在企业管理中的运用研究[J].营销界,2021(09):141-142.

[31] 王钰.财务综合分析方法的应用与比较——以河南省三星塑钢有限公司为例[J].财会学习,2018(19):17-18.

[32] 王正超.基于业财融合的ZW企业预算管理研究[D].大庆:东北石油大学,2020.

[33] 卫爱华.财务管理[M].北京:北京邮电大学出版社,2012.

[34] 徐可儿.建筑施工企业财务风险管理研究——以SJ建筑公司为例[D].南昌:东华理工大学,2021.

[35] 徐蓉.建筑工程经济与企业管理[M].北京:化学工业出版社,2012.

[36] 徐宇飞.财务分析在建筑企业内部控制中的应用[J].中国中小企业,2020(7):117-118.

[37] 杨洁.企业财务分析中杜邦分析法的应用研究[J].中国集体经济,2021(4):153-154.

[38] 杨蕊.建筑施工企业成本管理中存在的问题及对策[J].财会学习,2019(7):127+129.

[39] 易小凤.JC公司成本预算管理研究[D].武汉:华中科技大学,2016.

[40] 尹韶青,高瑞霞,赵宏杰.工程财务管理[M].广州:华南理工大学出版社,2017.

[41] 岳静怡.建筑施工企业成本管理影响因素与控制策略研究[D].兰州:兰州交通大学,2018.

[42] 张惠峰.浅析财务指标分析在企业决策中的应用[J].中国乡镇企业会计,2022(1):12-14.

[43] 张磊.DH公司财务风险预警研究[D].西安:西安理工大学,2021.

[44] 张星.我国建筑施工企业财务风险预警研究[D].西安:长安大学,2017.

[45] 张宜松.建筑工程经济与管理[M].北京:化学工业出版社,2016.

[46] 张钰祯.建筑施工企业应收账款管理研究[D].哈尔滨:哈尔滨商业大学,2021.

[47] 张志红,伍雄伟.财务管理[M].重庆:西南财经大学出版社,2021.

[48] 赵伟.建筑施工企业财务共享中心的构建研究[D].北京:对外经济贸易大学,2020.

后　　记

　　在新常态背景下,我国建筑行业呈现出良好的发展态势。建筑行业是国民经济发展的支柱之一,在市场经济中所占据的地位尤为突出。一直以来,财务管理都是我国建筑施工企业管理的重要组成部分,面对新形势、新环境及新理念,建筑施工企业要想在市场竞争中凸显极高的竞争力,要在做好财务管理工作的基础上,进一步做好财务安全风险防范工作;要将优化财务管理模式作为重点工作,以新的技术与新的管理理念为支撑,创新财务管理方法,将财务管理在维护单位资金资产安全完整、助推企业优质高效发展、促进企业核心竞争力不断提升等方面的作用与价值充分体现出来,并且实现进一步的财务转型与升级。